联合国教科文组织创意城市网络研究

文化多样性与文化产业的双赢

刘　容◇著

中国社会科学出版社

图书在版编目（CIP）数据

联合国教科文组织创意城市网络研究：文化多样性与文化产业的双赢/刘容著 . —北京：中国社会科学出版社，2016.6

ISBN 978 - 7 - 5161 - 7924 - 6

Ⅰ.①联… Ⅱ.①刘… Ⅲ.①城市文化—多样性—关系—文化产业—研究—中国 Ⅳ.①C912.81 ②G124

中国版本图书馆 CIP 数据核字（2016）第 070557 号

出 版 人	赵剑英
责任编辑	卢小生
特约编辑	林 木
责任校对	周晓东
责任印制	王 超

出 版	中国社会科学出版社
社 址	北京鼓楼西大街甲 158 号
邮 编	100720
网 址	http：//www.csspw.cn
发 行 部	010 - 84083685
门 市 部	010 - 84029450
经 销	新华书店及其他书店

印 刷	北京君升印刷有限公司
装 订	廊坊市广阳区广增装订厂
版 次	2016 年 6 月第 1 版
印 次	2016 年 6 月第 1 次印刷

开 本	710×1000 1/16
印 张	13
插 页	2
字 数	218 千字
定 价	50.00 元

序　言

　　联合国教科文组织创意城市网络是教科文组织在全球推行的三大旗舰文化项目之一。相较于世界遗产保护和世界非物质文化遗产代表作评选，创意城市网络虽然设立的时间较晚，但重其要性却丝毫不低于前两者。它的设立代表着联合国教科文组织全球文化保护理念的新动向，标志着城市场域下保护文化多样性和发展文化产业的双赢。但是，由于创意城市网络设立的时间短，知晓度不高，对此开展综合性研究的成果较少。因此，本书是一种探索性研究，具有一定的难度。截至目前，已有116个来自世界各国和地区的城市获准加入。我国深圳、上海、成都、杭州、北京、景德镇、苏州以及顺德等城市已成功加入。此外，我国还有多个城市曾经申报却未成功，或正在申报。面对申报热潮，我国城市必须准确把握创意城市网络成立的背景和文化诉求，准确理解创意城市网络相关政策和"申都"标准，借鉴国内外城市建设创意城市和"申都"的经验，制定合理的申报路径和政策，以提高申报的成功率。

　　通过对创意城市网络的深入分析和研究，逐渐从五个层面厘清了联合国教科文组织创意城市网络的本质。

　　第一，创意城市网络作为联合国教科文组织的三大旗舰项目之一，它的出现并不是偶然的，是联合国教科文组织世界遗产保护和世界非物质文化遗产代表作评选项目中所蕴含的文化保护理念在全球化后工业社会中的必然延续。

　　第二，对加入创意城市网络的城市而言，它们首先是以人为本的城市；其次是文化多样性丰富的城市；再次是懂得发挥人的创造性，善于运用特色文化资源，促进经济繁荣昌盛的城市。

　　第三，对文化多样性而言，创意城市网络是在城市场域下对文化多样性进行保护和再利用的国际交流平台。

　　第四，对文化产业而言，创意城市网络为成员城市文化产业的发展提供了机遇和动力，为文化产品提供了国际销售渠道。

第五，对文化多样性和文化产业的关系而言，联合国教科文组织通过在城市场域下发展文化产业，促进世界文化多样性保护，实现文化多样性保护和文化产业繁荣昌盛的双赢。

鉴于创意城市网络的上述特点，拟"申都"城市在制定申报路径和政策时，应注重经济与文化建设协调发展。"申都"仅仅是创意城市国际化拓展的第一步，今后应更加关注"创都"工作，以实现"申都"的预定目标。未来，随着创意城市网络规模的扩大，将会构建相关的管理机制，我国城市应努力在创意城市网络中获取话语权，力争对我国城市发展有利的政策氛围。

本书研究的创新之处，概括起来，主要有四点。

一是选题本身具有创新意义。目前，缺乏针对创意城市网络的综合性理论研究成果。本书研究的相关内容为创意城市网络的进一步研究提供了相关素材，打下了一定的理论基础。

二是对联合国教科文组织文化保护理念和发展脉络进行了系统梳理。目前，对联合国教科文组织三大旗舰项目的研究多数是就单个项目进行的，缺乏对联合国教科文组织三大文化旗舰项目发展脉络的系统梳理，通过系统梳理，可以把握联合国教科文组织文化保护理念的发展趋势，避免"只见树木不见森林"的弊端。

三是从文化视角出发研究创意城市。创意城市网络由创意城市构成，但是，目前对创意城市的研究多数是从经济学和城市规划学的视野出发的，缺少以文化学为出发点的理论关照。"创意城市是人的城市"，并且创意城市网络是联合国教科文组织的一个文化项目，因此，以人文视野为理论关照，从文化学出发，对创意城市及创意城市网络进行研究是合理的视角。

四是着重从文化和经济协调发展、民众积极参与、惠及民众的角度探索申报的路径和政策，对我国固有的"申都"模式有所创新。

涉足一个全新的研究领域是需要勇气与坚持的，虽然我已尽全力，但学养尚浅，其中缺点错漏在所难免。本书对联合国教科文组织创意城市网络的研究，只是抛砖引玉，以此就教于方家，请大家批评指正！

重庆社会科学院　刘容

2016 年 5 月

摘　要

　　联合国教科文组织创意城市网络是教科文组织在全球推行的三大旗舰文化项目之一。相较于世界遗产保护、世界非物质文化遗产代表作评选，创意城市网络虽然设立时间较晚，重要性却丝毫不低于前两者。它的设立代表教科文组织全球文化保护理念的新动向，标志着城市场域下保护文化多样性和发展文化产业的"双赢"。但由于设立时间短，知名度不高，对此开展综合性研究的成果较少。因此，本书是一种探索性的尝试，具有一定难度。截至目前，已有 34 个来自世界各国各地区的城市获准加入，其中，我国深圳、上海、成都、杭州和北京已成功加入。此外，我国还有多个城市曾经申请却未成功，或正在申请。面对申报热潮，我国城市须准确把握创意城市网络成立的背景和文化诉求，准确理解创意城市网络相关政策和"申都"标准，借鉴国内外城市建设创意城市和"申都"经验，制定合理的申报路径和政策，以提高申报的成功率。本书绪论部分阐明了本书的研究意义、研究方法、框架思路及其重难点、创新点等。对涉及教科书组织创意城市网络的相关研究成果进行了系统梳理和评述。

　　第一章是本书研究的基础。首先，归纳阐述近年来教科文组织文化政策和文化保护理念的发展历程，以揭示教科文组织设立创意城市网络的基本文化诉求和创意城市网络设立的实质；其次，总结创意城市网络目前的规模、成员和重要活动概况，明确该网络运行现状，为研究目标实现建立坚实感性基础；最后，收集整理"申都"相关政策，归纳评审标准和要求，着重对七大类别城市"申都"标准进行阐述和解读。

　　第二章是本书的实证研究部分。首先，分析创意城市的起源和发展；其次，根据不同创意城市发展模式，结合相应的代表性城市案例，对建设创意城市的经验进行归纳总结；再次，对已加入创意城市网络的代表性城市建设创意城市和"申都"经验进行了总结；最后，对国内外创意城市网络成员城市的异同进行对比性研究，对我国拟"申都"城市的借鉴和启示。

第三章是本书需解决的重点和目标。首先归纳总结我国城市"申都"的现状，总结我国成功"申都"城市的发展经验，分析我国城市"申都"所面临的问题；在此基础上，从保护城市文化遗产，因地制宜发展创意产业，改变观念发展创意旅游，完善城市文化基础设施建设，提升市民的参与度等方面梳理了"申都"应完成的基础工作；并针对我国"申都"面临的一些问题，提出具体的"申都"技术性策略；最后围绕基础工作和技术策略的实施，提出我国加入创意城市网络的政策支持体系。

第四章是本书的案例分析。本章以重庆市如何申请加入创意城市网络，成为"美食之都"为目标，探索具体路径和政策。首先，从重庆的文化基因和重庆的"申都"现状方面，分析重庆选择"美食之都"申报的合理性；其次，对重庆申报"美食之都"进行 SWOT 分析，对重庆"申都"基础进行理性考察；在此基础上，提出重庆申报"美食之都"的相关对策。

通过对创意城市网络的深入分析和研究，从五个层面厘清了教科文组织创意城市网络的本质。第一，创意城市网络作为教科文组织的三大旗舰项目之一，它的出现并不是偶然的，是教科文组织"世界遗产保护"项目和"世界非物质文化遗产代表作评选"项目中所蕴含的文化保护理念在全球化后工业社会中的必然延续。第二，对加入创意城市网络的城市而言，它们首先是以人为本的城市，其次是文化多样性丰富的城市，最后是懂得发挥人的创造性、善于运用特色文化资源、促进经济繁荣昌盛的城市。第三，对文化多样性而言，创意城市网络是在城市场域下对文化多样性进行保护和再利用的国际交流平台。第四，对文化产业而言，创意城市网络为成员城市文化产业的发展提供了机遇和动力，为文化产品提供了国际销售渠道。第五，从文化多样性和文化产业关系而言，教科文组织通过在城市场域发展文化产业促进世界文化多样性保护，实现文化多样性保护和文化产业繁荣昌盛的"双赢"。

鉴于创意城市网络的上述特点，拟"申都"城市制定"申都"路径和政策时，应注重经济与文化建设协调发展。"申都"仅仅是创意城市国际化拓展的第一步，今后应更加关注"创都"工作，以实现"申都"的预定目标。未来，随着创意城市网络规模的扩大，将会构建相关管理机制，我国城市应努力在创意城市网络中获取话语权，创造对我国城市发展有利的政策氛围。

目　录

绪　论

创意城市网络是在后工业社会背景下，联合国教科文组织应对经济文化全球化，在城市场域保护世界文化多样性的城市交流合作平台。它既是激发城市发展潜力的工具，又是一种综合性文化现象。首先，创意城市网络是由独具文化特色的创意城市组成的，因此创意城市是本研究的一个重要研究基础。其次，教科文组织设立创意城市网络的重要目的是通过发展各国文化产业，特别是发展中国家的文化产业，保护世界文化多样性。对文化多样性与文化产业之间的关系一直众说纷纭，对两者关系的理解关涉设立创意城市网络的文化诉求，因此也是研究的一个重要理论视角。当然，现有对创意城市网络的研究成果是本书的一个重要出发点，但创意城市网络出现的时间不长，相关研究论述不多。

一　创意城市

（一）国内外创意城市研究

1. 有关创意城市概念的研究

关于创意城市的概念，学者们众说纷纭，至今没有形成统一的认识。创意城市的提出始于 20 世纪 80 年代末，到 90 年代时已成为西方城市政府关注的热点。比较具有代表性的观点主要是创意城市研究的先驱查尔斯·兰德利、理查德·弗罗里达和彼得·霍尔等（Charls Landry，Richard Florida，Peter Hall et al.）提出的。

较早提出创意城市概念的是英国经济学家汤姆·坎农。坎农认为，创意城市就是"人的城市"，必须解放城市中人的创造力，创造良好的工作生活环境，吸引富有创意的人才，依靠人的创造力提高城市竞争力。①

查尔斯·兰德利富有创意地提出构成创意城市的要素和条件，即消除创意阻碍，形成创意环境，构建创意的软硬件设施。他特别强调了创意氛围的形成是建设创意城市的基本条件。创意人才、大学机构、内外交流和城市文化等软件设施的营造远比城市硬件的铺设更为重要。②

理查德·弗罗里达则更明确地从人的因素角度出发（创意阶层）来理解创意城市的理念。他认为创意阶层的出现会提升城市的创意能力，培育城市文化繁荣的氛围，激发城市新的生活方式，促进城市经济的繁荣发展，并最终促使创意城市的出现。因此，政府应花大力气改善城市软硬件环境来吸引创意人才，并提升城市包容度。

彼得·霍尔则从创意产业和创意城市的关系角度出发，指出对创意城市理解的误区。他指出，拥有创意产业并不必然意味着创意城市的形成。创意产业作为一种产业，是吸引创意人才的前提。而通过发展创意产业所形成的创意城市，则应是一座大量外来职业人员工作并生活在其中，在社会和生活各个层面创意都广泛渗透的全新社会形态。③

安迪·普拉特（Andy Pratt）也认为，一座拥有创意产业的城市并不能简单地等同于创意城市，能否成为创意城市的关键在于这座城市是否能够为创意产业提供长期可持续发展的土壤。④

萨森（Saskiya Sassen）将创意城市的特点总结为不仅应在文化艺术活动方面富有活力，同时也有能力创造就业机会，生产丰富多样的文化产品和服务产品。创意城市的真正内涵在于重新思考、构造和组织都市空间，为社会和经济的不断革新提供场所，从而全面提高城市发展质量，在全球竞争中占领优势高地。⑤

国内不少学者也对创意城市的理念进行了思考。厉无畏（2009）指出，创意城市不是严格的学术概念，而是一种推动城市转型和发展的模

---

① 向勇、周城雄：《创意城市的概念和产生背景》，《建筑与文化》2007 年第 8 期。
② ［英］查尔斯·兰德利：《创意城市：如何打造都市创意生活圈》，杨幼兰译，清华大学出版社 2009 年版，第 200 页。
③ P. Hall, "Creative Cities and Economic Development". *Urban Studied*, Vol. 37, No. 4, 2000.
④ A. C. Pratt, "The Cultural Industries Production System: A Case Study of Employment Change in Britai, 1984 – 1991". *Environment and Planning*, Vol. 29, No. 11, 1997.
⑤ S. Sassen, "On Concentration and Centrality in the Global City", P. J. Taylor eds. , *Work Cities in a World – System*, Cambridge: Cambridge University Press, 1995.

式。它着重依托人类主体资源促进城市发展，不再仅仅依靠城市自然客体资源。它推动科技创新和文化创意相融合，重塑城市形象，使城市重获生机，实现可持续发展。①

石忆邵（2008）认为，创意城市是由创意产业集聚形成创意产业群落发展而来的，主要以高素质劳动力市场、文化多元化、包容性、低进入障碍和各类高水平的城市服务为基础。②

周膺（2008）认为，创意城市是创意文化发展充分、以发展创新驱动型经济为契机并能聚合创意经济能量的城市。从这种意义上来说，创意城市并不单是经济学概念，还是文化学、社会学意义上的概念。③

此外，盛磊和杜德斌（2006）预测创意经济将渗入城市发展的方方面面，城市将成为创新枢纽。④ 王慧敏（2010）认为，创意城市是推动城市复兴和再生的一种发展模式，也是实现城市持续发展的一种转型战略。⑤

对创意城市概念的理解，国外学者不仅仅偏重于经济角度，着重从社会、经济、文化综合视角，特别是从人的角度（创意阶层）来阐述创意城市出现的条件、背景和发展建设。而国内学者则将创意城市当成城市复兴的一种工具和模式，强调创意城市模式对当前中国城市经济从大量依靠自然资源的消耗，转变为开发人类主体资源的重要作用。也就是说，中国学者对创意城市的理解还停留在发展创意产业、繁荣城市经济的层面，并未意识到创意城市发展模式对城市政治、经济、社会发展的综合性影响。

2. 有关创意城市构成要素的研究

基于对创意城市的不同理解，学者们从不同角度对创意城市的构成要素进行了研究。在创意城市的构成方面比较有代表性的有兰德利（2000）、霍斯珀斯（Hospers，2003）、弗罗里达（2003）、格拉泽（Glaeser，2004）等。

兰德利（2000）是创意城市研究的开拓者，他提出了"七要素"说，

① 厉无畏：《迈向创意城市》，《理论前沿》2009年第4期。
② 石忆邵：《创意城市、创新型城市与创新型区域》，《同济大学学报》（社会科学版）2008年第2期。
③ 周膺：《创意经济与创意城市》，《中共杭州市委党校学报》2008年第6期。
④ 盛磊、杜德斌：《创意城市：创意经济时代城市发展的新取向》，《经济前沿》2006年第6期。
⑤ 王慧敏：《创意城市的创新理念、模式与路径》，《社会科学》2010年第11期。

认为富有创意的人、意志与领导力、开放的组织文化、人的多样性与智慧获取、对本地身份的强烈正面认同感、城市空间与设施和上网机会构成创意城市的七个组成要素。①

弗罗里达（2002）归纳了创意经济发展的"3T"理论，即技术（Technology）、人才（Talent）和宽容（Tolerance）。他认为，三个要素中，人才是最重要的，宽容是为了吸引人才，人才的到来自然会带来技术，因此创意人才的多少将决定城市的繁荣和衰败。②

弗罗里达的观点遭到了斯科特（Scott）的批判，斯科特（2006）认为，弗罗里达的论述识别了一些当前创意城市的部分循环要素，但创意人才不是简单靠政府的鼓励就能集聚的。弗罗里达没能阐述清楚的是，吸引创意人才的除了政府主观意愿外，还需要有客观的创意环境。因此，斯科特提出了创意场（creative field）的概念，认为现代创意城市由生产体系所组成，以企业间网络和弹性的劳动市场为基础，具有一个相对高效的信息产生和交换的基本网络和一些公司不断试验的场所。生产体系与城市文化环境二者互相推动，形成了创意城市的基础。③

格拉泽认为，"3T"说实际上是传统的人力资本理论，他坚持真正有效的是"3S"，即技能、阳光和城市蔓延（Skills，Sun and Sprawl）。④

霍斯珀斯（2003）认为，集中性、多样性、非稳定状态这三个要素在创意城市研究中占有重要地位。⑤

国内学者厉无畏（2009）认为，创意城市建设必须满足四个条件：具有发达的创意产业；具有良好的经济和技术基础；具有适宜创意人才生存发展的优良文化和社会生态；具有良好的文化氛围和一定数量和水平的受众。⑥

盛磊、杜德斌（2006）认为，创意城市的构成要素有七个方面：具

① ［英］查尔斯·兰德利：《创意城市：如何打造都市创意生活圈》，杨幼兰译，清华大学出版社2009年版，第167页。

② Florida Ricard, *The Rise of the Creative Class*, USA: Basic Book, 2002, pp. 347 - 355.

③ A. J. Scott, Creative Cities: Conceptual Issues and Policy Questions, *Journal of Urban Affairs*, Vol. 28, No. 1, 2006.

④ T. G. Edward, "Review Richard Florida's The Rise of the Creative Class" (Winter 2004), http://www.creativeclass.org.

⑤ Gert - Jan Hospers, Creative Cities: Breeding Places in the Knowledge Economy. *Knowledge. Technology &Police*, 2003 (Fall).

⑥ 厉无畏：《迈向创意城市》，《理论前沿》2009年第4期。

有发达的创意产业、密集的创意阶层、强大的技术创新能力、宽松开放的创意氛围、众多知名的大学、高效的知识产权保护体系以及完善的制度结构。①

王克婴（2010）认为，创意城市的形成应具有人本、包容与创新的理念，高效合理的公共管理软环境，以及创意阶层提供的发展动力。②

总之，创意城市的构成至少需要满足三个条件：一是创意阶层的形成，创意阶层的形成依靠创意人才量的聚集。这里的创意人才不仅仅是指具有技术文化知识的专业人才，也包括兰德利提出的富有创意、具有意志和领导力的政府官僚和企业高管，甚至包括厉无畏提出的具有良好文化素养和欣赏水平的受众。客观存在的创意人才不足以形成创意阶层，还必须具有霍斯珀斯提出的集中性，才能形成创意阶层。二是创意环境，既包括斯科特提出的"创意场"形成的客观聚集环境，也包括兰德利提出的城市文化和本地认同，还包括弗罗里达和格拉泽等提出的宽容、阳光等政府用以吸引创意人才所标榜的环境。三是文化的多样性和开放性，包括兰德利、霍斯珀斯提出的人的多样性文化背景与智慧，也包括城市业已存在的多样性文化基础。

3. 有关创意城市类型的研究

有关创意城市类型的研究，比较具有代表性的观点是彼得·霍尔和格特·简·霍斯珀斯提出的，国内学者多在此基础上进行了发挥和拓展。

霍尔（1998）认为，每个时代都存在类型不同的创意城市。当前，新的文化工业正成为城市发展的新动力和创新方向。他基于创新的视角，审视西方城市历史发展，将创意城市划分为三种类型：技术—生产创新型、文化—智能创新型以及文化—技术创新型。③

霍斯珀斯（2003）在霍尔研究的基础上，也从经济与城市发展的历史进程视角上，总结出四种类型的创意城市，即技术创新型城市、文化智力型城市、文化技术型城市、技术组织型城市。他认为，霍尔的研究说明创意城市是属于每个时代的一种现象，但没有一个城市总能永久具备创意精神。不同类型的创意城市总是伴随着不同的城市经济、文化、技术的储

---

① 盛磊、杜德斌：《创意城市：创意经济时代城市发展的新取向》，《未来与发展》2006 年第 9 期。

② 王克婴：《比较视域的国际创意城市发展模式研究》，《山东社会科学》2010 年第 4 期。

③ Hall, P. G. , *Cities in Civilization*. New York：Pantheon Books, 1998, p.52.

备特点而出现的。①

兰德利（2000）认为，创意城市根据创意在城市发展中的渗透可以分为十个等级。随着等级递进，城市行动者的创意意识增强，创意对部门的重要性递增，城市对人才的吸引力增强，创意的基础设施渐趋完善。②

国内学者王克婴认为，创意城市依据资源基础来划分，可分为自然资源主导型创意城市和人文资源主导性创意城市；依据创意城市发展的最终形态，可分为单一特色的创意城市、复合型特色的创意城市和综合型特色的创意城市。③

对创意城市类型的研究一个重要的特点是历时性的，如霍尔从城市发展史角度，立足于特定历史阶段的城市，总结创意城市的类型特点。学者们普遍认为，任何一个城市都无法保证创意精神的永续长存，如霍尔和兰德利。因此，创意城市的类型又是特定的、有针对性的。

4. 有关创意城市评价的研究

创意城市评价体系的建构是国内外学者都较为重视的领域，因此理念不同。基于地区实践的实证研究，成果较多。国外创意城市评价方面较为著名的研究成果主要有兰德利的创意城市衡量指数研究，弗罗里达的"3Ts"创意城市衡量指数研究，弗罗里达和蒂纳格利（Tinagli）合作研究的欧洲创意指数（ECI）研究。国内的相关研究主要有由香港特区学者许悼权等进行的香港创意指数研究和上海创意产业中心何增强主导的上海创意指数研究。

兰德利（2000）提出用两组指标来评估创意城市的竞争力。第一组是创意城市存在的先决条件，即前面提到的创意城市构成"七要素"；第二组是评估城市发挥创意所必要的城市活力与生命力。针对这两个方面相应提出九项指标来进行评估：包括关键多数（Critical Mass）、多元性（Diversity）、可及性（Accessibility）、安全和保障（Safety and Security）、身份认同与特色（Identity and Distinctiveness）、创新性（Innovativeness）、联系与综合效益（Linkage and Synergy）、竞争力（Competitiveness）和组

① Gent – Jan Hospers, Creative Cities: Breeding Places in the Knowledge Economy. *Knowledge, Technology & Policy*, 2003（Fall）.

② ［英］查尔斯·兰德利：《创意城市：如何打造都市创意生活圈》，杨幼兰译，清华大学出版社2009年版，第315页。

③ 王克婴：《比较视域的国际创意城市发展模式研究》，《山东社会科学》2010年第4期。

织能力（Organizational Capacity）。①

　　弗罗里达（2003）提出的"3Ts"创意城市评价指数，其研究对象主要是美国各大城市，反映美国各大城市的创意能力，因此又称为美国创意城市评价指数。该评估体系主要是建立在他的"3Ts"构成要素理论基础上，相应派生出三个子评价系统，分别是技术指数（包含创新指数和高科技指数两项）；人才指数（主要参照一个地区拥有学士以上学历人数占总人口的百分比来计算）；包容指数（主要根据综合多样化指数，并参照同性恋指数、波希米亚指数和人口混杂指数计算），并根据该指数对美国城市进行评估，根据计算最有创意的城市是旧金山、奥斯汀、圣地亚哥和波士顿。②

　　2004年，弗罗里达和蒂纳格利合作，将"3Ts"评价指数进一步运用到欧洲，提出了欧洲创意指数（ECI）。欧洲创意指数是以"3Ts"指数为基础的，又做了进一步补充和改造，主要包括：欧洲创意人才指数（包括创意阶层指数、人力资本指数、科技人才指数）；欧洲技术指数（包括研发指数、创新指数、高科技创新指数）；欧洲包容性指数（包括态度指数、价值指数、自我体现指数），并通过美国与欧洲国家的比较，得出结论：瑞典最富创意，美国第二。③

　　2004年，香港特区政府委托香港大学文化政策研究中心为香港创意指数设计一个框架，当年11月，有关成果以《香港创意指数研究》（A Study on Hong Kong Creativity Index）为题发表。这个框架界定了香港"创意指数"的范围和构成，组成所谓的"5C"模型。该模型包括两个主要方面：一是影响创意增长的固定因素；二是这些固定因素相互作用的累积效应的表现。创意成效主要依靠创意的成果指数、结构或制度资本指数、人力资本指数、社会资本指数和文化资本指数等来衡量。④

　　2006年，上海市创意经济中心编制完成国内第一个城市创意指数框

　　①　[英]查尔斯·兰德利：《创意城市：如何打造都市创意生活圈》，杨幼兰译，清华大学出版社2009年版，第325—328页。
　　②　[美]理查德·弗罗里达：《创意经济》，中国人民大学出版社2006年版，第83页。
　　③　R. Florida and I. Tinagli, *Europe in the Creative Age*. Pittsburgh：Carnegie Mellon Software Industry Center，2004, pp. 13 – 30.
　　④　香港民政事务局：《创意指数研究》，http：//www. hab. gov. hk/file_ manager/tc/documents/policy_ responsibilities/arts_ culture_ recreation_ and_ sport/HKCI – InteriReport – printed. pdf，2013年6月5日访问。

架，用于评估上海创意经济竞争力。该体系借鉴欧美、中国香港等发达国家和地区的经验，并结合国情与地域特点，综合考虑产业规划、科技研发、文化环境、人力资源和社会环境五方面共 35 个小项进行计算。[1]

此外，国内一些学者也结合中国国情，提出了一些独具特色的评价指标体系。李博蝉（2008）依据前人研究成果，并结合我国城市的具体情况，提出一套创意城市评价指标体系，分为指标层和变量层两个层次。其中指标层包括居民生活质量、科技创意能力、文化创意能力、产业结构、自然环境、文化环境和社会环境 7 个指标；变量层由影响各个指标的 36 个变量组成。[2]

张科静、陈颖、高长春（2009）根据创意经济的价值链系统，选择核心驱动要素，构建了由 7 个一级指标（人力、技术、经济、文化、社会、制度和资本）和 19 个二级指标组成的创意指数层次指标体系，衡量各创意城市的创意竞争力。[3]

肖永亮、姜振宇（2010）提出了中国城市创意指数指标体系，包括"文化产业规模指标"、"城市管理指标"、"创意人才指标"、"文化传统及文化特色指标"、"技术创新和技术应用指标"、"工业及服务业指标"、"居民消费能力和消费习惯指标"、"居民生活环境与生活质量指标"以及"信息平台指标" 9 个一级指标、17 个二级指标、118 个三级指标所组成的城市创意指数指标体系。[4]

有关创意城市评估的研究是国内外学者关注的重点，对创意城市的形成和建设都具有重要的指导意义。研究经历了一个由感性描述到精确数量计算的过程。国外学者仍然注重从综合角度，尤其是创意城市构建对人的意义的视角来衡量城市的创意成效；而国内学者则较偏重从经济和产业的角度出发，衡量创意经济的产出效益。另外，国内的研究还比较关注文化资本和社会资本对创意城市建设的促进作用。

---

① 上海创意产业中心：《上海培育发展创意产业的探索与实践》，上海科学技术文献出版社 2006 年版，第 37 页。
② 李博蝉：《中国创意城市评价指标体系研究》，《城市问题》2008 年第 8 期。
③ 张科静、陈颖、高长春：《基于价值链的创意城市竞争力指数评价指标体系研究》，《科学管理研究》2009 年第 4 期。
④ 肖永亮、姜振宇：《创意城市和创意指数研究》，《同济大学学报》（社会科学版）2010 年第 3 期。

5. 有关创意城市的发展策略和模式的研究

关于创意城市的发展策略和模式的研究，一个重要特点是许多国内学者在借鉴国外原创性理论的基础上，结合中国国情提出了各具特色的观点，而国外研究较为注重发展的理念。

兰德利（2000）在展望创意城市发展前景时，对创意城市的发展理念提出了设想。它认为创意城市建设应同时创造价值与价值观，应从硬件革新过渡到软件对策，实践跨文化生活，重视不同的观点，发挥想象力重新结合新旧事物，向学习型城市过渡。①

唐勇、徐玉红（2006）认为，创意城市不能凭空而建，首先应具备某些根植于城市历史特色的文化环境。需要通过政府与社会的共同努力，制定创意产业发展规划，大力开发文化资源，加强交通和信息基础设施建设，改善城市硬件基础，建设优良人居环境，营销城市文化品牌，提升城市形象。②

诸大建、易华、王红兵（2007）认为，建设创意城市是城市发展的新趋势。创意城市的核心要素包括技术、人才和包容三个方面。其中，吸引和培育创意阶层是建设创意城市的关键。吸引创意阶层的要素包括三个方面，即有提供创意产业发展的机会，修建各种便于参与的文化设施，提供各种具有包容性的体制条件，要求城市政府应通过具体的制度安排，给创意阶层提供技术环境、人才环境和宽容环境，以吸引创意人才。③

臧华、陈香（2007）从文化政策的角度对建设创意城市进行了策略思考。文化政策的制定应体现出其产品目标导向主要集中在发展创意产业方面，人本目标导向体现在建设适宜创意城市文化氛围方面，地点目标导向集中体现在对城市进行文化方面的营销和宣传。在此过程中，应注意挖掘自身特色，创造特色鲜明的城市文化；维护市民的根本利益，促进社会和谐。④

王慧敏（2010）创造性地提出了 NIP 创意城市发展路径，所谓

① ［英］查尔斯·兰德利：《创意城市：如何打造都市创意生活圈》，杨幼兰译，清华大学出版社 2009 年版，第 343 页。

② 唐勇、徐玉红：《创意产业、知识经济和创意城市》，《上海城市规划》2006 年第 3 期。

③ 诸大建、易华、王红兵：《上海建设创意型城市的战略思考——基于"3T"理论的视角》，《毛泽东邓小平理论研究》2007 年第 3 期。

④ 臧华、陈香：《文化政策主导下的创意城市建设》，《城市问题》2007 年第 12 期。

"NIP"分别表示社会网络、文化体验和公共政策。"NIP"从创意城市建设的三大推进主体，即消费者、创意者、管理者形成合力的角度进行路径设计，覆盖了包括创意的形成、创意的转化和创意的消费三个环节，旨在营造具有综合功能的创意磁场，使各类人群都有机会参与创意城市的建设发展。具体措施包括以多样化的社会网络（Network）架构便捷化的创意通道、以多元化的文化体验（Interactivity）重构开放式的创意平台和以多赢化的公共政策（Policy）营造高品质的创意环境。①

王克婴（2010）总结了国际创意城市发展模式，从中找到可以供我国创意城市建设的经验。他认为，创意城市建设的目的是实现城市发展的转型与提升城市竞争力；创意城市建设的理念是人本、包容与创新；公共管理等软环境是创意城市发展的根本保障；创意阶层是创意城市发展的主力。②

林兆群、潘海啸（2010）认为，为建设创意城市，地方政府首先应致力于培育城市中的创意阶层；从基础设施、教育设施、文化设施等方面寻找邻近城市的合作伙伴，建立城际网络；设定鼓励性政策，增加城市的多样性；最后，思考开展大型城市活动或创新计划，以增加城市创意出现的机会。③

巩艳芬、曹微、魏希柱（2010）从文化资本的战略储备、创意产业的发展、城市基础设施建设和国家宏观调控四个方面提出了加快我国创意城市发展的战略措施，并建议地方政府应关注创意城市的建设发展。④

康保苓（2011）在前人研究的基础上，以长三角城市群为例，提出了打造创意城市群的理念。并提出可从制订文化创意产业发展总体规划，发挥中国文化创意产业的国际比较优势，建立国际文化创意城市联盟，构建适合文化创意产业发展的环境体系，打造具有中国特色的文化创意基地等方面入手，推出"创意长三角"品牌。⑤

有学者认为，当前中国创意城市建设仍存在三个问题：一是城市发展

---

① 王慧敏：《创意城市的创新理念、模式与路径》，《社会科学》2010年第11期。
② 王克婴：《比较视域的国际创意城市发展模式研究》，《山东社会科学》2010年第4期。
③ 林兆群、潘海啸：《创意城市经营战略之研究——以欧洲三城市为例》，《人文地理》2010年第1期。
④ 巩艳芬、曹微、魏希柱：《中国创意城市发展的战略方法研究》，《哈尔滨工业大学学报》（社会科学版）2010年第6期。
⑤ 康保苓：《长三角构建国际文化创意城市群的策略研究》，《经济论坛》2011年第4期。

创意产业的产业基础薄弱，产业动力不足；二是政府主导下城市创意产业的集聚区建设形式大于内容；三是政策内容大同小异，政策思路仍需调整。并指出造成这些问题的根本原因在于我国政府和学界对创意城市建设和创意产业发展的关系方面存在错误认识，创意产业和城市的发展建设相互脱节，创意城市和创意环境远未形成。因此，应进一步夯实城市创意环境发展的产业基础，挖掘城市个性，改善软硬件基础，加强创意聚集区内部交流和内容融合，调整政策思路，理顺管理体制。[①]

（二）国内外创意城市研究述评

创意产业的发展提升了城市发展活力。随着创意元素对第一、第二产业，以及城市社会文化的全面渗透，催生了创意城市发展模式。"创意产业"一词最早出现在英国，布莱尔当选英国首相后，为振兴英国经济成立了一个特别工作小组，对英国创意产业发展进行调研，并制定了《英国创意产业路径文件》，首次对创意产业进行界定："所谓创意产业是指那些出自个人的创造性、技能和智慧，通过对知识产权的开发生产，可创造潜在的财富和就业机会的活动。"[②] 在英国，创意产业作为政府振兴经济的"强心剂"，确实促进了英国的复兴。随着创意产业在英国的兴盛，引发了一场创意运动。越来越多的人意识到在以新信息科技、以互联网为基础的所谓"新经济"背景下，我们工作与生活的重心逐渐由体力劳动向脑力劳动转化，创新、发明与版权成为赋予产品以高附加值的新动力。对创意的追求激发并释放了产业与个人的创造潜力。接下来，在国家和城市层面也不得不重新思考，在新经济中城市和政府到底应扮演什么角色应对这种创新潮流。于是，创意城市的理念和发展模式应运而生。英国人查尔斯·兰德利于2000年出版了《创意城市》一书，引领了创意城市研究与践行的热潮。创意城市成为一种重新审视城市发展理念和路径的新方法。随后，兰德利创建了传通媒体，并以此为依托，在全球多个城市开展相关项目来推广创意城市模式，促进了创意城市模式在全世界的普及和推广。

中国的创意产业发展和创意城市建设是在国外先进理念的影响下逐渐

---

① 黄琳、张京成、刘利永：《中国创意城市发展的困境与出路》，《中国软科学》2009 年第 S2 期。

② 黄永林：《从资源到产业的文化创意——中国文化产业发展现状评述》，华中师范大学出版社 2012 年版，第 49 页。

开展的。2000 年，当创意城市理念在国外已渐成体系，中国才开始注意文化对社会经济发展的重要推动作用，中国共产党十五届五中全会通过的《中共中央关于制定国民经济和社会发展第十个五年计划的建议》首次在中央正式文件中使用文化产业的概念。2003 年开始，文化产业的发展步入"快车道"，随着文化部《关于支持和促进文化产业发展的若干意见》、《完善社会主义市场经济体制若干问题的决定》等文件的颁布，确立了文化产业在国民经济发展中的重要地位，文化产业迎来了黄金发展期。随着文化产业的发展，地方政府也逐渐开始重视创意城市的建设。为了促进创意城市的建设和发展，举办了多次创意城市评选活动，如 2007 年中国创意城市年度奖评选，"2012 中国城市榜·最中国创意名城"等活动，既推广了创意城市的理念，又使真正的中国创意城市提升了知名度和美誉度。

1. 创意城市理念国内外的异同

创意城市是一种发源于英国的城市发展转型模式。它的出现主要是为了解决英国在全球化新经济背景下，传统老工业城市的衰退问题。它的出现具有特定的经济社会背景，针对特定问题的提出。随着"传通媒体"在全世界范围推广创意城市模式，它的应用就存在一个本土化问题。一方面，牵涉根据当地具体情况对创意城市模式的特定理解；另一方面，当地政府或研究者会从本土实际出发对创意城市理念加以改造，与原始概念已相去甚远。因此，不同的城市对创意城市都会有不同的理解。特别对中国而言，与西方迥然不同的国情决定了创意城市理念的差异。

（1）国外创意城市的理念

国外对创意城市的理解有三大特点。首先，国外最早提出创意城市理念的几位著名专家，如兰德利、弗罗里达、坎农（Cannon）等都十分注重创意人才对建设创意城市的重要作用，一方面强调创意人才对开发城市创意潜力的积极作用；另一方面强调应建设创意城市，营造创意氛围，吸引创意阶层。创意阶层的壮大又会进一步提升创意氛围，加强创意城市建设。因此，这里存在一个正循环的往复。创意阶层是创意城市建设的出发点和落脚点。其次，从宏观角度理解创意城市，认为单纯地发展创意产业并不等于建设创意城市，如霍尔和普拉特。创意产业是通过人的因素作用于创意城市的，首先是创意产业吸纳各色人群参与城市建设；各种创意因素又是通过创意产业渗透到城市的方方面面。因此可以说，创意产业是发展创意城市的媒介。最后，认为创意城市不是单纯的文化城市。文化资源是建设创意城市的重要资源，但创意城市不仅注意到文化存在，也注重文化对城市发展的经济和社会的双重改造，以及对城市空间形态的再思考，如萨森。

（2）国内创意城市的理念

国内对创意城市的理解许多与国外迥然不同，或正好相左，有些地方也有所创新。总的来看，国内对创意城市的理解普遍脱离西方的学术理论化趋向，着重从实用主义立场出发，从实际出发，从方法论出发，来思考创意城市的建设，而不是创意城市是什么。因此，造成国内创意城市建设原创理论的缺乏。此外，还缺乏对创意城市建设中人的促进作用的理解。国内对创意城市的理解，首先是从创意产业的角度来看，如张京城①和石忆邵②认为，创意产业是建设创意城市的基础，将发展创意产业等同于建设创意城市，这点正好与国外相反。其次，认为创意城市是一种城市复兴的模式，如厉无畏③和王慧敏④着重从创意城市如何建设的角度来理解，并未触及创意城市的实质。我国创意城市建设和创意产业发展间的关系模糊不清。许多政府部门和研究学者将创意城市建设等同于发展创意产业，其实并未抓住创意城市的实质。发展创意产业的最终目的如仅是为了经济效益，则离创意城市的建设目标相去甚远。创意城市是"人的城市"，应能充分发挥人的创意，并将创意潜能转化为城市发展动能，最终实现城市人群生活质量的提高。如未理顺将影响未来创意城市的建设发展。

对创意城市的理解，中外也有相同之处，都将创意城市作为激发城市活力，促进城市在后工业社会复兴的工具。在创意城市理念实践初期，也的确颇具成效，如格拉斯哥、鲁尔地区等成功复苏。但随着创意城市模式的逐渐泛化，如缺乏对它的原创性思考和理解，必将导致该理念的口号化、空洞化。最终成为一种时髦城市口号，而出现创意城市"不创意"的问题。

2. 创意城市评价标准国内外异同

有关创意城市评价和标准，是国内外关注的重点，但由于国情市情的

① 张京城：《创意城市要有四大标准》，http://gb.cri.cn/41019/2012/06/28/5831s3746885.htm，2012年5月16日访问。

② 石忆邵：《创意城市、创新型城市与创新型区域》，《同济大学学报》（社会科学版）2008年第2期。

③ 厉无畏：《迈向创意城市》，《理论前沿》2009年第4期。

④ 王慧敏：《创意城市的创新理念、模式与路径》，《社会科学》2010年第11期。

差异，标准千差万别。此外，由于看待创意城市的角度不同，有些偏重宏观理论，有些偏重政策实践，有些偏重市民的实际体验，因此对创意城市的标准更没有统一的观点。

（1）国外创意城市的评价标准

由于创意城市的理念发源于国外，因此关于创意城市的评价标准，国外的研究成果对我国相关方面有重要影响。国外对创意城市评价标准的研究较有影响的研究成果主要有兰德利的创意城市标准研究①，弗罗里达的"3Ts"创意城市衡量指数研究②，弗罗里达和蒂纳格利合作的欧洲创意指数（ECI）研究。③

国外对创意城市标准主要看重三点：一是城市的文化多样性。世界上首屈一指的创意城市，像纽约、伦敦、巴黎等无一例外都是重要的文化多样性中心。这些城市由于具有来自世界各地的移民，使城市的文化基础丰富多彩。各种文化在各自交流中融合创新，派生出新的文化艺术形式。因此，多元化的文化基础本身就是创新的源泉。二是城市的创新性。具有文化多样性是建设创意城市的基础，而城市的创新性是建设创意城市的直接途径。这种创新性，可以通过文化创意而实现，也可以通过科技创新加以提升。世界重要的创意城市无不是文化创意和科技创新紧密结合的城市。三是创意阶层。创意阶层是弗罗里达提出的一个重要理念，他认为，创意阶层是创意城市发展的决定性因素。创意阶层主要是指一个城市里的大量高学历、高素质人口，他们具备文化科学基础，是产生创意的直接源泉。创意城市的建设离不开创意阶层的创造性工作；而创意城市的建设也正是为了吸引大量高素质创意阶层，维持城市的创意。

（2）国内创意城市评价标准

国内有关创意城市的评价，主要是在国外创意城市评价标准的基础上，根据我国国情做了适当调整。其中，弗罗里达的"3T理论"对我国创意城市的建设和评价都具有重要影响。较有影响的研究主要有香港地区

---

① ［英］查尔斯·兰德利：《创意城市：如何打造都市创意生活圈》，杨幼兰译，清华大学出版社2009年版，第325—328页。

② ［美］理查德·弗罗里达：《创意经济》，中国人民大学出版社2006年版，第83页。

③ R. Florida and I. Tinagli, *Europe in the Creative Age*. Pittsburgh：Carnegie Mellon Software Industry Center，2004，pp. 13 - 30.

创意指数研究①和上海创意指数研究。② 此外，李博蝉③、张科静④、肖永亮等⑤学者也结合中国国情，提出了一些独具特色的评价指标体系。

从研究成果来看，国内创意城市评价标准主要看重四点：

一是成熟的创意产业。国内对创意城市的研究都着重从实际出发。由于对创意城市的判定的首要标准是创意产业基础，因此在衡量创意城市是否创意时，一般从其创意产业的产值来衡量。

二是合理的城市管理制度和体系。一般而言，中国的管理体制是一种自上而下的结构，因此当地政府是建设创意城市的主体。是否能形成创意城市，跟当地的政策导向紧密相关。合理的城市管理制度，能形成创意氛围，吸引创意阶层，最终促进创意城市的建设。

三是大量创意人才。与国外类似，我国对创意城市的评价标准也看重创意人才的数量和质量。但创意人才在建设创意城市中的重要性远不及国外重要。在中国建设创意城市，一般是先有发展规划，然后出台政策措施，最后才是人力、物力保障。

四是独特的城市文化资源。中国是个有五千年文明的大国，五千年传统文化的积累，是中国发展创意城市的宝贵资源。在中国，许多城市都已经具有上千年的文化积累，具有建设创意城市的潜力。但如何开发城市文化资源，塑造城市文化形象，打造城市文化品牌与西方国家城市仍有较大的差距。潜力不等于实力，在当前全球化背景下，走国际化道路，城市文化资源才有用武之地。

此外，随着近年来创意城市发展模式受到各方青睐，国内也举行了一些创意城市评选活动，从这些活动的评价标准中也能总结国内的一些现行标准。比如，2007 年由北京大学文化产业研究院组织实施的"2007 中国创意城市年度奖评选活动"和 2012 年由中国国际广播电台国际在线主办

①　香港民政事务局：《创意指数研究》，http：//www. hab. gov. hk/file_ manager/tc/documents/policy_ responsibilities/arts_ culture_ recreation_ and_ sport/HKCI – InteriReport – printed. pdf，2013 年 6 月 5 日访问。

②　上海创意产业中心：《上海培育发展创意产业的探索与实践》，上海科学技术文献出版社 2006 年版，第 37 页。

③　李博蝉：《中国创意城市评价指标体系研究》，《城市问题》2008 年第 8 期。

④　张科静、陈颖、高长春：《基于价值链的创意城市竞争力指数评价指标体系研究》，《科学管理研究》2009 年第 4 期。

⑤　肖永亮、姜振宇：《创意城市和创意指数研究》，《同济大学学报》（社会科学版）2010 年第 3 期。

的"2012 中国城市榜·最中国创意名城"评选活动都颇具影响。"2007 中国创意城市年度奖评选活动"主要针对中小城市进行评选，共设立了九种类型的创意城市，包括自然生态保护、区域文化促进、旅游资源创新、文化遗产保护、宜居规划创新、原生态文化保护、文化开发促进、产业园区创新及宜居环境促进。① 从这些标准来看，我国创意城市的评价标准较看重城市的自然文化资源等硬件条件，认为有相应的独特资源就必定是创意城市。"2012 中国城市榜·最中国创意名城"评选活动由于是在网上进行的，由网民直接投票的评选，因此从一个侧面反映了民众对创意城市的批判标准。评选活动主要从四个方面来进行：独特的创意名片，主要衡量城市是否具有独特的标志性资源，也就是城市天生的禀赋；亲民的创意服务，主要是衡量城市的公共文化服务设施及制度的完备程度；蓬勃的创意产业，创意产业是建设创意城市的基础和黏合剂，是激发城市创意潜力的重要途径；愉悦的创意生活，这个标准从民众的生活感受出发，既看重创意生活对创意阶层的吸引所带来的城市发展潜力，又看重建设创意城市的真正目的不仅仅是经济效益，更是真实的生活质量的提升。②

总的来看，由于创意城市建设在中国起步较晚，缺乏真正的原创性理念指导，因此创意城市建设存在诸多问题，与国外创意城市的建设和发展相比存在较大差距。首先，我国创意城市建设和创意产业发展间的关系模糊不清。许多政府部门和研究学者将创意城市建设等同于发展创意产业，其实并未抓住创意城市的实质。创意城市是"人的城市"，应注重充分发挥人的创意。其次，应在发展经济和促进文化繁荣方面找到平衡点，为文化产品制造更为自由的市场空间。比起国外城市来，我国城市在发展文化产业，建设创意城市方面的确存在更多的制度障碍。首先在长期计划经济体制思维影响下文化事业和文化产业关系不清、界限不明，导致该保护的文化资源过度开发，该开发的文化市场和产品却束之高阁。当前进行的文化体制改革，包括文化事业单位走转改、融投资体制改革等，都是对症治疗的应时之举。此外，封闭的体制常常扼杀创意，阻止创新，创意氛围无法形成，创意阶层也无法出现，创意城市就无从谈起了。

① 向勇主编：《中国创意城市：中国创意城市理念与实践》，新世界出版社 2008 年版，第 1 页。

② 佚名：《"2012 中国城市榜"——全球网民推荐的中国创意名城评选规则》，http：// gb. cri. cn/42871/2012/12/06/5831s3950319. htm，2012 年 12 月 6 日访问。

二　文化多样性与文化产业的关系

教科文组织设立创意城市网络的重要目的就是通过发展文化产业特别是发展中国家的文化产业来促进世界文化多样性保护。文化多样性和文化产业是一种存在内在张力，甚至是矛盾的一对概念，文化多样性和文化产业间存在较复杂的关系。大家争论的焦点主要是围绕发展文化产业是否对保护文化多样性有利角度展开的。对此关系的复杂回应是站在不同立场视角上的必然结果，教科文组织的理解仅是其中之一。

（一）文化多样性与文化产业的关系研究

1. 认为从文化产业本身特性和文化产业的全球化价值导向上看，文化产业的发展会对文化多样性构成威胁

"文化产业"（cultural industry）或称"文化工业"是法兰克福学派代表人物马克斯·霍克海默（Max Horkheimer）和西奥多·阿多诺（Theodor Adorno）在《启蒙辩证法》（1947）中首先提出的，文化产业最初是指电视、电影、收音机、书报杂志等大众媒介体系。阿多诺认为，虽然从表面上看文化产品五花八门、色彩缤纷，不过，阿多诺和霍克海姆认为，这不过是一种"编制"出来的虚假个性，"文化工业"最终会导致文化产品的标准化。在文化工业的规整和驯化下，赫伯特·马尔库塞（Herbert Marcuse）在《单向度的人》（1964）中进一步指出，这种"标准化"的结果使文化工业产品的购买者或消费者也被类型化了，并逐渐丧失了对社会现实的批判能力。在法兰克福学派看来，文化的产业化会扼杀文化多样性。站在全球化的视角上，约翰·克莱因（John Klein，2000）在《伪黎明：全球资本主义的幻象》里认为，全球自由贸易毁灭了世界的政治、经济和文化。弗里德里克·詹姆森（Friedric Jameson）（2000）更是一针见血地指出，当前全球化的核心是美国电影电视、美国音乐、食物、衣服通过打击本地传统或流行文化来建立世界文化的标准化，驱逐多样性。

国内部分学者则站在是否有利于我国文化发展的立场，及低俗文化泛滥进行批判的视角，认为文化产业对文化多样性构成了强烈威胁。胡惠林着重从国家文化安全角度研究文化产业发展对我国文化安全的意义与对策。2005年，他在《文化产业发展与国家文化安全》一书中着重

探讨了全球化对国家文化的冲击和挑战，从国家文化安全的高度论述了文化产业如何发展才能维护我国文化安全。① 马翀炜、覃雪梅（2008）认为，文化产业发展中必须重视文化价值的导向问题。文化多样性共存前提下的文化产业发展既涉及民族文化安全，也涉及文化产业是否真有创意。② 贾乐芳（2009）认为，全球化使文化多样性的生成与存在受到威胁。解放和发展文化生产力必须以保护文化多样性为前提和保障。③ 胡显章（2007）认为，一方面，美国依据其经济与高科技上的优势和无处无时不在的传媒，强化其文化霸权，对全球文化多样性构成威胁；另一方面，在经济利益的驱动与市场机制的操纵下，缺乏品位的娱乐文化正以"大众文化"的名义成为一种霸权文化。这两种趋势都导致文化多样性的缺失。④

2. 认为全球化背景下文化产业对文化多样性保护有利

这是教科文组织目前对文化多样性与文化产业之间关系的主流观点。2007年，英国著名社会学家斯科特·拉什（Scott Lash）和西莉亚·卢瑞（Celia Lury）出版了《全球文化工业——物的媒介化》一书。该书将文化产业放大到全球化背景来考察，几乎推翻了法兰克福学派对经典文化工业的批判理论。他们考察了全球文化工业与文化工业的不同。全球化已经赋予文化工业一种全新的运作形式。文化工业主要以商品形式运作，全球文化工业则以品牌形式运作。商品运作则依靠同一性的机械原则，品牌运作依靠差异性的动态生产。通过文化工业与全球文化工业的差异分析，作者认为，全球文化工业产生了物的媒介化，多样性与差异性是全球文化工业与生俱来的特征。因此，发展文化产业就是保护文化多样性的过程。⑤《创造性破坏：全球化与文化多样性》是美国著名经济学家泰勒·考恩的力作，作者站在经济学的视角来审视在全球化背景下经济与文化艺术的关系。在现代主义批评者看来，文化的产业化对文化而言是场灾难，是种破坏。但考恩却以"创造性破坏"来鼓励人们对全球化下的文化产业化和

---

① 胡惠林：《文化产业发展与国家文化安全》，广东人民出版社2005年版。
② 马翀炜、覃雪梅：《文化产业与文化多样性》，《思想战线》2008年第1期。
③ 贾乐芳：《从文化多样性到文化生产力》，《理论导刊》2009年第12期。
④ 胡显章：《全球化背景下的文化多样性与文化自觉》，《清华大学学报》（哲学社会科学版）2007年第3期。
⑤ ［英］斯科特·拉什、［英］西莉亚·卢瑞：《全球文化工业：物的媒介化》，要新乐译，社会科学文献出版社2010年版，前言部分第2页。

世界文化发展持一种更加积极的态度，但他也毫不讳言全球化对传统文化的破坏力。① 彼得·布罗修斯、萨拉·希契娜（2011）则认为，有关文化灭绝和生物灭绝的危机说，过于强调全球化的同质化作用，没有认识到全球化主动带来的多样性进程。②

国内学者则站在提高中国文化应对全球化趋势的立场，认为应大力发展本国文化产业，保护民族文化。刘耘（2001）认为，多元文化的发展乃是落后国家和地区参与全球化进程，以实现本民族现代化的必要手段之一。文化产业的全球化发展既有利于文化多元化格局的形成，又有助于多元文化之间的相互交流与融合。③ 王亚南（2002）认为，在中国西部大开发中，应特别注重各民族民间文化资源的资本化运作，以保持地方文化、民族文化的多样性，并培育和发展各民族地区的文化产业。④ 章建刚（2005）认为，经济全球化的趋势对文化多样性造成了一定威胁。要想积极保护我们的文化遗产和文化多样性，只能大力扶持我国文化产业，积极鼓励文化艺术表达的创新。⑤ 夏艳霞（2008）认为，全球文化的本质不是单一文化的个性膨胀，而是多元文化的共性聚合，因此在保护自己民族文化的时候，必须用全球意识来看待民族文化，挖掘本民族文化中蕴含的价值，发展文化产业，加强文化传播，提升中华民族的文化软实力。⑥ 李昕（2009）认为，在文化全球化语境下，文化产业发展得极不平衡，导致文化产品、文化价值观念流通的单向性。面对西方强势文化的大举入侵，传统的非物质文化遗产保护应当与发展当地文化产业相结合，重视开发非物质文化遗产中丰富的文化资源，发展独具特色的民族文化产业。⑦

---

① ［美］泰勒·考恩：《创造性破坏：全球化与文化多样性》，王志毅译，上海人民出版社2007年版，第3页。

② ［美］彼得·布罗修斯、萨拉·希契娜：《文化多样性及其保护》，《国际社会科学杂志》（中文版）2011年第2期。

③ 刘耘：《经济全球化背景下的文化多元化》，《社会科学家》2001年第3期。

④ 王亚南：《经济全球化中的文化多样性保护——西部人文资本开发思路》，《思想战线》2002年第1期。

⑤ 章建刚：《让资源成为产品——关注〈保护文化多样性国际公约〉制定中的问题》，《文艺研究》2005年第2期。

⑥ 夏艳霞：《经济全球化条件下的文化多样性研究》，《金陵科技学院学报》（社会科学版）2008年第4期。

⑦ 李昕：《文化全球化语境下的文化产业发展与非物质文化遗产保护》，《西南民族大学学报》（人文社会科学版）2009年第7期。

3. 认为不应简单地将全球文化产业仅视为对文化多样性的单向度威胁，全球文化产业在与本土文化碰撞过程中也会激发新的文化多样性

索菲娅·拉巴迪是《2009 年世界文化多样报告》的规划与起草者之一，她分析了文化多样性概念在联合国的提出和发展。她指出，在全球化背景下，仅将文化物品和服务作为可以自由交易的消费品来考察，会导致一些居领导地位的市场及其所代表的文化取得全球至高无上的地位，从而对另外一些市场及文化造成损害。不应将全球化视为一种消极的、具有威胁性的单边过程，而应当视为多维度的过程，它导致新的、杂交化的文化多样性形式的形成。① 西蒙弗雷泽大学赵月枝（2006）认为，虽然文化的非商业属性得到了国际社会的承认，保护文化多样性被提高到了超越某一国和某一团体利益的高度来认识。但在具体运作中，在国际领域文化保护的目的与意义其实都是为了发展本国的文化产业，同时服务于本国的主导性政治经济势力。文化表现形式的多样性其实是在单一的商业逻辑和个人消费主义价值体系同一性上的多样性。也就是说，当前倡导的文化多样性不过是政治和商业逻辑在世界各地的翻版。因此，文化产业的发展对文化多样性谈不上什么威胁。②

国内，中国社会科学院翁乃群（1999）认为，被视为本土的文化，在很大程度上是外来文化本土化的结果。在外来文化被地方化的同时，地方文化往往也受到外来文化的影响而被非地方化。文化全球化不是文化同一化，而是文化产业制造的商品、钱、人、图像、技术、知识和思想等各种客体和主体，在全球范围内以前所未有过的广度和速度流动。"本土化"则是对应于上述"全球化"的另一个社会事实。因此，我们不仅应关心文化的继承，也应关注文化产业对文化的发展与创造的积极作用。③单世联（2005）认为，作为人类生存条件的文化多样性在全球化时代面临新的挑战。但他认为不能将这种挑战拒之国门之外，他构建了保护文化多样性的结构体系，并强调只有经受住了全球化时代的洗礼的多样性才是

---

① ［法］索菲娅·拉巴迪：《对文化多样性的投资》，《国际社会科学杂志》（中文版）2011年第 2 期。

② 赵月枝：《文化产业、市场逻辑和文化多样性：可持续发展的公共文化传播理论与实践》，《新闻大学》2006 年第 4 期。

③ 翁乃群：《全球化背景下的文化研究及其思考》，《社会学研究》1999 年第 6 期。

值得我们向往的多样性。① 李秋洪（2005）认为，在强势文化必然占有文化主导地位的同时，多元文化的存在具有合理性，强势文化不可能取代多元文化。全球文化产业化和文化多元化的影响是双向的，经济全球化背景下文化趋同和文化多元是两个并存的趋势。在多元文化的世界中，必须同时拒绝文化霸权主义和文化孤立主义。② 王杰（2011）则认为，文化全球化是以文化产业化的形式来实现的，文化的产业化是一种矛盾的当代文化现象。随着大众文化的发展，文化已经成为一种可以产生巨大利润并且拉动 GDP 发展的产业，这是一种审美原则与经济原则相结合的现象。审美活动的批判性，审美对象的理想性和超越性使文化多样性恰恰成为全球化或者文化产业化的一部分或者一个方面。③

（二）文化多样性与文化产业的关系研究述评

总的来看，对文化多样性与文化产业关系的研究呈现由简单到复杂，由单一走向多元的趋势。从研究学者国别来看，认为文化产业会对文化多样性构成威胁的学者一般来自美国之外的国家。而许多美国学者则认为文化产业全球发展会催生更多的多样性，如泰勒·考恩。他认为，这种增加的多样性是社会内部的，而不是社会间的。他所说的多样性其实是站在个人主义立场宣扬的美国式过度消费，跟文化多样性大相径庭。这个有趣的现象，恰恰说明对文化多样性与文化产业关系的研究有强烈的国家意识形态背景，正如赵月枝所阐述的那样，文化产业的发展对文化多样性是有利还是有害完全取决于既定国家的政治经济利益。较之而言，联合国则采取了一个相对中立的立场。从教科文组织对文化多样性的定义来看，"文化多样性不仅通过不同的丰富多彩的文化遗产表现形式，也通过借助各种方式和技术进行的艺术创造、生产、推广、销售和消费得到表现、弘扬和传承。"④ 这里的"艺术创造、生产、推广、销售和消费"实质是文化产业中的重要环节，即是说文化产业是文化多样性的表现、弘扬和传承的一种方式。此外，像索菲娅·拉巴迪所阐述的那样，强势国家借助文化产业输出文化意识形态必然对弱势国家的传统文化构成威胁，但

---

① 单世联：《全球化时代的文化多样性》，《天津社会科学》2005 年第 2 期。
② 李秋洪：《经济全球化背景下的文化趋同和文化多元性》，《学术研究》2005 年第 3 期。
③ 王杰：《全球化时代文化多样性的意义》，《学术月刊》2011 年第 7 期。
④ 范俊军编译：《联合国教科文组织关于保护语言与文化多样性文件汇编》，《保护和促进文化表现形式多样性公约》，民族出版社 2006 年版，第 64 页。

如过分强调文化产业会造成全球文化的趋同化，势必抹杀文化产业的双重性，即它也能够催生本土文化的创新繁荣，促进外来文化和本土文化的融合创新。

从文化产业本身的发展及社会变迁来看，今日的文化产业与霍克海姆、阿多诺时期的文化产业不可同日而语。文化产业与高科技的结合催生了创意产业与内容产业，多样化、差异化是其存在的基点。斯科特·拉什和西莉亚·卢瑞无疑给我们提供了一个审视文化产业的全新视角，昔日文化产业被认为是抹杀多样性的工具，当前没有创新没有多样性就没有文化产业。最后，对两者间关系的研究总是不能脱离全球化语境。文化多样性和全球化是一对有内在张力的概念，同时两者又是互为前提的。而文化产业是当今后现代或后工业社会文化影响力全球化蔓延的媒介，文化产业与文化多样性的关系是通过全球化建立的，文化产业作用的双重性是在文化多样性和全球化的张力间实现的。

三　创意城市网络

（一）创意城市网络研究

目前，创意城市模式伴随全球化蔓延的浪潮和后工业时代的来临，出现了全球化发展趋势。世界各大城市纷纷选择创意城市发展模式。创意需要展示，创意需要交流。因此，各创意城市之间也需要一种常态化的交流平台，展示城市文化特色，输出特色文化产品。联合国教科文组织创意城市网络正是在这样一种背景下产生的。它设立了七种类型的文化特色城市，分别是文学之都、电影之都、音乐之都、民间手工艺之都、设计之都、媒体之都和美食之都。在已经加入和正在申请加入的城市中超过1/3是为了角逐"设计之都"称号的。因此，目前"设计之都"的建设和研究颇受关注，这方面的研究成果也较多。

中国目前有五个城市已加入创意城市网络，深圳、上海和北京荣获"设计之都"称号，成都荣获"美食之都"称号，杭州荣获"民间手工艺之都"称号。姚正华（2011）主要从产业基础和政策支持等层面来分析深圳获得"设计之都"称号的背景及荣获该称号对深圳的影响，旨在为其他城市发展创意设计提供经验。① 沈榆、俞海波（2011）通过考察上海创立"设计之都"的基础条件，试图从"资源"的角度研究其对发展上海创意设计业的支撑力度，阐述了上海以创立"设计之都"为契机，将创意设计融入服务产业，提升产业结构的建设经验。陈红玉（2011）认为，北京"设计之都"建设需要逐步培育城市创新精神，形成创意城市的文化特质，壮大创意群体，建立以文化创新为核心的创意城市文化生态系统。②

目前对国外创意城市网络代表城市还处于感性经验总结和认识对我国的启示方面。褚劲风、香川贵志等（2011）以神户为例，指出创意城市网络是推动创意城市发展的全球性载体，是一种新的跨地域、跨国家、跨大洲的新的地理现象。③ 刘谦功（2011）着重探讨了韩国首尔走向"设计之都"的历程与成为"设计之都"的影响。④ 刘冠、庞宇（2011）简要回顾了布宜诺斯艾利斯在评选"设计之都"过程中具备的条件和优势，总结了布宜诺斯艾利斯近年来设计产业发展的蓬勃态势和经验，阐述其对北京设计产业发展的启示。⑤

还有一些学者从综合的视角，以问卷调查和理论分析的方式，对创意城市网络和设计之都的未来发展和传播策略进行探讨。许平（2011）从中国几座申报城市的设计文化特征，述及"申都"对于城市未来的影响。认为"申都"工作应当着眼于长远与实效，而不仅仅是着眼于少数重大的标志性成就与设施。⑥ 施寅娇、叶云、宋嵩（2011）从设计与都市的关系入手，在分析设计之都的实质，演化过程和兴起要素基础上，以上海、深圳以及韩国首尔作为研究对象，通过实地调研和问卷，深入研究了"设计之都"城市形象的传播策略。⑦

---

① 姚正华：《深圳成为中国首个"设计之都"的背景及意义》，《装饰》2011年第12期。

② 陈红玉：《以文化创新驱动推进北京创意之都建设》，《北京社会科学》2011年第6期。

③ 褚劲风、香川贵志等：《创意城市网络下日本神户设计之都的规划与实践》，《世界地理研究》2011年第3期。

④ 刘谦功：《魅力四射的设计之都——首尔》，《装饰》2011年第12期。

⑤ 刘冠、庞宇：《融合、激情与希望——布宜诺斯艾利斯设计产业发展的启示》，《装饰》2011年第12期。

⑥ 许平：《创意城市网络——关于中国"申都"与设计城市格局城市的文化断想》，《装饰》2011年第12期。

⑦ 施寅娇、叶云、宋嵩：《设计、人与都市——设计之都的城市形象传播策略研究》，《广告大观》（综合版）2011年第5期。

（二）创意城市网络研究述评

创意城市网络设立时间不长，因此总的来看相关成果数量不多。从既有研究成果来看，对创意城市网络的研究呈现出四个特点。一是对创意城市网络和创意城市研究之间的理论界限不明。大多研究成果将某个网络内代表性创意城市的研究等同于创意城市网络的研究，有以点带面之嫌。二是新闻报道多，理论研究少。由于全球创意城市网络设立时间不足 8 年，因此对其研究的著作和论文较少，但有不少新闻报道关注此网络的发展动向，其中也不乏一些真知灼见。三是对创意城市网络中的设计之都关注较多，而其他类型的城市关注较少。创意城市网络作为联合国教科文组织全球文化多样性联盟的一个组成部分，其宗旨是通过发展创意产业，建设创意城市，特别是发展中国家的文化创意产业和城市来增进全球文化多样性，其本质是一个文化交流合作平台。文学、民间工艺、音乐等是文化资源的核心部分，该类型的创意城市应受到更多关注，真正推动文化多样性的发展。四是国内研究尚处于借鉴阶段。创意产业、创意城市和创意城市网络发源于欧美，国内对此研究尚处于引进、吸收、借鉴阶段，多流于经验事实阐述，缺乏原创性的系统理论。

鉴于目前研究现状，笔者认为，一是创意城市网络的研究不是静止的。伴随着从创意产业到创意经济，从创意经济到创意城市，从创意城市到创意城市网络的演进轨迹，研究领域也经历了由个别产业到社会、经济，由个别地域到全球网络化演进的逐步深入、蔓延的动态过程。这也决定了创意城市网络研究是历时性的、跨地域的。二是创意城市网络的研究不是孤立的。它本身就是文化全球化和文化多样性在创意产业和城市发展方面博弈的必然结果，不能脱离宏观社会文化背景和联合国教科文组织的文化诉求，单独看待这个新事物。因此本书的研究是综合性的、跨学科的。三是创意城市网络的研究虽是综合性的，但其研究核心应立足文化。创意城市网络作为联合国教科文组织全球文化多样性联盟的一个组成部分，其设立宗旨就决定其是一种综合性的文化现象。但目前尚缺乏文化视角的深入理论分析，因此，文化学是本书研究的一个重要视角之一。

第一章　联合国教科文组织
创意城市网络概况

第一节　设立创意城市网络的文化背景

联合国教科文组织成立于第二次世界大战后的 1945 年。为了促进世界和平和发展，教科文组织多年来一直致力于国际智力合作。其中文化多样性保护和可持续发展一直是联合国教科文组织全球文化政策的两大核心诉求。教科文组织对文化多样性的保护前期主要关注濒危文化遗产、文化习俗和文化表达方式，强调所属国文化遗产对世界文化基因宝库的贡献，即将其作为共同遗产加以保护。后期对文化遗产的所属范围做了扩充，强调非物质文化遗产的价值，肯定不同民族文化的特性对世界发展的贡献。保护文化多样性的价值逐渐受到世界各国政府和组织的承认，全球文化多样性联盟应运而生。该联盟成立于 2002 年，主要通过发展发展中国家的文化产业，提升发展中国家在全球化背景下文化产业的竞争力，使发展中国家特色文化免遭西方强势文化同化危险，从而保护全球文化多样性。2004 年，在全球文化多样性联盟基础上，联合国教科文组织设立了创意城市网络，将保护文化多样性的文化诉求进一步在城市场域深度推广。因此，可以说教科文组织创意城市网络的设立是该组织推行的文化多样性政策在经济文化全球化背景下的深入发展。教科文组织选择城市作为保护文化多样性的重要场域，是因为城市本身就是人类文化活动开展的场域和文化遗产的积累层，是文化多样性保护和文化特色资源开发的重要文化交流空间。

一　文化多样性解读

文化多样性自古有之，但这个文化现象真正成为一个专有名词，成为世界各国关注的热点问题，主要是因为联合国教科文组织的倡导。该组织 2001 年通过的《世界文化多样性宣言》和 2005 年颁行的《保护和促进文化表现形式多样性公约》等一系列文件，使文化多样性逐渐成为渗透世界各国政治、经济、社会的重要文化因素，成为世界各国理性应对全球化带来的负面影响的理论基石。文化多样性逐渐成为理论界关注的重要概念，各国学者从各自不同的意识形态、不同的研究旨趣出发，对文化多样性进行了多种解读。

（一）文化多种定义的梳理

联合国教科文组织将文化多样性理解为："各群体和社会借以表现其文化的多种形式"①，因此，文化是文化多样性要表达的基础和核心。对文化的不同理解，也会导致文化多样性表达的不同形式，甚至偏差。"在这个世界上，没有别的东西比文化更难捉摸。我们不能分析它，因为它的成分无穷无尽，我们不能叙述它，因为它没有固定的形状。我们想用文字来规范它的意义，这正像要把空气抓在手里似的：当着我们去寻找文化时，它除了不在我们手里以外，它无所不在。"② 但文化历来是个争议颇多的概念，各国学者各抒己见，莫衷一是。1952 年，美国著名文化人类学者克鲁伯和克拉克洪对 1871—1951 年出现的文化定义做了收集和统计，共达 164 种之多。随后，1965 年法国社会心理学家 A. 莫尔在《文化的社会进程》一书中，统计出来的文化定义达 250 余种之多。后来，俄罗斯的学者克尔特曼则发现关于文化的定义达 400 多种。③ 面对文化定义的纷繁复杂，有必要首先对其进行梳理，以便进一步明晰理解文化多样性的含义。

1. 中国历史上对文化的认知

"文化"这一概念在中国历史上古已有之，但具有现代意义对文化的理解，是近代西方的"舶来品"。"文"和"化"在古汉语中是两个各自独立的词汇。"文"的本义是指各色交叉的纹理，如《说文解字》析："文，错画也，象交文。"其后，文在此意上派生出许多引申义，比如指

---

① 范俊军编译：《联合国教科文组织关于保护语言与文化多样性文件汇编》，《保护和促进文化表现形式多样性公约》，民族出版社 2006 年版，第 64 页。

② 殷海光：《中国文化的展望》，生活·读书·新知三联书店 2009 年版，第 17 页。

③ 赵学琳：《文化概念的差异性考析与整体性界定》，《江西科技师范学院学报》2011 年第 5 期。

语言文字或典章制度，比如《尚书·序》记载伏羲画八卦，"由是文籍生焉"。还指人为的装饰，进而指人的修为，如《论语·雍也》载"质胜文则野，文胜质则史，文质彬彬，然后君子"。另外，"文"还有一层更抽象的引申义，指美德与善行，比如《尚书·乐记》所载"礼减而进，以进为文"，郑玄注"文尤美也，善也"。"化"的本义是指改易、生成、造化，在此基础上进而指对人的教行迁化之意。"文"与"化"并行使用较早出现在《易·贲卦·象传》中，"刚柔交错，天文也。文明以止，人文也。观乎天文，以察时变；观乎人文，以化成天下"。这段文字中"天文"是指自然演变规律，人文是指人伦道德纲常。这段话是对统治国家的一种劝诫，告诫统治者为政应观察天道与人伦规律，以使天下之人顺天达礼，行为合乎礼仪。西汉以后，"文化"逐渐合为一词，其意与自然相对，有时又与质朴、野蛮之意对举。最早"文"、"化"合用出现在《说苑·指武》篇中，"圣人之治天下也，先文德而后武力，凡武之兴为不服也；文化不改，然后加诛。夫下愚不移，文德之所不能化，而后武力加焉"。这里的文化显然已萌生"以文教化"之意。后来，晋朝的束晳在《补亡诗·由仪》中云："文化内辑，武功外悠。"梁昭明太子萧统在《昭明文选》中说："言以文化辑和于内，用武德加于外远也。"南齐王融《曲水诗序》写道："设神理以景俗，敷文化以柔远。"这一系列对文化的论述，无一例外都暗含"以文教化"之意。结合以上论述可以看到，中国古代所指的"文化"，是统治阶级向异己宣扬固有意识形态的礼乐典章制度，同时也暗含对异己宣扬价值观念以期逐渐同化的过程，也是对武功、武威的必要补充，实质就是文治教化。这种理解在我国一直保持到近代。

　　中国现代意义上对文化的认知出现了极大的转向。近现代"文化"一词是由日本学者将西方"culture"概念译成日文，再借用古汉语词汇由日文转译成中文的。中国近现代曾有许多学者对文化进行过诠释。国内较早进行东西方文化比较研究的梁漱溟先生认为："文化，就是吾人生活所依靠之一切。……意在指示人们，文化是极其实在的东西。文化之本义，应在经济、政治，乃至一切无所不包。"① 中国台湾学者钱穆认为："文化即是人类生活之大整体，汇集起人类生活之全体即是'文化'。"②钱穆先

---

① 梁漱溟：《中国文化要义》，《梁漱溟全集》第三卷，山东人民出版社1990年版，第9页。

② 钱穆：《文化与生活》，《中华文化之特质》，（台北）世界书局1969年版，第22页。

生还认为："文化即是长时期的大群集体公共人生。"① 孙中山先生也曾发表过类似的观点："简单地说，文化是人类为了适应生存要求和生活需要所产生的一切生活方式的综合和他的表现。"② 而贺麟从"心物合一"出发，认为文化就是经过人类精神陶铸过的自然；蔡元培认为，文化是人生发展的状况；胡适则认为，文化是一种文明所形成生活的方式；陈独秀主张把文化定义为文学、美术、音乐、哲学和科学。③ 总的来看，中国近现代学者对文化的理解伴随着西学东渐的过程出现了极大的转向，逐渐远离了传统文化工具论的樊篱，逐渐接近了文化的本质问题。从以上观点来看，近现代中国大多数学者对文化是从广义角度理解的，使文化不仅仅是精英阶层的统治工具和把玩对象，更成为一种渗透政治、经济、社会生活的实实在在的因素。

2. 近现代西方学者对文化的界定

西语中的"文化"（culture）一词最接近的词源是拉丁语中的 cultura，其词根 colere 可以表达居住、耕种、保护和朝拜等系列含义。威廉斯认为："culture 在它的所有早期用法中是个表示'过程'的名词，意为对某事物的照料，基本上都是对农作物或动物的照料。"④ 到 17 世纪时，"文化"一词开始从"对动植物的照料"中引申出"对人类心智的栽培"之意。文化作为专门术语，于 19 世纪中叶出现在人类学家的著述中。从 19 世纪下半叶开始，随着人类学、社会学、文化学等学科的兴起，"文化"遂成为人文社会科学的重要概念，成为研究焦点。

19 世纪中叶开始，西方有许多著名学者都曾对文化进行探究，"文化"一词成为西方社会学、人类学、民族学的重要术语被广泛运用。德国传统的文化研究者倾向于将文化理解为一种以生命或生活为本位的活的东西，即生活的样态。德国学者对文化研究和文化学的学科建设贡献卓著。德国学者列维·皮格亨于 1838 年首次提出"文化科学"一词，主张进行专门的文化研究。1843 年，德国的克莱姆在《普通文化史》一书就

---

① 钱穆：《中国文化精神》，（台北）三民书局 1973 年版，第 2 页。
② 蔡红生：《文化概念的考证与辨析》，《新疆师范大学学报》（哲学社会科学版）2009 年第 4 期。
③ 傅于川：《关于文化概念的哲学反思》，《毕节学院学报》2009 年第 1 期。
④ Raymond Williams, *Keywords: A Vocabulary of Culture and Society* (Revised edition), Oxford: Oxford University Press, 1985, p. 87.

使用"文化学"一词，1854 年他又写了一本书叫《普通文化学》。① 法国学者维克多·埃尔指出："文化，就是对人进行智力、美学和道德方面的培养"②，文化并不是包括行为、物质创造和制度的总和。比较具有代表性的是英国人类文化学家爱德华·伯内特·泰勒（Edward Burnett Tylor，1832－1917）对文化做出的定义。泰勒在《原始文化》一书中指出："文化或文明是一个复杂的整体，它包括知识、信仰、艺术、道德、法律、风俗以及作为社会成员的人所具有的其他一切能力与习惯。"③ 而继泰勒之后，另一个较具代表性的定义是美国人类学家克罗伯和克拉克洪提出的。他们收集了从1871—1951 年西方学界各学科中有关"文化"的 160 多个定义，加以整理和分类，于1952 年写成了一部名叫《文化：概念和定义的批判性回顾》的著作。在这部著作中，他们把当时所见的 160 多个有关文化的定义整理归纳。在全面地研究了这些定义后，他们给文化下了一个定义："文化是由各种外显和内隐的行为模式构成的，这些行为模式是通过符号习得和传播的，它们构成了人类群体的独特成就，其中包括体现在人工制品方面的成就。文化的本质内核是由传统的（即历史衍生的和选择的）观点，尤其是其所附带的价值观构成的。文化体系从一方面来讲，可被视为进一步行动的制约因素。"④

从 20 世纪开始，西方对文化的研究更加深入，对文化的研究逐渐出现了新的转向。将文化看成是一种融精神意识形态、物质表现形式和人类社会生活环境的综合体。比如，德国学者亚历山大·托马斯（Alexander Thomas）提出的文化标准论（Kulturstandards）指出，文化是某个特定社会中人们行为的"导向系统"，影响着个体的感觉、思维、价值取向和行为。不同文化圈都有自己不同的"文化标准"，因此不同文化交流时，难免会存在碰撞甚至冲突。⑤ 1957 年，理查德·霍加特（Richard Hoggart）发表了后来被人们称为"文化研究"革命性论著的文章——《文化的用

---

① 赵学琳：《文化概念的差异性考析与整体性界定》，《江西科技师范学院学报》2011 年第5 期。

② ［法］维克多·埃尔：《文化概念》，康新文、晓文译，上海人民出版社 1988 年版，第 5 页。

③ ［英］泰勒：《原始文化》，蔡江浓编译，浙江人民出版社 1988 年版，第 1 页。

④ A. L. Kroeber, Clyde Kluckhohn, *Culture: A Critical Review of Concepts and Definitions*. New York: Vintage Books, 1952, p. 3.

⑤ 江虹：《汉德视角下中西文化概念比较》，《安徽文学》2010 年第 10 期。

途：与报刊娱乐特别相关的工人阶级生活侧影》，提倡更加贴近日常生活、更具社会生活实际的文化研究。受他的影响，英国著名的文化批评家雷蒙德·威廉斯（Raymond Williams）提出了颇具影响的文化唯物论（Cultural Materialism），认为文化是人类自我创造独特的生活方式的社会过程①，饱含对人的主体性的肯定。威廉斯的文化唯物论以社会历史的变迁言说物质文化（比如建筑、电影、轿车、时装等），并对此加以解释，充分肯定了这种由普通人所产生的文化的合理性与重要性。他对那种理想式的文化概念持批判态度，认为文化所秉承的价值并不是永恒的，而是基于特殊的可能性条件的。②

3. 联合国教科文组织对文化的定义

从以上对中西文化背景下对文化定义的分析看，文化的确是一个难以准确描述的概念，正如著名文化人类学家马林诺夫斯基所说："文化，文化。言之固易，而要正确地加以定义及完备地加以叙述，则并不是容易的事。"③ 文化的含义虽然纷繁复杂，但也有不少学者尝试对文化进行分类。美国著名文化人类学者克鲁伯和克拉克洪（1871—1951 年）在对文化定义进行收集和统计的基础上，将文化定义细分为七大类型，分别为描述性定义、历史性定义、规范性定义、心理性定义、结构性定义、遗传性定义和不完整性定义。④ 陆扬、王毅在此基础上将其放在具体学科语境中认为："对文化概念进行归类，分别是哲学的、艺术的、教育的、心理学的、历史的、人类学的、社会学的、生态学的和生物学的。"⑤ 国内学者徐行言则根据中西学者对文化概念的阐述，进而将对文化的理解总结为六条思路：一是文化可以看作一个包含多层次、多方面内容的综合体，它的主要功能是阐释人类创造和积累起来的全部物质与精神财富以及人们的生活方式；二是文化可以理解为人类精神现象或观念形态的总和；三是文化也包括人类的艺术活动及富有仪式性的民俗活动；四是文化包括人的社会行为与习俗；五是文化还包括社会的传统行为模式或全部社会遗产；六是

---

① 赵国新：《文化唯物论》，《外国文学》2003 年第 7 期。

② ［美］托比·米勒编：《文化研究指南》，王晓路译，南京大学出版社 2009 年版，第 3 页。

③ ［英］马林诺夫斯基：《文化论》，费孝通译，华夏出版社 2002 年版，第 2 页。

④ A. L. Kroeber, Clyde Kluckhohn, *Culture: A Critical Review of Concepts and Definitions*. New York: Vintage Books, 1952, p. 3.

⑤ 陆扬、王毅：《文化研究导论》，复旦大学出版社 2006 年版，第 3 页。

强调文化对人的思想行为的潜在指导和规范作用。① 衣俊卿将比较有影响的文化概念的内涵总结为六种，即一种人类文明的总称、人的第一自然、人的生活样法或生存方式、活生生的有机体、给定的和自在的行为规范体系、自觉的精神和价值概念体系。②

面对众说纷纭的文化定义，联合国教科文组织作为推动文化多样性发展的国际组织，也对文化定义进行了讨论和规范。教科文组织强调："应把文化视为某个社会或某个社会群体特有的精神、物质、智力与情感方面的不同特点之总和，除了艺术和文学之外，还包括生活方式、个人的基本权利、价值观体系、传统和信仰。"③ 我国学者张岱年认为，文化有广义和狭义之分，"广义文化着眼于人类与一般动物、人类社会与自然界的本质区别，着眼于人类卓立于自然的独特生活方式；而狭义文化排除人类社会历史生活中关于物质创造活动及其结果的部分，专注于精神创造活动及其结果。"④ 联合国教科文组织对文化的定义明显是从广义文化角度理解的。如果教科文组织将文化的含义仅仅等同于各民族互为区别的宗教、信仰、习俗等核心层内容，只会强调各种文化的差异引发文明间冲突。事实上，教科文组织对文化的定义还强调当前全球化背景下文化具有互为补充的双重意义。第一，文化是寓于特定"文化"之中的创造性差异，具有各自独特的传统及有形和无形的表达形式，应相互尊重；第二，文化通过相互交流碰撞，激发本民族文化的活力，产生"多种文化"差异核心的创造冲动。第一层意义是文化的自我指涉，而第二层意义则是文化的自我超越，两者相互联系、不可分割。

联合国教科文组织对文化的定义，显然已超越了对文化本身的解读，具有强大的理论叙事背景。文化已超越本身，成为渗透国际政治、经济、社会发展的重要元素，成为世界各国关注的焦点。文化将成为推进世界社会经济协调发展的重要因素，同时由于文化根植于不同地域，文化的独特性有时也成为影响世界和平的导火索。曾有许多学者都尝试对世界文明进行分类，斯宾格勒（Oswald Spengler）在《西方的没落》中将世界文化分

---

① 徐行言：《中西文化比较》，北京大学出版社 2004 年版，第 11—15 页。
② 衣俊卿：《文化哲学十五讲》，北京大学出版社 2004 年版，第 6—13 页。
③ 范俊军编译：《世界文化多样性宣言》，保护和促进文化表现形式民族出版社 2006 年版，第 99 页。
④ 张岱年、方克立编：《中国文化概论》，北京师范大学出版社 2004 年版，第 3 页。

为九种，即埃及文化、巴比伦文化、印度文化、中国文化、希腊罗马文化、阿拉伯文化、墨西哥文化、西欧文化、俄罗斯文化。斯宾格勒将文化用动植物来比附，认为文化也像一切生物体一样有生老病死。他的文明形态史观深深地影响了另一位史学巨擘——汤因比（Arnold Toynbee）。汤因比站在时空之维和历史之流中将人类从古到今的社会文明划分为三种模式：希腊模式、中国模式和犹太人模式；将公元前3500年至公元2000年的人类文明史划分为包括独立文明和卫星文明两大类的33种文明。其中完全独立的文明包括：中美洲文明、安第斯文明、苏美尔—阿卡德文明、埃及文明、爱琴文明、印度河文明、中国文明。① 斯宾格勒和汤因比的文明形态史观认为每个文明都会经历出生、生长、成熟、衰老、死亡的过程，因此，哪些文明已经死亡，哪些文明会逐步衰落，哪些文明会取而代之成为各国学者争论焦点。美国学者塞缪尔·亨廷顿（Samuel Huntington）在《文明的冲突与世界秩序的重建》一书中强调文明冲突的不可避免的观点，他认为世界各种文化必然带有差异性和排他性一面，并坚持认为在文明的全球性冲突中，儒家和伊斯兰联盟的非西方文明将会成为以美国为首的西方文明的主要对手。② 而弗朗西斯·福山（Francis Fukuyama）带着强烈的乐观主义情绪，进一步强调西方文明的优势，认为"在所有社会的发展模式中，都有一个基本秩序在发挥着作用，这就是以自由民主制度为方向的人类普遍史"。③ 人类的历史将最终归结于自由民主政体。鉴于"文明冲突论"和"西方文明优势论"对世界和平的潜在威胁，联合国教科文组织一直倡导文化多样性，提倡各国应相互尊重文化传统、宗教信仰，并加强文化间对话和交流。为了加强文化对话，地域特色鲜明的文化核心层需要借助一定的方式和物质载体加以表达，因此联合国教科文组织于2005年通过了《保护和促进文化表现形式多样性公约》，通过保护和促进文化表现形式来促进各国文化交流，加强理解和信任。文化表达形式实质上就是具有传递特性、价值观和意义的文化活动及文化产品和服务。这些文化活动、产品和服务能够从其具有的特征、用途或特定目的角度对

---

① ［英］汤因比：《历史研究》（上），曹未风等译，上海人民出版社1986年版，第43页。
② ［美］塞缪尔·亨廷顿：《文明的冲突与世界秩序的重建》，新华出版社1998年版，第3页。
③ ［美］弗朗西斯·福山：《历史的终结及最后之人》，黄胜强等译，中国社会科学出版社2003年版，第54页。

其进行审视时，体现或传达文化表现形式。[①] 因此，从联合国教科文组织颁布的一些文件和公约中可看出，联合国教科文组织对"文化"的定义已超越了狭隘的"文化"概念，跳出了民族本位主义的视角，是站在全球化的高度，从有助于各民族之间对话、理解、尊重、互信的角度提出的。

（二）文化多样性的内涵

对文化多样性的理解是建立在对文化概念准确理解基础上的。文化定义的纷繁复杂也从一个侧面说明了文化的多样。如果说文化简言之是"自然的人化"[②] 的话，文化多样性则代表着不同的人类社会和社会群体对自然的不同改造方式。世界 7 大洲、224 个国家和地区，客观存在的自然地理条件差异必然造成改造方式的不同，孕育不同文化基因。因此，从某种意义来讲，"文化"与地域特色紧密相连。此外，一个地区或民族的文化是经过漫长时间洗礼的积淀，现存的文化积累既是对传统文化的继承，又是结合当代实际对文化传统的扬弃和创新。因此，"文化"又跟时代特色休戚相关。文化多样性的提出充分肯定了世界不同民族文化存在的合理性，强调了保护尊重不同时代文化积累的紧迫性，鼓励不同文化交流对话的必要性。

文化多样性的理解首先应基于多样性的分析。我国学者杨洪贵认为："多样性指一个个由不同的性别、族群、来源、教育背景、身体状况和性趋向所构成的社会群体，或者指这些不同社会群体所具有的鲜明特征。"[③] 多样性主要是一个肯定独特个体差异的概念，同时又强调了差异性个体只有融入宏大社会群体，才会显示出特性。无数差异性个体的特色聚集才构成了多样性。多样性的维系必须依靠个体特色的存在和相互尊重。

文化多样性的提出既肯定了不同文化的个性，同时又展现了不同文化相互交流融合，协同创新的美好愿景。其实，文化多样性是人类历史发展中一个自古存在的文化现象，汤因比、斯宾格勒等学者已对人类历史上存在的文化类型进行了整理和分类。但文化多样性概念真正进入人们视野是在近代。文化多样性最初是人类学家在探索不同社会群体生活方式和文化

---

① 范俊军编译：《联合国教科文组织关于保护语言与文化多样性文件汇编》，《保护和促进文化表现形式多样性公约》，民族出版社 2006 年版，第 64 页。

② 张岱年、方克立编：《中国文化概论》，北京师范大学出版社 2004 年版，第 3 页。

③ 杨洪贵：《文化多样性内涵初探》，《新疆社会科学》2009 年第 3 期。

差异过程中提出的。进入 20 世纪，随着人类生活的日益复杂多变，文化因素已逐渐渗透全球政治、经济、社会。文化多样性超越人类学研究领域，逐渐成为社会科学研究热点。

我国学者韩民清认为："文化多样性是与人和人类社会存在的不同形态联系在一起的。"① 不同的社会客观上会孕育不同的文化特色，因此文化多样性的出现是必然的。而杨洪贵则从文化多样性的各个不同侧面揭示它的内涵，他认为："文化多样性是人们之间的文化差异，这种差异又构成了不同民族的群体多样性，文化多样性归根结底是指不同文化群体的关系问题。"② 而美国著名文化人类学家露丝·本尼迪克特则认为："在现代文明社会中，文化的差异性或特殊性更多地体现出一种文化的本质。……人类行为方式是多种多样的，但一个种群只能选择其中的一部分，并演化成对自身社会有价值的风俗、礼仪、生产、生活方式，而这一系列的选择，便结合成这一族群的文化模式。各种文化模式是不相同的，甚至有完全相反的社会价值观。因此，每个社会都有自己区别于其他社会的显著文化特质，这些特质由该社会的所有成员不同程度地体现出来。"③ 大卫·哈蒙则认为："文化多样性可以理解为人类表达方式和人类组织形式的多样性，包括人类群体之间以及人类与环境之间相互关系的不同形式。"④

20 世纪 70 年代文化多样性的研究大约出现了转向，这一概念随着"差异权"的提出从 70 年代开始进入政治领域。⑤ 文化多样性逐渐演变成表达国际社会众多矛盾现实立场的广泛用语。法国学者阿芒·马特拉（Armand Mattelart）指出，文化多样性已经逐渐变为一些国家和国际机构为维护各自利益发表言论的术语。许多跨文化组织也以它作为抵抗全球同一模式的依据。"文化多样性"揭示了在全球化过程中不同势力间存在着的紧张关系。我们应透过权力关系体系来审视"文化多样性"话语。⑥

---

① 韩民清：《文化论》，广西人民出版社 1989 年版，第 15 页。
② 杨洪贵：《文化多样性内涵初探》，《新疆社会科学》2009 年第 3 期。
③ ［美］R. 本尼迪克特：《文化模式》，生活·读书·新知三联书店 1988 年版，第 2 页。
④ David Hamon, *In Light of Our Differences: How Diversity in Nature and Culture Makes us Human*, Washington and London: Smithsonian Institution Press, 2002, p. 40.
⑤ ［法］P. M. 得法尔热、灵隐：《国际社会与文化多样性》，《国外社会科学》2004 年第 1 期。
⑥ 单波：《一次自由开放的跨文化对话——跨文化传播国际学术会议综述》，《中华新闻报》2004 年 6 月 14 日。

随着文化多样性研究从文化人类学向国际政治经济领域的转向，联合国教科文组织也将保护文化多样性作为该组织的首要工作目标之一，先后出台多个文件和公约促进世界文化多样性的保护。2001年11月2日，联合国教科文组织第31届大会通过了《世界文化多样性宣言》（以下简称《宣言》），旨在促进世界各国加强对文化多样性的保护，相互尊重并促进文化交流与对话。《宣言》中指出："文化在不同的时代和不同的地方具有各种不同的表现形式。这种多样性的具体表现是构成人类各社会之特性所具有的独特性和多样化。文化多样性是交流、革新和创作的源泉，对人类来讲就像生物多样性对维持生物平衡那样必不可少。从这个意义上讲，文化多样性是人类的共同遗产，应当从当代人和子孙后代的利益考虑予以承认和肯定。"[1] 首先肯定了文化多样性存在的客观性和保护的重要意义。为进一步落实《宣言》之理念和精神，2005年10月第33届联合国教科文组织大会出台其补充文件《保护和促进文化表现形式多样性公约》（以下简称《公约》）。《公约》进一步明确了文化多样性的含义，"文化多样性指各群体和社会借以表现其文化的多种形式。这些表现形式在各群体和社会内部以及它们之间传承。文化多样性不仅通过不同的丰富多彩的人类文化遗产表现形式，也通过借助各种方式和技术进行的艺术创造、生产、推广、销售和消费得到表现、弘扬和传承。"[2] 2005年《公约》强调不仅要保存各种文化的特性，还要通过交流与商业化运作在全球推动各种文化的发展。作为保护世界文化多样性的重要机构，联合国教科文组织还召开许多重要国际会议，颁行许多重要文件公约来促进文化多样性的保护与发展。

二　文化多样性与城市发展

联合国教科文组织是文化多样性始终不渝的倡导者，自出台《宣言》、《公约》等重要纲领性文件以来，着力联合世界各国及组织践行文件保护精神和发展纲领，建立相应组织机构及项目来推行保护理念。教科文组织创意城市网络即是其中一个重要组成部分。选择城市作为保护文化多样性的重要场域，主要是考虑到城市本身即是文化聚集的结晶，也是开

---

[1]　范俊军编译：《联合国教科文组织关于保护语言与文化多样性文件汇编》，《世界文化多样性宣言》，民族出版社2006年版，第99—100页。

[2]　范俊军编译：《联合国教科文组织关于保护语言与文化多样性文件汇编》，《保护和促进文化表现形式多样性公约》，民族出版社2006年版，第64页。

拓未来文化的源泉，加之当前城市化浪潮席卷全球。未来人类活动的中心是城市，因此文化多样性保护的重心在城市，未来城市的可持续发展也离不开文化多样性保护。

（一）文化与城市

城市从出现之初就是人类各种文化活动的结果或展开的场域。斯宾格勒将城市看成人类文明的枢纽，高度肯定城市在人类历史中的巨大作用，他认为："人类所有伟大文化都是由城市产生的……世界史就是人类的城市时代史。"[①] 汤因比认为，共同的宗教文化信仰促使祭祀中心和定居点出现，这类祭祀中心即构成了城市的雏形。在城市的发展阶段，文化又成了城市发展的助推剂，城市成了文化的播布所。随着共同文化信仰的瓦解，不管是乌尔城还是古罗马都不免崩塌的命运。因此，文化是城市的灵魂，城市的起源、发展和繁荣都需要文化等无形力量的推动和指引。[②] 著名城市建筑和城市史学家芒福德则认为城市是文化的容器和磁石，也是改造人类精神世界的场所。城市的主要功能是化力为形，化权能为文化，化朽物为鲜活的艺术形象，化生物繁衍为社会创新。[③] 文化对于城市的重要作用主要体现在三个方面：

1. 文化是城市存在和发展的核心力量

城市最早发轫于祭祀中心[④]，宗教等文化因素促使城市产生。人类社会发展早期，在大自然这个未知神秘世界中，单独的个人永远只能对自然顶礼膜拜。人怎样才能从单独个人到人群进而人类呢？他们在对自然的绝对信仰中得到了一个副产品——宗教，统治者依靠宗教力量的感召，凝聚人类集体智慧和力量。共同的信仰使人类凝聚到一起，产生了城市。城市是人类改造自然的第一个伟大文化杰作，它最初的存在形式是宗教活动场所，文化因素恰是城市的灵魂，一旦宗教等文化因素的凝聚力消失，城市就魂飞魄散。

城市的存在和发展也是与文化因素的繁荣昌盛相一致的。一个城市要历经时间洗礼而不至被历史的尘埃湮没，必须寻找可资利用的动力源泉。

---

① ［美］R. E. 帕克等：《城市社会学》，宋俊岭等译，华夏出版社1987年版，第2页。
② 刘容：《汤因比的城市文明观》，《华中科技大学学报》（社科会科学版）2012年第2期。
③ ［美］刘易斯·芒福德：《城市发展史——起源、演变和前景》，宋俊岭等译，中国建筑工业出版社2004年版，第9页。
④ ［英］汤因比：《人类与大地母亲》，上海人民出版社2001年版，第62页。

在城市发展阶段，文化又成了城市发展的助推剂，城市成了文化的播布所。城市中的一切，包括政治、经济，完全统一于宗教这一高级文化形式下，文化因素指引着城市的发展方向。从城市功能来看，文化的播布是城市存在的一种形式，城市所尊崇的核心价值观正是文化播布的内容。城市的繁荣最终都离不开文化的昌盛。在城市的发展过程中，文化因素与城市结合更为紧密。

城市的发展何去何从，是否会永世长存？人们往往看到现世的繁荣昌盛，就一厢情愿地推断城市的永恒。"亲见奥古斯都太平盛世出现的一代人，显然出于至诚地说，建立这个太平盛世的帝国和罗马都城都同样是不朽的"①，但罗马的公民总是把自己这个暂时的统一国家看作是一个永远的地盘，所以，在公元 410 年罗马陷落时大为震惊。失去灵魂的城墙和身体都是毫无价值的，形式的消失也许正是永恒的前提，因此罗马城又是永恒的。但奥古斯都们创造的政治和经济的繁荣都是昙花一现，而罗马城正是由于圣彼得和圣保罗的存在才成为基督教的不朽圣城。罗马城的残垣断壁早已消失在历史的尘烟中，但罗马城直到今日仍是全世界基督教徒心中心驰神往的圣城。罗马城已超越了具体形式，成为人们心中一个永远的文化符号和象征。时间流逝带给城市一方面是残垣断壁，另一方面是深厚的文化财富积累。因此，一个拥有丰富文化财富的城市是可以不朽的，并且一个优秀的城市也应该是一个文化昌盛的不朽城市。

2. 文化在城市文明整体中相对稳定

政治、经济、文化体现着一个地区的文明，"文明乃是整体……在这个整体里，经济的、政治的和文化的因素都保持着一种非常美好的平衡关系"。② 其中，文化是文明之中核心的、稳定的部分，起主导作用，而政治、经济则相对变化较快，在文明中起次要作用。比如，英国无论从经济方面还是从政治方面，都扩大到世界的各个区域，具有世界性，但是从文化方面看，它所属的范围相对稳定。罗马城的城墙早已坍塌，罗马城迎来送往无数政客和掮客，但时至今日仍然是基督教文化的圣城。可见，文化是城市文明中相对稳定的部分，尽管政治、经济发生了变化，但文化变化却很缓慢，甚至没有变化。它影响和制约着政治经济发展方向，决定着政

---

① ［英］汤因比：《历史研究》（下），曹未风等译，上海人民出版社 1984 年版，第 4 页。

② ［英］汤因比：《历史研究》（上），曹未风等译，上海人民出版社 1984 年版，第 465 页。

治经济最终发展目的。相反，文化若无法在城市文明中保持相对稳定，城市就会失去发展方向，政治的长治久安、经济的繁荣昌盛都难以持续。

3. 文化精英是城市发展的动力

文化决定着城市的存在和发展，并且是城市发展中的稳定因素，指引着城市政治、经济的发展方向，而掌握文化精髓的精英人物才是城市发展的真正领导者。文化精英用书面语创制了书籍、法律文件、制度汇编等，进一步统一了城市的思想和行动，加强了文明的协调一致和向心力。文化精英们依靠为公众提供服务而轻松占有剩余产品，从此他们有了另一个称号"统治者"。统治的权威力量仍然来自神祇，统治者也不过是神祇力量的代言人。当神祇远离了统治者，文化精英失去了对文化的掌控，群众迷失了统一方向，文化抛弃了城市，城市衰落就是不可避免的了。因此，"文明的衰落性质可以归纳为三点：少数人丧失了创造的能力，在多数人方面则相应地撤回了他们的模仿行为，以及继之而出现的作为一个整体的社会丧失了它的社会统一性。"① 文化精英们开创了城市，同时也决定着城市的发展方向。他们在当今创意城市中，就是弗罗里达所指的创意阶层。创意阶层的存在和其创意潜力的发挥，决定着创意城市的未来。

(二) 文化多样性与城市文化遗产

根据联合国教科文组织的定义，文化多样性是各群体和社会借以表现其文化的多种形式。文化所倡导的理念和价值观必须依靠一定的媒介和载体表达。联合国教科文组织认为人类丰富多彩的文化遗产是文化的多种表现形式之一。在城市场域中，城市文化遗产无疑是城市文化多样性的重要表达形式。要保护城市文化的精髓，必须从具象性的表达方式入手。城市的各种传统特色文化的传承也必须从保护城市文化遗产开始。如果说文化是城市的灵魂，文化多样性就是城市的躯壳，而文化遗产就是城市躯壳的一部分。因此，芒福德建议复兴城市和地区内的历史文化遗产，将其建成优良传统文化和生活理想的主要载体。②

1. 联合国教科文组织保护城市文化遗产的努力

城市文化遗产是城市文化的重要表达方式之一，联合国教科文组织力

---

① ［英］汤因比：《历史研究》（下），曹未风等译，上海人民出版社1984年版，第456页。

② ［美］刘易斯·芒福德：《城市发展史——起源、演变和前景》，宋俊岭等译，中国建筑工业出版社2004年版，第573页。

主通过保护文化遗产以保护城市文化多样性，促进城市发展繁荣。联合国教科文组织为此做出了巨大努力，与国际古迹遗址理事会等国际机构一道颁行了一系列宪章、公约、文件等，保护城市文化多样性。特别是 1962 年教科文组织《关于保护景观和古迹之美及特色的建议书》，1964 年国际古迹遗址理事会的《国际古迹遗址保护与修复宪章》（《威尼斯宪章》），1968 年教科文组织《关于保护公共或私人工程危及的文化财产的建议书》，1972 年教科文组织《保护世界文化和自然遗产公约》、1972 年教科文组织《关于在国家一级保护文化和自然遗产的建议书》，1976 年教科文组织《关于保护历史或传统建筑群及其在现代生活中的作用的建议书》，1982 年国际古迹遗址理事会的《国际历史花园宪章》（《佛罗伦萨宪章》），以及 1987 年国际古迹遗址理事会的《保护历史名城和历史城区宪章》（《华盛顿宪章》），2005 年教科文组织《保护和促进文化表现形式多样性公约》、2005 年国际古迹遗址理事会关于保护遗产建筑物、古迹和历史区域的《西安宣言》以及 2005 年“关于世界遗产与现代建筑设计——城市历史景观管理”的《维也纳备忘录》，等等。为此也召开了一系列国际大会来促进保护文化多样性的共同努力，尤其是 1982 年在墨西哥城召开的世界文化政策会议，1994 年奈良原真性会议，1995 年世界文化和发展委员会首脑会议，1996 年在伊斯坦布尔召开的第二次联合国人类住区会议（会议批准了《21 世纪议程》），1998 年在斯德哥尔摩召开的教科文组织政府间文化政策促进发展会议，1998 年世界银行和教科文组织关于可持续发展中的文化——投资于文化和自然方面的天赋资源的联合会议，2005 年在维也纳召开的关于世界遗产与当代建筑的国际会议，2005 年国际古迹遗址理事会在西安召开的关于城市古迹遗址的大会，以及 2008 年国际古迹遗址理事会在魁北克召开的关于城市遗产地精神的大会。这一系列文件和会议为城市文化遗产保护制定了保护理念、政策措施、规章制度，使城市文化遗产保护成为世界各国在经济社会发展同时共同肩负的责任。通过城市文化遗产保护，维护了城市文化特色。

2. 我国保护城市文化遗产的努力

近些年来，我国也力主在城市发展的同时应注意保护文化多样性。2007 年，由建设部、文化部、国家文物局联合举办的“城市文化国际研讨会暨第二届城市规划国际论坛”上发表了《北京宣言》。这是我国在处理城市发展和保护城市文化多样性关系方面的纲领性文件。《北京宣言》

指出："城市化、全球化在带来经济发展、文化繁荣和生活改善的同时，也给当代人带来巨大的挑战。城市发展正面临着传统消失、面貌趋同、形象低俗、环境恶化等问题，建设性破坏和破坏性建设的威胁依然存在，城市文化正处于转型过程中。"在处理城市发展与城市文化间的关系方面，《北京宣言》达成如下共识：第一，文化建设是城市发展的重要内容；第二，城市发展要充分反映普通市民的利益追求；第三，新世纪的城市文化应该反映生态文明的特征；第四，城市规划和建设要强化城市的个性特色。城市文化建设担当着继承传统与开拓创新的重任。城市文化建设要依托历史，坚守、继承和传播城市优秀传统文化，减少商业化开发和不恰当利用对文化遗产和文化环境带来的负面影响。

文化多样性是一个在全球化背景下保护各国各民族文化的提法，强调普遍性下的个性，以及个性对普遍性的贡献。落实到各国各民族文化本身，即是各民族的传统文化。文化遗产是传统文化的载体。因此从某种角度上来说，保护文化遗产就是保护文化多样性。国内多位学者和社会有识之士都倡导城市发展应保护文化遗产也对此做了研究。冯骥才（2004）对中国当前"新造城运动"破坏城市文化遗产，造成千城一面的结果进行了激烈批判[1]，并在《建筑与文化》开设专栏对城市文化遗产的保护做了大量论述。单霁翔出版多部专著，发表多篇论文，从学理高度对城市文化遗产保护及其与城市文化建设方面的关系做了大量论述。他2006年出版的《城市化发展与文化遗产保护》[2]，2007年出版的《从"功能城市"走向"文化城市"》[3]，2009年出版的《文化遗产保护与城市文化建设》[4]是三本系统论述城市文化遗产保护与城市文化建设的专著，三本著作的出版也反映了他对城市文化遗产保护深入思考的心路历程。《城市化发展与文化遗产保护》着重在提出城市发展中的现实问题，引发思考，提供路径参考。《从"功能城市"走向"文化城市"》在前书基础上对城市文化遗产的保护进行了升华，将其作为城市文化建设的基础高度，并提出文化城市的概念为未来城市的发展提供了可能性选择，并对城市文化与传统文

---

① 冯骥才：《中国城市的再造——关于当前的"新造城运动"》，《建筑与文化》2004年第3期。
② 单霁翔：《城市化发展与文化遗产保护》，天津大学出版社2006年版。
③ 单霁翔：《从"功能城市"走向"文化城市"》，天津大学出版社2007年版。
④ 单霁翔：《文化遗产保护与城市文化建设》，中国建筑工业出版社2009年版。

化、地域文化和文化多样性间的关系做了系统论述。《文化遗产保护与城市文化建设》是对前两书从现象、理论、方法和理念方面的系统总结。提出从"文物保护"走向"文化遗产保护";从"大规模改造"走向"有机更新";从"功能城市"走向"文化城市"等新理念。此外,还有许多学者就城市建设中如何具体保护文化遗产的方法进行了探索,如阮仪三、张松、邵甬、徐明前等。此外,还有多篇论文围绕文化多样性与城市发展间的关系为我们提供了多维度视角。吴翠玉(2004)在《城市发展需要多元文化》中论述了多元文化对城市发展的重要性,并提出了培养城市多元文化的基本路径。① 陈学敏在《城市化进程与文化多样性的冲突——从历史遗产保护谈起》一文中论述了城市化对文化遗产破坏的现状及原因,并提出了相应对策。② 单霁翔(2007)在《城市文化与传统文化、地域文化和文化多样性》一文中提出文化多样性是城市发展的动力的观点。从文化的继承性、文化的包容性与文化的创造性等方面对文化多样性对城市发展的促进作用进行了论述。③ 加拿大贝淡宁,以色列阿夫纳·德·沙利特(2011)认为,全球化正在使不同的文化传统不同的生活方式迅速同一化和均质化,在国家层面对抗这种同一化和均质化是相当困难的,而在城市层面城市风尚的培养或恢复可以有效地保护文化多样性。④ 高小康(2011)在《非物质文化遗产与都市文化的包容性》一文中指出,当代中国的都市建设理念极大削弱了都市的文化特性,造成都市文化生态问题。应利用非物质文化遗产蕴含的都市不同文化群落的集体记忆与认同感,建立起包容文化多样性的都市文化。⑤ 上海文化发展战略研究课题组(2012)则在比较和借鉴伦敦、纽约、中国香港等大都市的多样性文化战略的基础上,论述了国际化语境中文化多样性与都市竞争力的关系。重点分析上海自身的文化优势、不足和潜力,求索方案和建议,以打造上海作为国际文化大都市的文化多样性发展战略,同时前瞻性地反思在

① 吴翠玉:《城市发展需要多元文化》,《发展研究》2004 年第 12 期。

② 陈学敏:《城市化进程与文化多样性的冲突——从历史遗产保护谈起》,《世界环境》2010 年第 4 期。

③ 单霁翔:《城市文化与传统文化、地域文化和文化多样性》,《南方文物》2007 年第 2 期。

④ [加拿大]贝淡宁、[以色列]阿夫纳·德·沙利特:《城市的精神》,付洪泉译,《求是学刊》2011 年第 1 期。

⑤ 高小康:《非物质文化遗产与都市文化的包容性》,《山东社会科学》2011 年第 1 期。

发展文化多样性中应注意的平衡关系。①

　　总的来讲，城市文化遗产不仅是城市文化多样性的重要组成部分，更是构成城市文化多样性的基础。城市文化遗产是城市文化基因的载体，是城市文化的根基。城市文化多样性都是由城市文化遗产衍生而来的，因此任何对城市文化遗产的破坏，不仅是对城市文化传统的亵渎，更是对未来城市文化多样性发展衍生的"杀鸡取卵"式损害。这种损害是不可逆的，因此在城市建设开发时，应立足长远，给城市文化遗产以生存空间，使城市文化多样性可持续发展。

　　（三）文化多样性与创意城市

　　如前所述，城市文化遗产是构成城市文化多样性的重要基础。但城市文化遗产对城市而言，代表着城市的过去和传统。城市对人类而言是人类文化积累的结晶和场所，不同的时代有不同的文化特性。因此，对城市而言，虽然城市文化遗产是城市文化多样性发展的根基，但随着时代的变迁，城市文化遗产所蕴含的文化基因会在不同的时代衍变出不同的变体。这些变体也是城市文化多样性的重要组成部分。此外，在不同时代还会创生出一些与传统文化遗产无关而独具时代特征的文化因子，比如在工业社会机器化大生产中产生的文化，就像卓别林主演的《摩登时代》等电影一样，在信息化社会中的网络文化，等等。因此，王杰（2011）提出面对全球化趋势，文化多样性主要表现在四个方面：区域性和地方性的文化，物质性和非物质性文化遗产，以新技术为基础的新型文化，以抵抗全球化压力为基础的激进文化，等等。这四种文化形态在不同的社会关系和文化条件下产生多种形式的组合，从而形成十分丰富复杂的文化形态和文化生态。②

　　不同形态的文化多样性表现形式必然依据一定的场域得以展开，而城市作为人类文化集聚的产物，天然是孕育文化多样性、促进文化多样性发展的"温床"。对创意城市而言，文化多样性及其不同的表现形式是激发创意的重要源泉，是创意城市得以存在的重要基础。创意与创新激发文化多样性的生成，而文化多样性反过来又是创意与创新的源泉。因此，在城市场域中，如果文化多样性和创意能形成良性互动，就会激发城市发展的

---

① 上海文化发展战略研究课题组：《文化多样性与都市竞争力》，《科学发展》2012 年第 1 期。

② 王杰：《全球化时代文化多样性的意义》，《学术月刊》2011 年第 7 期。

潜力，形成创意城市。根据前述学者王杰对文化多样性不同表现形式的总结，拥有丰富的文化遗产和地方特色文化是建设创意城市的重要资源，拥有以新技术为基础的新型文化和激进文化同样也是建设创意城市的重要资源。文化多样性与创意城市具有内在的逻辑联系，它们的交集就是对人及其创造力的尊重。

因此，联合国教科文组织创意城市网络正是基于对世界文化多样性的保护，对文化多样性与创意城市间内在联系的深刻把握而设立的。创意城市网络中不同城市的文化多样性构成了该城市的特性，网络中不同城市特性的聚集和叠加构成了丰富的世界文化多样性。这些创意城市既包括历史文化传统浓郁的文化资源富集型城市，也包括颇具时代精神的锐意创新型城市，还包括不拘一格的特立独行型城市。它们的存在和发展使世界文化多样性真正鲜活起来。

第二节　设立创意城市网络的文化诉求：保护文化多样性

联合国教科文组织创意城市网络是全球文化多样性联盟的一个重要组成部分，也是该联盟发展后期推出的一个具有全球影响的文化多样性保护项目。当前，世界自然与文化遗产申报已受到世界各国广泛关注，该项目的实施对一些受到威胁的遗产地切实保护自然与文化遗产初见成效。但遗产地毕竟范围狭小，能够受到保护的文化基因必然有限。因此教科文组织创意城市网络项目的实施是世界自然与文化遗产保护项目的延续和扩张，它将保护对象扩大到城市，使一些鲜活的与当今社会生活休戚相关的文化因子得以保护、延续与创新。该项目的实施是联合国教科文组织保护文化多样性文化诉求在当今全球化背景下的延续和拓展。该项目在注重文化基因保护的基础上，进一步关注其传承与创新，标志着联合国教科文组织文化多样性保护理念的转向。

一　联合国教科文组织保护文化多样性发展历程

联合国教科文组织（United Nations Educational Scientific and Cultural Organization，UNESCO）是联合国下设的国际组织，同时也是联合国的国

际智力合作机构。第二次世界大战结束后，为在"人的思想中筑起保卫和平的屏障"①，1945 年 11 月 16 日，第二次世界大战同盟国在英国伦敦会议上通过了教科文组织的组织法，标志着联合国教科文组织正式成立。自成立之日起，联合国教科文组织通过教育、科学及文化来促进各国间交流合作，对和平与安全做出贡献，增进对正义、法治及联合国宪章所确认之世界人民不分种族、性别、语言或宗教均享人权与基本自由之普遍尊重。② 在教育、科学、文化等多个领域做了大量卓有成效的工作，为维护世界和平，促进世界发展做出了卓越贡献。尤其在文化方面，联合国教科文组织对保护文化多样性做了许多卓有成效的工作，主要涉及文化遗产保护国际规约的制定及交流，文化产品及服务交易国际规约和服务，推进文化多样性保护实质性的国际合作及专门项目等。联合国教科文组织在保护文化多样性方面通过的最重要的文件是《世界文化多样性保护宣言》，《宣言》将文化多样性提到"人类共同遗产"的高度，认为对文化多样性的保护是一种伦理道德上的迫切需要，与人类的尊严密不可分。围绕宣言的宗旨，又通过了三大支柱性公约，促进目标的实现，它们是《保护世界文化和自然遗产公约》(1972 年)、《保护非物质文化遗产公约》（2003年）以及《保护和促进文化表现形式多样性公约》（2005 年）。联合国教科文组织对文化多样性的保护经历了一个漫长的历史过程，除了以上重要支柱性文件，在发展过程中还出现了许多阶段性的重要文件。下面拟结合一些文化多样性相关的重要文件对联合国教科文组织保护文化多样性的历程进行分期和分类。

1. 保护文化多样性的萌芽期：促进世界文化交流合作

联合国教科文组织成立于第二次世界大战后。各国目睹战争对人类生命和尊严的摧残，为真正筑起人类思想中的和平，教科文组织成立之初就开始致力于促进世界教育、科学、文化交流与合作，通过对话促进人类社会和文化共同进步。为此，通过了一系列文件实行世界文化的自由交流与合作。

---

① 联合国教科文组织：《联合国教育、科学及文化组织法》，联合国教科文组织公共信息局 1946 年版，第 10 页。
② 联合国教科文组织：《联合国教科文组织基本文件》，联合国教科文组织 2012 年版，第 8 页。

（1）《佛罗伦萨协定》。① 联合国教科文组织自 1945 年成立之后，"为增进各国人民间之相互认识与了解协力工作，并为达此目的，建议订立必要之国际协定，以便运用文字与图像促进思想之自由交流。"② 1948 年，在贝鲁特举行的教科文组织第三届大会上通过了本组织的第一份国际公约，称为《贝鲁特协定》，《贝鲁特协定》仅限于促进教育、科学和文化性质的视听材料的自由流通，对于其他类别的文化产品并未涉及，对妨碍思想自由交流的经济屏障并未排除，因此联合国教科文组织大会当时就商定拟定一份范围更广的文件促进世界文化自由交流。1950 年，在教科文组织 25 个会员国的专家会议上，根据有关政府提议起草了《教育、科学和文化物品进口协定》，它于 1950 年 7 月在佛罗伦萨举行的第五届会议获得通过，即《佛罗伦萨协定》（以下简称《协定》）。1952 年 5 月 21 日，在 10 个国家批准或加入后开始生效。《协定》主要是通过减少相关教育、科学及文化物品在自由流通时所遇到的价格、关税、外汇和交换障碍，使各组织和个人在国外能够比较容易以较低的价格获得此类物品，促进教育、科学和文化物品的进口。具体方式主要是关税豁免和为某些物品的进口提供许可证和/或外汇。《协定》的缔约国保证对《协定》所商定的五个附件所列众多物品不征收关税："图书、出版物和文件"（附件 A）；"属于教育、科学和文化性质的艺术品和收藏品"（附件 B）；"属于教育、科学和文化性质的视听材料"（附件 C）；"科学仪器和设备"（附件 D）；"盲人用品"（附件 E）。③

（2）《内罗毕议定书》。《协定》在后来的一段时间里，由于贸易日益自由化大大减少了关税壁垒及其类似障碍，加之科学和技术的进步改变了知识传播方式，因而，从社会进步和国际了解这个更广的视角考虑，应该重新审视《协定》所规定的范围。有鉴于此，教科文组织在日内瓦召开了两次政府专家会议，对《协定》的执行情况进行了检查，鼓励尚未加入的国家加入该《协定》。这两次会议之后，专家们最后认为《协定》

---

① 《佛罗伦萨协定》，http：//portal. unesco. org/en/ev. php – URL_ ID = 12074&URL_ DO = DO_ TOPIC&URL_ SECTION = 201. html，2012 年 12 月 23 日访问。

② 联合国教科文组织：《联合国教育、科学及文化组织法》，联合国教科文组织公共信息局 1946 年版，第 10 页。

③ 联合国教科文组织：《促进教育、科学和文化性质的视听材料在国际上流通的协定》（《贝鲁特协定》），联合国教科文组织 1954 年第 2 版。

是一种非常重要的工具，它对于取消关税及其他经济限制阻碍教育、科学、文化物品自由流通确实非常有效，促进了社会及文化的进步。于是，1973 年又召开了第三次政府专家会议，重点研究能否将《协定》的范围扩大到通过《协定》以来半个世纪中由于技术进步而产生的新物品。会议最终建议应拟定《协定》的附加议定书，为文化自由交流提供更多的便利条件。于是，1976 年 3 月在巴黎教科文组织总部召开大会，根据收到的各国政府的意见，拟定了新的《议定书》草案。1976 年 11 月在内罗毕召开的第十九届会议通过。这份新的《教育、科学和文化物品进口协定议定书》称为《内罗毕议定书》（以下简称《议定书》）。《议定书》在《协定》的基础上，列出九个附件的多种新物品实行关税豁免。这些附件的名称除了沿用《协定》附件的名称外，在内容上还有以下一些增加和修改："视听材料"（附件 C. 1）；"教育、科学和文化性质的视听材料"（附件 C. 2）；"盲人和其他残疾人用品"（附件 E）；"体育用品"（附件 F）；"乐器和其他音乐设备"（附件 G）；"用于生产书籍、出版物和文件的材料和机器"（附件 H）。《议定书》的主要特点之一是：各国在加入时可声明不受附件 C. 1、附件 F、附件 G 和附件 H 的约束，或不受其中任何一附件的约束。[1] 因此，它比《协定》自由得多而且范围也广得多，各国能够选择它们认为有利的内容加以执行。

（3）《国际文化合作宣言》。《国际文化合作宣言》是《世界文化多样性宣言》参照文件之一。从某种程度上说，可看成是《世界文化多样性宣言》的前身和基础。1966 年 11 月 4 日，在联合国教科文组织大会第十四届会议上通过。《国际文化合作宣言》主要是为国际文化合作制定了一些原则，为各国政府在联合国教科文组织框架范围内制定文化政策奠定了基础，是教科文组织保护文化多样性的重要里程碑。该宣言强调了国际文化合作交流应以相互尊重为前提，肯定了各国文化的尊严和价值，鼓励加强对各国特色文化的深入了解，以期通过文化交流加深各国人民的友谊，从内心深处建立人类和平。[2] 前述《佛罗伦萨协定》及《内罗毕议定书》主要是从主权国的角度通过扫除阻碍文化交流合作的经济障碍来促

---

① 《内罗毕议定书》，http：//portal. unesco. org/en/ev. php – URL_ ID = 15224&URL_ DO = DO_ TOPIC&URL_ SECTION = 201. html，2012 年 12 月 23 日访问。

② 《国际文化合作宣言》，http：//portal. unesco. org/en/ev. php – URL_ ID = 13147&URL_ DO = DO_ TOPIC&URL_ SECTION = 201. html，2012 年 12 月 23 日访问。

进相关教育、科学及文化用品的流通，仅涉及文化交流的物质表层，不是真正意义上的文化交流。"虽然技术方面的进步促进了知识和意见的启发和传播，可是对各国人民生活方式和习惯的茫然无知，仍然是促进各国间友好、和平合作和人类进步的障碍"①，因此《国际文化合作宣言》中主要鼓励各国相互尊重文化传统，较强文化领域的深层交流合作。该宣言首次明确提出民族文化的重要性，文化交流合作对世界和平的重要性，并为后来的文化遗产保护制定了必要的制度和理念铺垫。

2. 保护文化多样性的成长期：保护世界遗产

保护文化遗产历来是联合国教科文组织文化使命的首要目标，也是保护文化多样性的基石和重要组成部分。早在教科文组织成立之前，鉴于两次世界大战期间许多古老的城镇遭到破坏，一些重要的文化遗址惨遭蹂躏甚至消失。国际联盟（即联合国的前身）呼吁世界各国要互相合作保护遗产，并开始寻求保护世界遗产的方法。第二次世界大战结束后，联合国教科文组织成立，面对满目疮痍的战争废墟，为拯救具有特殊意义的遗产发起了几场联合保护文化遗产的运动，使遗产保护理念得到各国认同，随之起草了新的国际公约及保护世界遗产的具体细则，遗产保护工作随之加快。在众多保护文化遗产的公约中，1954 年通过的《武装冲突下保护文化财产公约》是教科文组织保护文化遗产的第一条国际性公约，1972 年通过的《保护世界文化和自然遗产公约》和 2003 年通过的《保护非物质文化遗产公约》是保护世界遗产的纲领性文件，也是教科文组织保护文化多样性理念日益走向成熟的标志。

（1）《武装冲突下保护文化财产公约》。《武装冲突下保护文化财产公约》也称作 1954 年《海牙公约》，是在 1899 年和 1907 年《海牙公约》和 1935 年 4 月 15 日《华盛顿条约》所确立的关于在武装冲突中保护文化财产的各项原则基础上，考虑两次世界大战对文化遗产的重大威胁，对保护战时文化遗产的具体约定。《海牙公约》强调民族文化遗产既是所属国的文化财富，也是全人类的共同文化遗产，因此各国有责任肩负起在武装冲突中保护文化遗产的责任。②《海牙公约》的一个重要特点就是细致入

---

① 《国际文化合作宣言》，http://portal. unesco. org/en/ev. php – URL_ ID = 13147&URL_ DO = DO_ TOPIC&URL_ SECTION = 201. html，2012 年 12 月 23 日访问。

② 参见国家文物局法制处《国际保护文化遗产法律文件选编》，《武装冲突下保护文化财产公约》，紫禁城出版社 1993 年版。

微地对战时文化遗产的保护进行详细规定，大到缔约国协商谈判，小到公约的识别标志都做了仔细说明。是对前述公约的进一步深化和落实。

（2）《保护世界文化和自然遗产公约》。20 世纪 50 年代到 70 年代末期，国际社会逐步兴起了保护文化遗产热潮，制定了一系列与保护文化遗产有关的国际公约、建议和宪章。其中 1972 年获得通过的《保护世界文化和自然遗产公约》是联合国组织中迄今最为成功的一个国际公约。截至 2012 年 9 月，共有 190 个国家批准加入世界遗产公约，共有 962 处世界遗产，其中文化遗产 745 处，自然遗产 188 处，文化与自然双重遗产 29 处，是教科文组织影响力最大，参与国家最多的项目之一。

该公约的通过和实施直接得益于 20 世纪五六十年代一场轰轰烈烈而又影响深远的世界遗产保护运动。第一次世界大战后，面对战争给人类造成的巨大灾难，出现了保护遗产的国际运动思潮。该运动首先滥觞于 1960 年埃及努比亚地区的文化遗产保护行动。埃及修建阿斯旺大水坝将淹没孕育古埃及文明的阿布·辛拜勒神庙（Abu Simbel Temples）和菲莱神庙所处的努比亚地区。为了防止大坝修建对文化遗产的破坏，联合国教科文组织时任总干事意大利人维多里诺·韦罗内塞（Vittorino Veronese，1958—1961）号召各国政府、组织、公私基金会及一切有美好愿望的人为保护努比亚遗址共同行动起来，提供技术和财政的支持。呼吁获得了巨大的成功，仅 1960 年为两处古埃及神庙搬迁就募集到国际援助资金 4000 万美元。努比亚运动前后延续 20 年，共有 22 座纪念碑和建筑群被移建。努比亚运动的巨大成功促进了多国合作共同保护文化遗产的行动。这一系列同心协力保护世界遗产的行动，显示出多国共同参与保护杰出文化遗产的重要性，因此国际古迹遗址理事会（The International Council on Monuments and Sites，ICOMOS）协助联合国教科文组织开始拟定文化遗产保护公约。1965 年，在华盛顿召开"世界遗产保护"白宫会议提出将文化与自然遗产合并评审的建议，鼓励通过国际合作保护世界的自然风景区和历史遗产。这些建议在 1972 年斯德哥尔摩举行的联合国人类环境大会上，得到有关国家的响应。最终，1972 年 11 月 16 日在联合国教科文组织第 17 届大会上，《保护世界文化和自然遗产公约》获得通过。

《保护世界文化和自然遗产公约》一再强调世界遗产既是属于各所属国的，同时也是全世界的共同文化遗产，都是展示人类和自然创造力的象征和载体。因此，该公约主要目的是为国际共同保护世界遗产制定统一标准和可共同遵循的行动准则。该公约由八部分组成，主要涉及文化和自然遗产的定义，保护世界文化和自然遗产政府间委员会，文化和自然遗产的国家和国际保护，国际援助的条件和安排，保护世界文化和自然遗产基金，世界文化和自然遗产教育计划等重要内容。① 文化遗产是文化多样性的基础和重要表达方式之一，以下选取与文化遗产相关几个重要问题加以分析：

第一，文化遗产的定义。教科文组织所谓的"文化遗产"重要指三类：

文物：从历史、艺术或科学角度看具有突出的普遍价值的建筑物、碑雕和碑画、具有考古性质成分的结构、铭文、窟洞以及联合体；

建筑群：从历史、艺术或科学角度看在建筑式样、分布均匀或与环境景色结合方面具有突出的普遍价值的单立或连接的建筑群；

遗址：从历史、审美、人种学或人类学角度看具有突出的普遍价值的人类工程或自然与人联合工程以及考古地址等地方。②

列入《世界遗产名录》的文化遗产还须满足六个标准：能体现人类杰出的创造才能；能表现一个时期或世界的某一文化地域内在建筑学、建筑技术、历史古迹艺术、城镇规划或景观设计发展方面的人类价值的重要交流；能为一种文化传统、一种尚存的或已消失的文明提供一种独特的或至少是特殊的见证；是建筑、建筑学、技术工艺或景观方面的杰出范例，代表人类历史发展的一个重要阶段或若干重要阶段；作为人类传统居住地或土地利用的杰出范例，代表一种或多种文化，特别是该文化在不可逆转的冲击下变得易受损害；与某些具有特殊意义的事件、现存的传统、某些思想或信仰以及文学艺术作品有直接的或实质性的联系。③

从教科文组织对文化遗产定义和衡量其是否能列入《世界遗产名录》的标准来看，教科文组织一直强调文化遗产对人类文化基因的承载，对特定人群和特定时期人类文化的记忆，并且能激发人类对过往生活的回忆和感悟。因此，文化遗产存在的重要价值即是对人类生活历史的记录，历史

---

① 张松编：《城市文化遗产保护国际宪章与国内法规选编》，《保护世界文化和自然遗产公约》，同济大学出版社 2007 年版，第 49—54 页。

② 同上书，第 49 页。

③ 佚名：《〈保护世界文化和自然遗产公约〉的制定和实施》，《国外城市规划》1997 年第 3 期。

除了给人以警示和启迪，还让人追根溯源产生归属感和认同感。文化遗产虽然立足历史记忆，但其更重要作用却在于对当代人诉说共同的过往，产生归属感，增强凝聚力。使各民族充满自信地成为世界文化多样性的重要组成部分。

第二，文化遗产的国家和国际保护。教科文组织强调缔约国对本国领土内的文化遗产享有主权，但同时也强调这些文化遗产是世界文化遗产的重要组成部分，因此国际社会有责任和义务协同保护。缔约国应竭尽全力、最大限度地利用本国资源，对领土内的文化遗产进行确定、保护、保存、展出和遗传后代，必要时（主要是指战争和经济技术的缺乏）利用所能获得的国际援助和合作。国际社会应尊重所有缔约国对本国文化遗产的主权，应有关国家之邀提供必要的经济和技术援助，并不得直接或间接损毁其他缔约国的文化遗产。

教科文组织对文化遗产的保护坚决维护文化遗产的主权，并强调国际社会有权利也有义务参与世界文化遗产保护。对主权的坚持，既肯定了所属国文化的特殊价值，又强调了国际社会应充分尊重各国文化传统；对国际文化遗产保护的强调，既肯定了文化遗产是人类共同财富的立场，又显示出教科文组织支持国际文化交流的保护趋势。

第三，保护世界文化和自然遗产政府间委员会。公约倡议成立保护世界文化和自然遗产政府间委员会，以表决世界文化遗产的申报、维护，资金分配和技术援助等事宜。1976 年 11 月，教科文组织成立了世界遗产委员会（World Heritage Committee），由 21 名成员国组成，负责该公约的执行。委员会每年召开一次会议，委员会成员每届任期 6 年，每两年改选其中的 1/3。委员会内由 7 名成员构成世界遗产委员会主席团，主席团每年举行两次会议，研究世界遗产委员会的工作。世界遗产委员会主要负责评审缔约国推荐遗产是否列入《世界遗产名录》；评估列入名录的遗产保护状况；当遗产没有得到应有的管理时，提醒有关国家政府予以重视；负责从世界遗产基金会划拨资金用于急需修复和恢复的遗产；对濒危遗产采取紧急措施，提供技术援助和培训，开展宣传和教育活动。①

联合国教科文组织世界遗产委员会日常的管理执行工作由世界遗产中

---

① 张松编：《城市文化遗产保护国际宪章与国内法规选编》，《保护世界文化和自然遗产公约》，同济大学出版社 2007 年版，第 50 页。

心（UNESCO World Heritage Center）负责。该中心成立于 1992 年，主要负责组织世界遗产局和世界遗产委员会的年会；在遗产提名的准备工作中为各国政府提供咨询；根据各国政府申请提供技术援助，调整遗产状况报告；当遗产受到威胁时采取紧急措施；管理世界遗产基金会工作；安排各种技术讨论会，通过对世界遗产名录和数据的增补、修改使之不断得到更新；编辑教材，提高对世界遗产概念的认识；扩大公众对世界遗产问题的了解①，它同联合国教科文组织内从事与遗产保护问题有关的其他组织合作。该中心与文化部门的物质遗产处（Divisionfor Physical Heritage）和科学部门的生态科学处（Division of Ecological Sciences）保持密切合作。除此之外，还与三家咨询机构：国际古迹和遗址理事会（ICOMOS），国际自然及自然资源保护联盟（IUCN）、国际文化遗产保护和修复研究中心（CICCROM）以及其他国际组织、世界遗产城市组织（OWHC）、国际博物馆协会（ICOM）进行合作。②

（3）《保护非物质文化遗产公约》。③ 教科文组织自 1972 年通过《保护世界文化和自然遗产公约》以来，在对文化遗产保护过程中，逐渐意识到文物、建筑、遗址类文化遗产的存在，与孕育它们的当地文化传统血脉相连，这些文化遗产是表现当地文化传统的物质载体，而保护文化遗产的真正目的是保持当地的文化特色，促进文化交流与对话。此外，物质类文化遗产总是和相应的非物质文化遗产，如民俗、制作技艺等密不可分。因此，除了保护物质文化遗产，还应考虑与当地文脉密切相关的非物质文化遗产。通过这种整体性保护，真正促进世界文化多样性的繁荣。因此，2003 年 10 月 17 日教科文组织第 32 届大会通过了《保护非物质文化遗产公约》，成为保护文化多样性的又一重大基础性文件。教科文组织重视对非物质文化遗产的保护，只是之前提法不同，也并未将其作为与文化和自然遗产并置的高度。1989 年的《保护民间创作建议书》、2001 年的《教科文组织世界文化多样性宣言》和 2002 年第三次文化部长圆桌会议通过

① 张松编：《城市文化遗产保护国际宪章与国内法规选编》，《保护世界文化和自然遗产公约》，同济大学出版社 2007 年版，第 52 页。
② 佚名：《〈保护世界文化和自然遗产公约〉的制定和实施》，《国外城市规划》1997 年第 3 期。
③ 范俊军编译：《联合国教科文组织关于保护语言与文化多样性文件汇编》，《保护非物质文化遗产公约》，民族出版社 2006 年版，第 79 页。

的《伊斯坦布尔宣言》都强调了非物质文化遗产的重要性。教科文组织还执行了一系列有关非物质文化遗产的计划，尤其是"宣布人类口述遗产和非物质遗产代表作"计划，对切实保护非物质文化遗产，为后来公约的出台积累了许多宝贵经验。《保护非物质文化遗产公约》的出台是保护文化多样性的重要里程碑，极大地促进了非物质文化遗产的保护。《保护非物质文化遗产公约》共分九大部分，主要涉及非物质文化遗产及其相关概念的定义、公约的有关机关、缔约国对非物质文化遗产的保护、国际社会对非物质文化遗产的保护等问题。

第一，非物质文化遗产的定义。非物质文化遗产指被各社区、群体或个人视为其文化遗产组成部分的各种社会实践、观念表述、表现形式、知识、技能以及相关工具、实物、手工艺品和文化场所。这种非物质文化遗产世代相传，在社区和群体适应周围环境以及与自然和历史的互动中，被不断地再创造，为这些社区和群体提供持续的认同感，从而增强对文化多样性和人类创造力的尊重。非物质文化遗产包括：口头传说和表述，包括作为非物质文化遗产媒介的语言；表演艺术；社会风俗、仪式、节庆活动；有关自然界和宇宙的知识和实践；传统手工艺。[1]

从非物质文化遗产的定义来看，它是与人类生活休戚相关的各种生活经验和感悟的积累，同时它在代代言传身教中，不断适应时代特征进行创新，因此，它是人类生活史的见证，也体现着人类的创造力。从各民族来看，非物质文化遗产是民族认同的基础，是增强民族凝聚力的动力；从世界角度来看，非物质文化遗产是体现文化多样性的标志，是推动文化多样性发展创新的源泉。非物质文化遗产中的"非"，汉语中是"不是"的意思，但笔者认为，非物质不能理解为"不是物质"，而应该理解为"摸不着的，应用心体验"的意思。因此，非物质文化遗产因为来自主观创造，依靠人的实践传承，靠人的主观感悟分享，因此它比之物质文化遗产更能直接诉诸人的心灵，更能直接表达民族特色，更能构建特色鲜明的文化多样性。

第二，公约的有关机关。《保护非物质文化遗产公约》规定缔约国大会为本公约的最高权力机关，大会每两年举行一次常会。在教科文组织内

---

① 范俊军编译：《联合国教科文组织关于保护语言与文化多样性文件汇编》，《保护非物质文化遗产公约》，民族出版社 2006 年版，第 81 页。

设立政府间保护非物质文化遗产委员会，下称"委员会"。委员会主要负责宣传公约的目标，鼓励并监督其实施情况；就好的做法和保护非物质文化遗产的措施提出建议；拟订利用基金资金的计划并提交大会批准；努力寻求增加其资金的方式方法，并为此采取必要的措施；拟定实施公约的业务指南并提交大会批准；审议缔约国的报告并将报告综述提交大会；根据委员会制定的、大会批准的客观遴选标准，审议缔约国提出的申请，包括非物质文化遗产名录的提名审定及国际援助。①

　　第三，缔约国对非物质文化遗产的保护。《保护非物质文化遗产公约》对缔约国在保护非物质文化遗产中的作用、职责和方法等做了详细规定。缔约国应采取必要措施，通过各社区、群体和有关非政府组织参与，确认和确定其领土上的各种非物质文化遗产，随之采取各项措施以确保其领土上的非物质文化遗产受到保护。保护措施包括：缔约国首先应根据自己的国情拟订一份或数份关于这类遗产的清单；为保护非物质文化遗产制定一项长期政策和详尽规划；指定或建立一个或数个主管非物质文化遗产保护的机构；鼓励开展有效保护非物质文化遗产的科学、技术和艺术等方面的研究；建立或加强培训管理非物质文化遗产的机构，促进非物质文化遗产的传承；确保对非物质文化遗产的享用和尊重；建立非物质文化遗产文献机构并创造条件促进对它的利用；加强对保护非物质文化遗产的教育和宣传。②

　　第四，国际社会对非物质文化遗产的保护。国际社会对非物质文化遗产的保护主要涉及委员会对具体保护非物质文化遗产的职责和任务，以及国家合作与援助条件与方法等。委员会应首先拟定有关编辑、更新和公布非物质文化遗产保护代表作名录的标准并提交大会批准，再根据有关缔约国的提名编辑、更新和公布人类非物质文化遗产代表作名录；对急需保护的非物质文化遗产也应事先拟定标准，并根据缔约国的要求列入急需保护名录；组织评审保护非物质文化遗产的计划、项目和活动。国际合作主要是交流信息和经验，在必要情况下采取共同的行动保护各缔约国非物质文化遗产。③

---

　　①　范俊军编译：《联合国教科文组织关于保护语言与文化多样性文件汇编》，《保护非物质文化遗产公约》，民族出版社2006年版，第82页。
　　②　同上书，第84页。
　　③　同上书，第86页。

3. 保护文化多样性的成熟期：促进文化多样性表达方式的实现

随着文化全球化的逐渐蔓延，世界各国逐步认识到保护当地文化特色资源的重要性。从文化遗产到非物质文化遗产的保护，从非物质文化遗产的正式提出到从全球化视野对文化多样性的关注，表现出教科文组织对文化保护概念理解的逐步深入，保护视野的逐步扩大和保护理念的与时俱进。文化多样性的概念是在教科文组织 2001 年第 31 届大会通过的《世界文化多样性宣言》（以下简称《宣言》）中正式提出的。这是第一个关于文化多样性的国际法律文书，它强调保持文化多元化的重要性。与此同时，也关注文化传统继承和创新之间的有机联系，并认为基于传统的创造能力是价值观、特征和观念的体现。为了推动《宣言》所提倡理念的落实，2005 年教科文组织进一步通过了《保护和促进文化表现形式多元化公约》（以下简称《合约》）。《公约》强调个人或集体创造力的成果可以通过多种形式的现代文化载体得以传播，从而保护和促进文化表现形式多样性。两大重要文件的出炉标志着文化多样性保护正逐步走向成熟，并且文化多样性不仅是指文化本身的特性，更是保护本土文化的理论利剑，也是联系文化传统与文化创造力的桥梁。

（1）世界文化多样性宣言。2001 年通过的《宣言》标志着文化多样性保护正式成为教科文组织文化保护政策的核心理念。《宣言》将文化多样性提到"人类共同遗产"的高度，强调捍卫文化多样性是人类一种伦理道德上的迫切需要，与人类的尊严密不可分。《宣言》涉及文化多元化、文化权利、创造性、国际团结等方面的内容。文化多样性的提出表现出教科文组织及国际社会对所在国文化特色的尊重，也表达了教科文组织对全球文化基因一视同仁的保护立场。①

第一，文化特性、文化多样性和文化多元化。《宣言》认为，人类各群体和社会拥有各具特色的文化资源，赋予了各群体和社会独有的文化特性，这些特性构成了文化多样化的基础。因此没有各群体和社会的文化特性就没有文化多样性。各群体和社会的文化特性是文化多样性的组成部分，而文化多样性由各文化特性汇聚而成又不仅是其简单叠加。文化多样性概念已超出了对某群体和社会特定文化的关注，它从全球化视野强调各

---

① 范俊军编译：《联合国教科文组织关于保护语言与文化多样性文件汇编》，《世界文化多样性宣言》，民族出版社 2006 年版，第 99 页。

文化特性是人类的共同文化遗产。

在当今日益全球化又日趋多样化的社会中，文化多样性的提出早已超越了文化研究的范畴，与社会现实紧密相连，派生出文化多元化的理念。文化多元化主张同一社会环境中不同文化背景的群体应和睦相处，所有公民都具有参与政策制定，参加民间活动，加强文化交流的权利和义务。正是文化多样性促使不同文化背景群体交流融合，引发创造，促进经济社会发展，并提高群体生活质量。

第二，文化多样性与文化权利。《宣言》强调文化多样性，主张尊重各群体和社会，特别是少数人群和土著的文化权利。但也强调不得以文化多样性为由，损害受国际法保护的人权。文化权利是人权的重要组成部分，每个公民都具有充分表达自身文化多样性的文化权利，可以用母语创作传播作品，可以接受具有本社区特点的教育和培训，参加本社区独具特色的文化活动。

第三，文化多样性与创作。《宣言》主张文化多样性的表达离不开文化资源的再造、传播以及促进其再造和传播的文化政策。对各个具体的社会群体而言，特定的文化遗产和非物质文化遗产都是其宝贵的文化资源。文化遗产赋予社会群体集体记忆的同时，也是其再创造与发展的重要资源。文化多样性关注的不仅是文化基因的传承，也主张文化的创新；不仅能建立本社区内部交流的文化纽带，更能促进不同社会群体的对话和理解。

基于文化多样性的文化创作最终要转化为文化产品和服务，将承载其中的文化理念加以传播，以加深相互理解和合作。但《宣言》强调文化产品和服务是一种特殊的商品或消费品，它们承载着特定的文化特性和价值观，因此不应用对一般商品的衡量标准来看待文化产品和服务的生产和销售。文化产品和服务的实现，需要政府制定切实可行的政策加以推动。政府制定政策，鼓励在当地和世界都具有影响力的文化产业，从国家层面推进文化产品和服务的生产和销售以及文化多样性的实现。

第四，文化多样性与国际团结。《宣言》认为，当前世界文化交流存在失衡现象，应通过国际合作和团结来加强发展中国家文化产业的实力，从而保持文化交流的平衡。这种合作不仅应依靠政府间合作，更应依靠私营部门和民间社会的力量加强合作。为此，教科文组织主要是通过敦促政府制定相关政策，并充当政府、私营部门和民间团体之间加强合作的联系人和协调人。

（2）保护和促进文化表现形式多样性公约

世界文化多样性宣言的颁布使保护文化多样性理念逐步深入人心。但在保护过程中出现了多种问题和矛盾。贸易自由和文化多样性保护、各国文化贸易的不平衡是其中的主要问题。2003年，法国、加拿大等国向联合国教科文组织提出一份建议案，旨在创制一份新的国际法律文件来保护和促进各国文化多样性发展的平衡。在法国、加拿大等国的持续性努力之下，2005年教科文组织《公约》正式出台与生效。《宣言》旨在保护人类的记忆和传承至今的文化表现形式，而2005年《公约》则以保护和促进文化表现形式的多样性为宗旨，使得个人或是集体创造力的成果通过现代文化载体得到传播与交流。公约分为七大部分，主要涉及公约的宗旨、有关定义、缔约方的权利和义务、公约的有关机关、争端解决及加入退出等问题。

第一，公约的宗旨及原则。公约强调了制定的宗旨和原则。公约的颁布旨在保护和促进文化表现形式多样性；创造条件促进各种文化的繁荣发展与自由互动；鼓励不同文化间的对话；鼓励文化间的交互作用；促进对文化表现形式多样性的尊重；确认文化对所有国家特别是发展中国家具有重要意义；承认文化活动及其文化产品和服务具有传递价值观和有关特性的意义；各国有权制定他们认为合适的保护和促进文化表现形式多样性的政策和措施；加强国际合作与团结。[1]

公约也制定了相应指导原则，主要有尊重人权和基本自由原则、主权原则；所有文化享有同等尊严和尊重的原则；国际互助与合作原则；经济和文化的发展互为补充原则；可持续发展原则；平等共享原则；公开和平衡原则。[2]

第二，有关定义。公约对其中所涉及的主要概念做了界定和说明，包括文化多样性、文化内容、文化表现形式、文化活动产品和服务、文化产业、文化政策和措施、保护和文化的互动性。

"文化多样性"是指各群体和社会借以表现其文化的多种不同形式。这些表现形式在各群体和社会内部以及它们之间传承。文化多样性不仅通

---

① 范俊军编译：《联合国教科文组织关于保护语言与文化多样性文件汇编》，《保护和促进文化表现形式多样性公约》，民族出版社2006年版，第61页。

② 同上书，第62页。

过不同的丰富多彩的文化表现形式，也通过借助各种方式和技术进行的艺术创造、生产、推广、销售和消费得到表现、弘扬和传承。

"文化表现形式"是指个人、群体和社会创造的具有文化内容的表现形式。

"文化活动、产品和服务"指的是从其具有特殊的特征、用途或特定目的角度对其进行审视时——体现或传达文化表现形式的活动、产品和服务——尽管它们可能具有商业价值。文化活动可能是为了其自身的目的而开展的活动，也可能是为了有助于提供文化产品和服务而开展的活动。

"文化产业"指生产和销售文化产品或服务的产业。①

从对联合国教科文组织保护文化多样性的历程来看，对文化多样性的保护经历了一个从鼓励文化交流，到物质文化遗产保护，再到非物质文化遗产保护，最后落脚于将各国文化基因熔铸于各种现代表现形式，在普通日常生活中通过各种不同文化表现形式体验当地文化特色，促进国际文化交流。

二　联合国教科文组织保护文化多样性机构：全球文化多样性联盟

（一）全球文化多样性联盟基本概况

2001 年，教科文组织《宣言》的通过使文化多样性保护得到多方共识，但在实践过程中却由于缺乏合作与协调的共同机构而流于形式。因此，迫切需要建立国际合作的专门机构，推进国际社会政府、私人及民间团体的合作。教科文组织 2002 年成立全球文化多样性联盟，旨在探求加强发展中国家文化产业合作与提升方面的合作，以提升其竞争力，从而保护文化多样性。因此，《宣言》为全球文化多样性联盟实践奠定了理论前提，明确了基本诉求。2005 年颁布的《公约》则进一步将文化多样性保护各方面行动纲领做了具体表述，为全球文化多样性联盟项目运行合作奠定了基本原则和价值理念，诸如平等、透明、互利、互补等。迄今为止，全球文化多样性联盟已开展了约 50 个合作项目，在加强发展中国家文化产业发展、保护全球文化多样性方面成效显著。

（二）全球文化多样性联盟基本目标和使命

全球文化多样性联盟通过建立公私合作关系激发发展中国家发展文化

---

① 范俊军编译：《联合国教科文组织关于保护语言与文化多样性文件汇编》，《保护和促进文化表现形式多样性公约》，民族出版社 2006 年版，第 64 页。

产业的主动性，分享实践经验；通过提升国际社会对知识产权的尊重，使艺术家等创意人员能保护其工作作品不受侵犯并能寄以为生；通过支持政府和私人企业进行磋商以制定适合的产业政策和法律体系已促进文化产业发展。全球文化多样性联盟通过培训、导师指导及直接知识经验交以建构文化产业专业人士和个人企业的能力；还能加强公共机构、专业协会和文化企业在价值链各个不同阶段运行的能力。此外，还能培育使政策和规定得以实施的环境，鼓励建立合作关系，消除障碍。

（三）全球文化多样性联盟的合作方式

全球文化多样性联盟主要将相关组织机构联系在一起，为文化产业从业者提供必需的技巧、知识、技术服务和金融支持，达到联盟预期目的和宗旨。

联盟探寻相关技巧，帮助本地社区和发展中国家建立本地区可持续发展的能力。这些相关的技巧主要是通过制定相关政策，促进本地文化产业专业人士加强交流，使文化产业真正成为可推进该地区可持续发展的长远之策。

联盟中的一些项目主要是关注商业技巧方面的问题。这类项目主要是通过培训项目执行地区文化产业相关人员的商业技巧，并建立发达国家和发展中国家文化产业企业和精英之间的联系来实施。而另一些项目，则关注帮助项目执行地区获取市场方面的专业知识，以在本地市场和国际市场建立分销渠道。

联盟还有一些项目主要是关注如何提高文化产业中的技术问题。比如，律师可以培训从业人员相关的版权知识，可就文化产业发展中的法律问题向政府建言献策；而商人和银行家可以教导从业人员如何制订有效的商业计划；而一些文化产业专家则可以向相关从业者说明如何使用创意技巧和一些产品制造技术。这些技术的培训对于释放当地文化产业的潜力，扩大在国际社会的影响力意义重大。

当然，联盟也接受必要的资金捐助并向相关项目和地区提供必要的资金支持。虽然联盟主要目的是要将专业技术和人员带到相关地区以促进当地发展，因此联盟的一些项目所需经费并不多。尽管如此，必要的资金援助可使联盟拓展工作范围，在全球产生更大的影响。

（四）发挥全球文化多样性联盟作用的途径：通过文化产业促进文化多样性保护

全球文化多样性联盟成立的重要目的是在发展中国家建立具有竞争力

的文化产业以确保文化多样性各种表达方式的实现。事实上，一个社会具有丰富多样的文化多样性对社会本身而言是一件好事，同时也是促进社会和经济可持续发展的前提条件。目前，世界文化多样性的交流主要是通过贸易的形式实现的。近年来，文化产业已成为社会经济发展的重要力量，日益被视为世界贸易中重要的推动力量。近年来的统计数字表明，文化产业对经济发展与就业具有重要作用，2001—2002 年统计数字表明，创意产业和版权产业的产值占澳大利亚 GDP 的 3.3%，美国 GDP 的 5.24%，英国 GDP 的 5%。与此形成鲜明对比的是许多发展中国家尽管具有丰富的文化遗产，文化产业发展却不尽如人意。因此，它们必须通过提升创意的有效性来提高文化产业的竞争力。但事实上，这种发达国家和发展中国家文化产业方面的差距正越来越大。许多发展中国家都缺乏必要的基础设施、知识、资金及市场等，因此当地政府应因地制宜制定有针对性政策措施来推动当地文化产业的发展。当务之急是要集中优势力量发展大型文化企业集团，加强科技对文化产品内容和形式的提升，打造优势文化品牌，提升国家软实力。

全球文化多样性联盟正是在这一背景下应运而生的。联盟主要项目的运行就是要增强发展中国家文化产业的潜力和竞争力。一个成功的文化产业需要具备条件：它能够根据创意理念建立并拓展它的生产链和销售渠道，能够促进国家社会经济发展，保证营造一个能够促进产业持续发展的环境和氛围。对发展中国家而言，为了实现以上目的，当务之急是使知识产权受到保护。知识产权保护通过使创意工作受到回报，从而促进文化产业的发展，是发展文化产业的一个关键因素。近年来的技术革新，特别是数字技术的崛起，使文化产业中盗版行为猖獗，使印刷、音乐、软件等产业蒙受巨大损失。因此，联盟的重要的工作内容就是要引起并提升对文化产业中知识产权的尊重，制定必要的防范措施，以确保文化产业健康发展。

（五）全球文化多样性联盟的主要项目

2002—2009 年，全球文化多样性联盟通过一些发起人和捐赠人的合作协议，开展了约 50 个合作项目，帮助相关个人和机构开展创意活动，营造创意环境和氛围。这些项目有基于本地背景的人和人交互合作的项目，也有有关公共政策和制度框架的长远规划。以这些项目为基础，联盟总结了最后的实践经验，并建立起了可在其他地区复制的项目发展模式。

从项目内容来看，项目涉及音乐、电影、出版、手工艺与设计、版权、跨领域等方面。以下介绍几个主要项目，从中了解联盟运行的方式。

1. 圣达菲国际民间艺术市场

圣达菲国际民间艺术市场开办于 2005 年，此后每年 7 月中旬在美国新墨西哥州圣达菲市举办一次。项目每年预算金额达到 150 万美元。每年有来自五大洲 50 多个国家的 100 多位民间艺术家参会。该项目的运行促进了国际高水平民间艺术保护和提升，为国际民间艺术建立了多元化的受众市场，使民间艺术家收入水平持续上升。

该项目主要有 5 个合作者，合作的基本原则主要是提高对世界文化多样性的尊重，使世界濒危文化表达形式和民间传统得到保护，吸引游客到圣达菲体验文化和艺术，并从全球化视野丰富本地社区的文化生活。项目的合作者主要有新墨西哥州文化事务部，为项目的开展提供场地和部分资金；国际民间艺术博物馆主要负责评估并招聘参会的艺术家；新墨西哥州基金博物馆提供联络服务以及资金管理；圣达菲市政府提供市场运行的资金以及保证游客的交通顺畅；教科文组织提供资金用于参会艺术家商业技能的培训并奖励市场中杰出的艺术家。各个参会部门共同制定了备忘录以明确各自的角色和义务，每年还会根据当年的资金多少和政府支持力度来调整年度计划，以确保各方各司其职、精诚合作。由于有了出色的管理团队和制度，圣达菲国际民间艺术市场吸引了大量游客参会，2010 年达到25000 人，2009 年销售额达到 195 万美元，吸引了大量来自世界各地特别是贫困边远地区的艺术家参展，为他们增加了经济收入，提高了生活水平。

2. 西非音乐本地和国际市场拓展项目

西非音乐由于其独特的艺术魅力，是促进当地发展的重要因素和出口的潜在源泉。但由于当地缺乏必要的基础设施和对国际经济运行模式的知识，阻碍了西非音乐的出口和对当地社会经济的贡献。为了加强非洲音乐出口机构工作的有效性，提高本土音乐专业人士的能力，培养本土音乐市场及地区交流，构建国家市场通道，西非音乐本地和国际市场拓展项目应运而生。该项目成立于 2008 年，是在不同层次上开展合作的成功典范。

该项目最初由非洲音乐出口机构与来自几内亚、贝宁、布基纳法索、塞内加尔 4 个非洲国家的私人和民间团体的音乐人士组成的地区合作组织。该组织通过建立并扩大音乐专业人士的联络来加强西非音乐的出口能力。西非音乐出口机构与政府、管理机构、艺术家、媒体甚至世界音乐协会合作组织共同推动本地音乐产业的发展。这些活动由国际相关权威机构负责协调捐赠人和主要参与人的关系。

这些活动和项目使西非音乐出口机构的最初创立国从中受益，使当地音乐产业中的音乐家、广告运营商、旅游和节日事务组织部门获益匪浅。该项目加强了地区创意机构的创意活力，开发了当地音乐国际化展示平台，包括当地主要音乐演出人员的数据库资源，并为西非音乐出口机构设立了长远发展的战略及目标任务；该项目为当地音乐专业人士进入市场建立了通道，项目使60位西非音乐制作人接受了艺术管理和市场营销技巧方面的培训，还在2008年促使10位音乐制作人、2010年5位音乐制作人参加了世界音乐博览会，通过参会使他们学习了先进经验，以调整他们的生产经营策略；该项目还提升了非洲音乐产品在国际舞台上的声誉，有150多名国际音乐专业人士参加了在世界音乐博览会中举行的名为"非洲音乐出口机构：非洲艺术家的新工具"大会，由非洲音乐出口机构制作的音乐CD也行销世界各地；该项目还加强了本土音乐市场的活力，项目在4个参与国的相关地区组织以展台、音乐会、专业研讨会和颁发奖项的方式举办音乐展会；该项目还促进了相关技术与经验的交流，通过组织世界音乐博览会的与会音乐出口机构和国家推广机构开协调大会来促进相互合作和发展，通过组织泛非移动音乐展览来鼓励旅游组织者们发现非洲音乐天才的潜力。

第三节　创意城市网络发展概况

创意城市网络是在教科文组织全球文化多样性联盟项目运行基础上设立的，于2004年10月在教科文组织第170届获得通过，随即正式启动。这是一个创意城市相互联系的合作组织，它们一起合作致力于世界文化多样性的保护和城市的可持续发展。创意城市网络致力于发展城市间国际合作，并鼓励这些成员城市遵循教科文组织全球首要目标——"文化与发展"及"可持续发展"原则，共同开展紧密合作，以实现既定目标。该网络主要通过激发本地文化产业在创意、社会和经济方面的活力，来实现教科文组织保护世界文化多样性的目标。一旦城市加入创意城市网络，它就可以分享其他创意城市的发展经验，在全球平台上与其他城市合作创造新的发展机会，尤其是开展创意经济和创意旅游方面的活动。

一　创意城市网络的设立

（一）创意城市网络设立的背景

2001 年 9 月 11 日，美国世贸大厦遭到基地组织恐怖袭击。参与恐怖袭击的全是阿拉伯人，伊拉克前总统萨达姆·侯赛因评论该事件是美国长期推行霸权主义的后果。该事件仿佛印证了亨廷顿认为世界文明冲突不可避免的论断。11 月 2 日，联合国教科文组织召开第 31 届大会并通过《世界文化多样性宣言》，强调文化是当代特性、社会凝聚力和经济发展问题展开辩论的焦点，确认在相互信任和理解氛围下，尊重文化多样性、宽容、对话及合作是国际和平与安全的最佳保障之一。[①] 保护世界文化多样性是一个牵涉到世界政治、经济的难题，若就文化谈文化势必使保护流于空谈。要保护民族文化，就要提高其在国际文化贸易中的竞争力。美国在国际贸易中所向披靡，对全球其他民族文化构成强烈威胁。2005 年，在关贸总协定乌拉圭谈判上法国第一次提出"文化例外"的提案来抵制文化贸易自由化对本土文化威胁。随后将关贸总协定中的争论转移到教科文组织。2005 年 10 月联合国教科文组织第 33 届大会通过了《保护和促进文化表现形式多样性公约》。该公约继续延续了"文化例外"的理念，强调文化活动、产品与服务具有传递文化特征、价值观和意义的特殊性，并且文化与发展之间的联系对所有国家，特别是对发展中国家具有重要意义。鼓励加强国际合作与团结，以提高发展中国家保护和促进文化表现形式多样性的能力。[②] 为了加强国际合作，联合国教科文组织在 2002 年就成立了全球文化多样性联盟。该联盟旨在加强国际政府、民间甚至个人间的合作，发展发展中国家的文化产业，从而保护世界文化多样性。联合国教科文组织认为城市即是本地文化产业发展的场域和助推器，也是使文化产品和服务走向世界的窗口。

当前，城市化正以迅猛的力量席卷全球，现在世界上超过一半的人口居住在城市。未来城市的发展决定着人类的生活方式和质量。当前城市发

---

① 范俊军编译：《联合国教科文组织关于保护语言与文化多样性文件汇编》，《世界文化多样性宣言》，民族出版社 2006 年版，第 99 页。

② 范俊军编译：《联合国教科文组织关于保护语言与文化多样性文件汇编》，《保护和促进文化表现形式多样性公约》，民族出版社 2006 年版，第 59 页。

展模式千差万别，影响较大的有创意城市、知识城市、生态城市的理念。其中，创意城市是教科文组织基于文化多样性保护目标，全球与地区发展关系等综合因素选择的城市发展模式。"创意城市"理念的提出基于一种信念，认为文化在城市更新中能扮演一个重要角色。城市政策制定者在制定政策的时候，正日益看重创意对城市发展的促进作用。文化产业不仅可以改善城市社会结构，保护文化多样性，提高城市生活品质，并且还可以建立城市的共同身份，以加强社区认同感。

教科文组织在全球文化多样性联盟基础上设立了创意城市网络。创意城市网络的设立是在全球化背景下提升城市经济活力，培育公私合作关系，以及促进城市创意型小微企业发展的捷径。城市具有放大全球化潜在优势，同时降低其负面作用的能力。一个善于管理的城市能够激发城市发展的活力，并创造大量的就业岗位，同时也能够提供服务和商品的多样性，从而促进文化多样性的发展。城市在促进城市经济和社会发展的创造性方面发挥着越来越重要的作用。城市通过创意产业链，从创意行为和产品的生产和销售中，为所有文化从业者提供平台。作为创意集群的滋养地，城市具有巨大潜力来激发创意，将城市联络成网络，能将这些潜力聚集起来以应对全球化的影响。城市对本地公私合作关系的建立也具有巨大影响，这种合作有助于释放创意企业的潜力，使其在新经济中产生重要影响。从规模来讲，城市对文化多样性保护的实施是大小合适的场域，它既可以对本地文化产业进行全面掌控，又可以为当地文化产业的国际拓展建立平台和通道。

（二）创意城市网络设立过程

2004年9月3日，在联合国教科文组织执行局第170届大会上，英国提出临时议案，建议在全球文化多样性联盟所制定的框架内，建立富有开创精神的创意城市网络。他们根据创意城市在英国发展多年的经验，认为城市正在成为文化多样性的实验室。城市应采取一些措施鼓励有关中、小企业的发展，推动当地文化产业繁荣，使地方经济得到增长，以提高公众对文化多样性的认识，从而进一步地激励各种文化产业的发展。目前，许多城市正根据自己富有开创精神和历史意义的经历，在筹划着自己的未来。各具特色的文学城市、电影城市、音乐城市、艺术城市、戏剧城市、手工艺城市、绘画城市、烹饪城市均望得到世界认可，使自己的特性在全球化世界里得到确认，其中一些城市正在广泛地策划有关国际战略。创意城市网络虽不排除会员国首都城市的参与，但对那些不是首都的城市尤为重要。对这些具有共同兴趣的开创型城市而言，相互交流经验及其自己的宏图大略显然是互有裨益的。

英国认为，教科文组织的"全球文化多样性联盟"是发起具有开创精神的城市国际联网行动的一个理想框架，因为这是公有和私营部门合作发展文化产业的一种创新方法，而且属于预算外活动。富有开创精神的创意城市网络将有助于其成员城市交流有关知识和经验，推广良策和加强自己的文化产业，开辟新的投资和就业机会及发展文化旅游事业。英国的爱丁堡市是具体提出此倡议的城市，苏格兰地区这个重要的历史城市成为创意城市网络中世界文学城市网络的第一个成员。该市与教科文组织秘书处就创意城市网络的设立进行了卓有成效的讨论。爱丁堡为成功加入该网络，特此出一个专刊，介绍其文学遗产、现代风貌及其要在该城市树立爱好文学之风尚的决心。此外，它还希望在国际范围交流有关知识，并开展一些文学产业的指导性项目。爱丁堡加入该网络的行动，为后来的产生树立了榜样，并且它还热切希望帮助教科文组织《全球文化多样性联盟》建立国际富有开创精神的城市网络。经过教科文组织秘书处几个月的非正式考察之后，这项提议已引起一些与爱丁堡具有类似特点及雄心城市的兴趣。于是，秘书处建议通过在全球文化多样性联盟框架内建立富有开拓精神的创意城市网络决定草案。

执行局通过决定如下：

1. 忆及在全球关注的事务日益影响到地方经济政策的情况下，加强城市和地方政府的合作关系对教科文组织所具有的重要性；

2. 承认"富有开创精神的创意城市网络"符合教科文组织《全球文化多样性联盟》的目标与方法；

3. 审议了文件 170 EX/18[①]；

4. 注意到城市在促进文化多样性方面所发挥的日益重要的作用；

5. 感谢爱丁堡市提出这一具有特别重要意义的行动倡议；

6. 认识到世界创意城市网络能够加强地方文化产业的发展，推动城

---

① 爱丁堡：《关于在全球文化多样性框架内建立创意城市网络的建议》（教科文组织文件 170 EX/18）。

市和地方政府之间的积极合作，并有助于扩大教科文组织在会员国的影响；

7. 请总干事授权在教科文组织《全球文化多样性联盟》框架内，在不对教科文组织的正常预算造成影响的情况下发起富有开创精神的城市联网行动。

该文件的颁布，标志着教科文组织创意城市网络的正式成立，随即在全球范围发挥着重要作用。

二　创意城市网络的现状

教科文组织创意城市网络设立了七个主题，供符合条件的城市选择参加，分别是文学之都、电影之都、音乐之都、民间手工艺之都、设计之都、媒体之都和美食之都七大类。截至2013年1月底，已有34个来自世界各国各地区的城市获准加入。目前，中国也有多个一线城市已加入或正在申请加入创意城市网络。

创意城市网络从设立到正式开展活动一直受到相关创意城市的关注与支持。迄今为止，创意城市网络共举办了两次大型的网络城市交流大会，开展了一系列相关项目。创意城市网络自2008年以来每两年举办一次创意城市网络国际大会，由网络中某个创意城市承办。创意城市网络还不定期举办全球论坛，邀请创意城市交流发展经验并就某一主题商讨对策，协调思想。比如，2006年9月11日，在德国柏林举行了一场名为"创意是欧洲经济增长的动力"的会议。为推动欧洲创意城市之间的合作，会议邀请了来自比利时、丹麦、德国、意大利、挪威和英国的文化产业工作者和专家参加。2006年10月11—29日，阿根廷布宜诺斯艾利斯举行了一场名为"面向2010年的设计之都布宜诺斯艾利斯"的设计论坛，探讨设计对当地经济的重要意义。2006年11月23日，在上海举行了一场名为"创意行业是城市发展的新动力"的国际城市创意行业论坛。论坛重点讨论创新和创意的重要性，并发表创意城市网络的评选标准以及社会和经济的基本框架。讨论还涉及创意行业组织的角色和责任。2007年6月6—8日，在意大利博洛尼亚（2006年加入联合国教科文组织创意城市网络）举行联合国组织的世界直接投资论坛。论坛主要讨论城市品牌和未来以及如何吸引内在投资。2007年10月24—27日，在日本大阪举办世界创意城市论坛。探讨如何通过全球创意城市网络发展城市。2008年9月28日至 10 月 2 日，在圣达菲举行了创意旅游国际论坛，探讨创意旅游项目给行业创新和经济发展机会带来的机遇，加深了关于创意旅游项目发展和实践方面的理解。

（一）2008 圣达菲创意城市网络大会：创意旅游

2008 年 9 月 28 日至 10 月 2 日，第一次创意城市网络国际大会在美国圣达菲召开，大会以创意旅游为主题，主要探讨创意旅游和城市品牌在城市社会经济发展中的作用。有 375 名来自创意城市网络城市的代表、创意城市专家、旅游专业人员和艺术家参会，探讨了创意城市和创意旅游的专业学术问题，也就创意旅游项目进行了介绍和推荐。通过此次会议与会专业人士和学者对创意旅游对经济发展的贡献以及如何发展创意旅游项目进行了商讨，并达成了共识。圣达菲市通过此次会议对创意旅游的概念进行了厘清，对其发展模式做了重新审视，并肯定了创意旅游对发展城市经济的重要贡献。

创意旅游概念的提出者克里斯平·雷蒙德（Crispin Raymond）和格雷格·理查兹（Greg Richards）在会议中对创意旅游的提出及在新西兰及英国的发展做了介绍，认为圣达菲创意城市网络大会对创意旅游的概念的普及及发展模式的建立具有里程碑的作用。约翰·巴克斯特（John Baxter）对圣达菲的发展历史，城市精神和可用于发展创意旅游的资源做了总结；格雷格·理查兹则认为，创意旅游不仅仅只能为少部分爱好者所享有，这种旅游模式同样适用于大规模的旅行团，并且认为通过创意旅游模式可促进当地经济和社会全面发展。罗伯特·麦克纳尔蒂（Robert McNulty）认为，当前全球由于面对能源、水资源和资金的短缺，如果再延续以前的发展模式无疑是不现实的，因此要尝试改变现有发展模式，引进创意理念发展旅游。Jay Walljasper 则用一个有趣的比喻来形容创意旅游和传统旅游模式的差异，他将传统旅游比喻成一个人到商店去买了一瓶酒，然后将酒带回家去品尝，而创意旅游则像一个人到酒吧品酒并将他的体验进行现场交流，当然创意旅游对个人旅游感受来讲印象更深。

2008 年圣达菲创意城市网络国际大会之后，圣达菲继续在创意旅游方面开展国际合作与交流。以此为契机圣达菲又开展了一系列国际学术会议和活动，邀请参与 2008 首次大会的专家学者继续开展创意旅游的研究和对话。并且将这种对话发展了一种不定期的网络研讨会，以扩大创意旅游的影响和参与。通过这种形式来收集全球最好的创意旅游发展实例和模式。

（二）2010 深圳创意城市网络大会：新技术、新媒体和创意城市合作

联合国教科文组织创意城市网络第二次国际大会于 2010 年 12 月 5—9 日在深圳召开。大会主题是"新技术、新媒体和创意城市合作"。大会主要讨论了新媒体和数字技术对城市及其创意产业的作用和影响。联合国教科文组织官员和来自全球 17 个国家的创意城市代表，共 500 多人共同参加了各项活动。此次大会主题鲜明，20 多位创意城市代表的对话富有建设性。大会形式多样、内容丰富，除主题演讲、创意城市对话外，还组织了创意市集、美食体验和参观活动。该次大会凝聚了创意城市的共识，形成了联合国创意城市网络 2010 深圳国际大会公报，商讨将共同打造用于加强沟通和互动的联合数字平台来加强创意城市网络成员间的交流合作，并推广相关创意。

各成员城市在本次大会分享了成就，以彰显创意工作者和创意机构在其领域所扮演的重要角色。大会同时强调了新媒体和数字技术在跨领域、创意产业以及卫生、教育、科学、环境等社会部门的应用前景。各成员城市肯定了数字技术和新媒体在汇集和发展新的受众以及提高和改进创意城市网络内部合作与交流的关键作用。深圳通过"文化＋科技"的产业发展模式、深圳报业集团与深圳创意文化中心的融合，以及使新媒体作为推广创意文化平台等做法，就是上述发展方式的典型案例。深圳大会给创意城市网络提供了一个适时的机会，思考数字技术和新媒体对创意城市发展的重要作用。

此次大会一个重要成果是通过了联合国教科文组织创意城市网络 2010 年深圳国际大会公报。公报认为，城市在以创意促进经济和社会文化发展的过程中发挥着日益重要的作用。通过创意城市网络交流文化、社会和经济发展中的经验、理念和最佳范例，以促进相互合作，实现城市的可持续发展。创意城市网络提升了创意产业的重要性，特别是在社会布局和丰富文化多样性、提高市民生活质量、增强城市社区意识、提升市民认同感等方面发挥了重要作用。①

在此次大会中，与会成员城市达成以下共识：

（1）内容转型。创意城市网络肯定了个人、机构和企业的研发在为

---

① 刘琼：《创意城市网络深圳大会闭幕》，《深圳商报》2010 年 12 月 10 日。

创意及其他产业开发创新数字内容方面的重要性；创意城市网络倡议通过使用新型互动传媒及开放式技术来促进并鼓励个人和社区积极地参与创意。在这个过程中，人们不再是被动的受众，而是新数字内容的共同创作者。

（2）社区联系。创意城市网络鼓励使用新媒体及数字技术，以提高成员城市的国际影响力和品牌效应，为创意产业发展更多的受众和市场；创意城市网络鼓励使用互动媒体和技术建设公共场所和空间，以连接本地和国际的各个社区。

（3）成员互动。创意城市网络承诺使用数字技术和新媒体，以增加和改进网络成员城市之间的实时沟通，推广成员城市内的各类活动，并促进城市之间、不同创意产业之间以及创意工作者之间的专业交流。创意城市网络将尽快与教科文组织合作，共同打造用于加强沟通和互动的联合数字平台。创意城市网络肯定了深圳市在这方面的建议。①

2010 年，深圳创意城市网络大会在应对数字环境挑战方面取得了重大跨越，为合作创造了宝贵机会，并肯定了创意产业在未来可持续发展中日益重要的作用。

（三）CODE 国际海报大赛

CODE 国际海报比赛是由创意城市网络中多个城市联合举办的国际海报设计大赛。该项比赛由创意城市网络中的"设计之都"——上海、深圳、柏林、布宜诺斯艾利斯、神户、蒙特利尔、名古屋联合举办。旨在通过设计城市海报展示城市特色，提升网络中城市对设计的重视，从而提升"设计之都"在世界城市中的美誉度。

早在 2006 年，设立于蒙特利尔的一家视觉识别与制图机构发起了一次室内海报大赛来庆祝蒙特利尔申报创意城市网络"设计之都"成功。这家机构随即在柏林组织了同样的活动来构建及推销柏林的形象。这两次活动的成功举办为"设计之都"联合进行海报大赛积累了经验。于是2010 年 9 月，CODE 国际海报大赛正式启动，这次比赛是创意城市网络"设计之都"联合举办的首个联合项目。

每个大都市都有其独具特色的可识别体系。因此，本次大赛的目的就是为了树立用以体现城市独特性的视觉形象。通过描述上海、深圳、柏

---

① 刘琼：《创意城市网络深圳大会闭幕》，《深圳商报》2010 年 12 月 10 日。

林、布宜诺斯艾利斯、神户、蒙特利尔、名古屋 7 个城市的标志象征、形态、颜色及故事等以形成它们独特的视觉识别系统。

这次比赛主要由来自"设计之都"任一城市的平面设计师、插画家以及摄影师等参与。他们在网络平台上提交他们的参赛作品。每个城市由五人专家组选出 10 幅最佳作品，7 个城市共选出 70 幅作品进行联合展览。创意城市网络每个城市进行为期两周的展览，因此本次活动从 2010 年 9 月起一直持续到 2011 年年底。并且所有入选作品同时在各城市网站上进行展示，以扩大该城市形象的国际影响。

三　创意城市网络的作用及影响

（一）促进全球文化多样性保护

创意城市网络是在全球文化多样性联盟基础上发展起来的。因此，创意城市网络设立的目的之一即要保护全球文化多样性，促进文化可持续性发展。创意城市网络设立 8 年以来，对推动全球文化多样性保护，特别是发展中国家传统文化的保护做出了卓越贡献。它为城市搭建展示文化特色的世界舞台，宣传城市的文化资源，是城市特色文化走向世界的捷径。

创意城市网络作为全球文化多样性联盟的重要组成部分，为宣传推介文化多样性开展了多个项目。美国圣达菲市于 2005 年被联合国教科文组织授予创意城市网络"民间手工艺之都"的称号，表彰圣达菲市多年来不仅致力于保护本地的民间手工艺，并且对保护世界民间手工艺文化作出了突出贡献。圣达菲市是美国新墨西哥州的首府，印第安人的传统文化和西班牙文化风情赋予这座有着四百多年历史的城市以独特的文化氛围。当地印第安人擅长制作陶瓷、编织、绘画等手工艺制品并根据现代社会的审美喜好对其进行了创意设计，促进了圣达菲市民间手工业、设计产业和旅游业的发展。在圣达菲，市政府每年组织大量保护和推荐民间手工艺的活动，如"圣达菲设计周"、"绿色设计圣达菲"、"国际民间艺术家训练营"、"国际民间艺术品市场"等不仅保护了当地和世界其他参展地区的民间艺术品，而且为这座城市带来了游客和大量收入。特别是圣达菲市于 2004 年开始每年 7 月举行的圣达菲国际民间艺术市场，通过邀请世界各地民间艺术家到圣达菲交流，售卖艺术品，为贫困地区濒临灭绝的民间文化搭建了国际展示平台，为艺术家构建了国际性的销售渠道。每年国际民间艺术品市场都吸引来自六大洲 40 多个国家的一百多名艺术家携带自己的代表作品参展，并呈每年递增之势。艺术家通过售卖民间手工艺品展示了本国民间文化的魅力，并获得了大量收益，用于该项民间工艺品的再制作和传承。该项目的开展，为圣达菲和来自世界各地的民间艺术家带来了大量收益，促进了圣达菲创意城市的建设和世界文化多样性保护。

（二）推动文化产业发展

创意城市网络设立的重要目的之一是促进全球文化多样性保护。具体来说，是要保护面临西方强势文化同化危险的欠发达地区的特色传统文化。文化是人类在社会历史发展过程中所创造的物质财富和精神财富的总和。尤其各民族国家不同意识形态所创造的精神财富更是文化的精髓。这些精神财富，诸如宗教、信仰、风俗习惯、道德情操、学术思想、文学、艺术等具有虚拟性，不容易被不同文化背景的人直接感知和接受。因此，联合国教科文组织 2005 年通过了《保护和促进文化表现形式多样性公约》，旨在通过保护不同的文化表现形式促进核心文化要素的保护。文化表现形式是民族文化精髓得以传播和继承的载体，如书籍、电影、电视、音像制品等。这些文化表现形式除了传播和继承传统文化精髓，还是传统文化的精神价值向经济价值转换的桥梁。文化产业在其中充当了重要角色。各国纷纷制定了相应政策发展文化产业。通过发展文化产业促进文化产品输出，实现特色文化的宣传和传播，最终使文化精髓的经济价值得以实现。

创意城市网络是通过发展文化产业，使文化虚拟价值向经济价值转化的国际舞台和通道。对城市本身而言，它为新经济背景下城市发展提供了经验和参照。比如，深圳作为我国第一个加入该网络的城市，以前一直以制造加工基地著称，曾被称为文化沙漠。深圳从 2006 即准备"申都"工作，经过两年的努力于 2008 年 10 月加入创意城市网络。伴随着深圳"申都"和"创都"的历程，深圳经历了从文化沙漠到知识城市，再从文化沙漠到创意之都的转变。深圳制定了"文化创意＋科技创新"战略计划，确定以设计文化产业为突破口，建设"设计之都"。"申都"和"创都"提升了城市文化品位，扩大了国际知名度，促进了本地文化科技企业的飞速发展。2010 年，深圳的品牌文化企业和文化项目取得了引人注目的成绩。腾讯前三季度的总收入已超过了 140 亿元，华强的动漫产量跃升全国第一，A8 音乐集团先行一步探索"音乐云"；深圳文交所在文博会期间项目成交额就达 85 亿元，由中央财政注资引导、深圳积极参与的中国文化产业投资基金获国家发改委批复筹备，这两个国家级文化投融资平台的建设，推动深圳成为国内最重要的文化产权交易、知识产权评估和投融资服务中心之一；华侨城集团等 28 家园区成为深圳的"文化＋旅游型示范园区"。2010 年 5 月举行的深圳第六届中国文化产业博览会，实现了总成交额超千亿元、出口交易额超百亿元的佳绩。[①]

创意城市网络设立的初衷是通过国际性交流合作发展各国城市特色文化产业，通过文化产业发展促进当地特色文化，特别是传统文化的保护，最终实现世界文化多样性保护。比如，杭州 2012 年加入创意城市网络，被联合国教科文组织授予"民间手工艺之都"称号。申报的基础主要是杭州传统手工艺文化孕育的 8 项国家级非物质文化遗产，如杭州丝绸、西泠篆刻技术、胡庆余堂中药店等。加入创意城市网络，既保护了杭州传统手工艺，又推进了其产业化进程，提升了杭州的城市文化形象。因此，创意城市网络是联合国教科文组织实现文化多样性保护的桥梁和手段，是教科文组织帮助拥有特殊文化资源的城市，特别是欠发达地区的城市的项目载体。在创意城市网络不断壮大和深入发展过程中，客观上促进了世界文化多样性保护和文化特色城市文化产业发展的"双赢"，为世界文化多样性保护做出了卓越贡献。

第四节　创意城市网络相关政策及评审标准

创意城市网络自成立以来，迅速成长为教科文组织全球文化战略的旗舰项目。由于创意城市网络促进了当地文化产业发展，扩大了当地文化特色的世界影响，并协调了城市各部门的文化努力和提升本地政府决策的国际化水平，为发达国家和发展中国家城市间搭建了交流渠道和展示平台。创意城市发展模式越来越成为新经济形式下，城市发展的首选。但在全球化背景下，立足自身文化资源，面对本地市场的发展模式显然不能应对全球化对本地的挑战和机遇。成立创意城市网络，加强创意城市之间的经验交流，有利于加强创意的深度广度和影响力，扩大展示平台，搭建销售渠道，使网络中城市互利、互惠、共赢。因此，目前有多个城市正申请或策划申请加入创意城市网络，"申都"的热情比之"申遗"有过之而无不

---

① 翁惠娟：《深圳文化吸引世界目光》，《深圳特区报》2010 年 12 月 27 日。

及。面对如此众多的申报城市，教科文组织也制定了相关的政策加以约束，拟定了一系列标准来具体衡量申请城市是否有资格加入。

一　加入及退出创意城市网络相关政策及解读

（一）加入及退出创意城市网络的政策

有意加入创意城市网络的城市应首先提交一份申请书，在创意城市网络 7 类创意城市类别中选择一种，详细说明适合申报的相关支撑信息。申请书中应指明一位联系人，并建立一个 3—4 人的团队。该团队应能代表当地政府、企业及民间团体，并能切实在当地发挥创意城市的创意活力。申请书也应详细描述当地的社会、经济和文化背景，并对城市在所选领域的实力做简要说明，最后，还应详细介绍该城市在所选领域对世界文化资源的贡献。提交的材料应由当地政府负责制作，并由当地政府派专门机构或组织负责申报和实施。

申报材料做好之后，要首先提交所在国联合国教科文组织代表处。由代表处审查，是否赞成该城市申报。如果代表处支持该城市申报，申报材料再提交一个由相关有资质的非政府组织组成的专家团队审查。如获通过，最后由教科文组织总干事决定是否接纳该城市加入创意城市网络，并成为其中一个类别的成员。一旦获准加入，该城市可授权使用教科文组织的名称和标志。城市加入创意城市网络之后，会员资格是无限期的。当然，如果加入城市想退出创意城市网络，通知教科文组织之后，可随时退出。

加入城市还应每年向教科文组织汇报本年度该市在本地、国际层面上和国际合作交流中，为发挥当地的创意所制定的相关新政策和活动。如果教科文组织发出两次提醒函，该城市拒不提交该说明材料，或者该城市并不履行当初的承诺，教科文组织就有权要求该城市退出创意城市网络，并不再授权使用教科文组织的名称和标志。

（二）政策解读

从教科文组织对加入创意城市网络所制定的政策来看，应关注教科文组织设立创意城市网络的几点诉求。

首先，既关注文化保护，也重视文化发展创新。教科文组织的全球文化保护政策正逐渐由对单个文化遗产（或非物质文化遗产）的保护，再到由物质文化遗产和非物质文化遗产组成的整体环境的保护（《西安宣言》），目前已发展到由文化遗产所表现的城市文化特色的保护。并且教科文组织对文化的关注不仅仅停留于保护层面，还鼓励文化的发展和创新，强调文化资源对当地经济社会可持续发展的贡献。因此，在制作申报材料时应多关注当地对文化发展与创新的成就。

其次，加入创意城市网络的意愿不仅是政府的宏观愿景，也是私人企业的发展动力，还是民间社会团体开展活动的重要平台。因此，在申报时要强调当地政府的核心领导作用，获取民间企业和社会团体的实质性支持也十分重要。这种支持不仅表现在对申报行动的支持，更表现在企业和社会团体在日常生产经营活动中对创意的关注。

再次，申报城市应具备创意城市网络7种类型中任意一种类型的资源和特征。创意城市网络是由创意城市构成的，因此加入创意城市网络的城市应是具有某类型特征的创意城市。虽然申请自由，但并不具备某种文化资源和特征的城市也不适合申报。具有教科文组织所拟定的7种类型中某种资源和特征的城市，在申报时应突出该城市在这方面的优势，以及政府和民间对此资源的保护和创新，做到主题突出醒目。

最后，申报程序和形式要求必须符合。其中，较重要的一点是，申报必须得到所在国联合国教科文组织代表处的认可和支持。许多国家的教科文组织代表处，是由所在国的教育部门、文化部门等联合监管的。因此，此规定的实质是城市的申报要求必须得到所在国的认可。此外，加入创意城市网络并不是一劳永逸的，教科文组织还规定加入城市必须就每年度的创意城市建设，交流和合作情况向教科文组织汇报。我们可以将此看成是教科文组织对加入城市的监管，以促进该城市向创意城市发展的高级阶段努力。当然，如若某些加入城市从此故步自封、停滞不前，就会错失发展机遇，也会被驱逐出创意城市网络。

二　加入创意城市网络的评审标准及解读

在创意城市网络，创意城市能够分享彼此经验和专业知识，训练商业技巧和技术。创意城市网络为全球城市特别是发展中国家的城市搭建了一个全球化交流平台，也是城市文化产品和服务全球化拓展的捷径。任何城市只要符合条件都可以申请加入该网络，以下对加入创意城市网络的评审标准逐一进行陈述和解读。

鉴于创意城市网络的现实功能，全球许多城市对加入创意城市网络表现出极高的热情。在申报过程中，有些城市如愿以偿，有些城市却被拒之门外，个中原因值得深思。联合国教科文组织是否同意某城市的加入申请，取决于其是否符合相应的评审标准。教科文组织从文学、电影、音乐、民间手工艺、设计、媒体艺术、美食七个方面对创意城市评审标准分门别类加以规定。

（一）"文学之都"评审标准及其解读

"文学之都"评审标准包括：出版社和编辑在文学出版创新方面的数量、质量和多样性指标；小学、中学和大学对有关国内外文学的教育出版项目的数量和质量；文学、戏剧和诗歌在都市环境中发挥的整合作用；为促进国内外文学发展而主办文学活动和节日方面的经验；为保护、推进和传播国内外文学而专门设置的图书馆、书店，以及私人和公共文化中心；出版界在翻译外国的和国内不同语言的文学作品方面的主动性和努力程度；在促进文学和加强文学产品的市场化方面，媒体（包括新媒体在内）的积极参与程度。[①]

"文学之都"的评审标准，首要的关键要素是城市长期以来在文学资源方面的积累和对文学发展的支持。首先是要有一定的出版数量，在此基础上强调出版物的质量。质量既强调出版物内容的可读性，又强调出版物的可售性。文学对城市的功能不仅仅是文化休闲，更强调开展文学活动和相应节庆活动以文学为媒介，加强城市不同文化背景人群的交流与理解。以此为基础，强调对城市发展的综合效益。同时，除了鼓励发展国内文学作品外，还强调对国外和不同语言文学作品的翻译和出版，显然文学是作为不同城市间文化交流的工具，通过文学作品的交流，提升城市的国际性。此外，还应合理运用城市文学资源，进行市场化开发，既包括文学作品可能带来的直接经济收益，也包括文学资源作为城市文化资本通过媒体宣传对城市文化形象的积极促进作用。

（二）"电影之都"评审标准

具体包括：与电影制作相关的重要基础设施，如电影制片厂、文化/电影景观、电影摄制的纪念物等；电影的商业化生产和发行的相关历史，特别是与本国或当地文化有关的情况；电影文化遗产形式，包括电影的档案馆、博物馆，以及电影历史资料的私人收藏和/或电影学校；举办电影节、放映电影和组织电影活动的惯例；电影业的艺术家和创意者的出生地、居住和/或工作场所；电影之都的描写，最好由当地的创意者或艺术

① 译自联合国教科文组织官方网站（http：//www.unesco.org/new/en/culture/）。

家完成；与电影之都有关的现存影片。①

"电影之都"评审的重要条件是申报城市具有相应的电影拍摄和发行历史，以及与此相关的硬件基础设施，包括电影厂及相关的拍摄基地和城市宣传雕塑等，这些硬件资源使人能直观接触城市的电影历史，感受城市的电影特色。此外，城市与电影相关的软件资源是感受城市发展历史的更鲜活的途径。城市发展中积累下的多种电影资源，其内容本身即在诉说鲜活的城市发展史。电影是人类的创意活动，因此电影真正有价值的是人类生活的真实记录。因此，人是电影中一个重要因素，既是电影的创作者，也是电影表现与再现的对象。因此，从拍摄角度讲，与电影制作有关的专业人士，包括导演、编剧、影星，及其相关活动与场所，是城市天然的形象代言资源，而电影学校对专业人才的培养是城市电影产业发展的坚实后盾。电影之都的发展还离不开市民及游客的参与，因此相应的经常性的观影活动，是扩大电影影响的重要途径。此外，电影本身就是一种媒介，通过电影等方法对电影之都进行直接宣传，是建设电影之都并扩大其影响的更直接有效的手段。

（三）"音乐之都"评审标准

具体包括：公认的音乐创作和音乐活动的中心；在国内和国际上举办音乐节活动的经验；促进音乐产业的各种形式；音乐学校、音乐学院，以及从事音乐专业的高等学院和研究机构；音乐教育的非正式组织，包括业余的音乐合唱团和交响乐团；致力于打造独特的和/或其他国家的音乐风格的国内的和国际的平台；适用于音乐表演和欣赏的文化空间，如露天的音乐礼堂。②

"音乐之都"评审最重要的因素是申报城市应具备长期的音乐创作和欣赏活动，城市有音乐氛围。城市长期对音乐的热爱举世公认。音乐氛围的形成离不开相关音乐高等教育机构的成立及对音乐活动的普及和推广。音乐高等教育机构既是培养音乐人才的基地，也是音乐创作的工厂。依靠这些音乐高等教育机构的努力，使音乐这种人类共同语言得以在本地甚至世界推广。音乐也不仅仅是欣赏对象，同时也是一种文化资源。因此，基于本地音乐特色发展音乐产业，既能促使音乐的大众化推广，也能创造经

---

① 译自联合国教科文组织官方网站（http://www.unesco.org/new/en/culture/）。
② 同上。

济效益，更能塑造城市形象。随着音乐的大众普及，必然带来民间音乐欣赏活动高潮，促进业余音乐组织及其活动发展。音乐作为一种世界通用语言，天然是各阶层民众与各种文化交流与沟通的捷径，因此各种国际国内音乐交流平台，甚至是露天音乐活动场所的设立都是"音乐之都"形成与成熟的标志。

（四）"民间手工艺之都"评审标准

具体包括：长期流传的民间手工艺特殊形式的传统；民间手工艺的当代产品；着重推荐手工艺制作者和当地艺术家；手工艺培训中心和民间艺术相关的职业；推进民间手工艺的情况（包括节日、展览、博览会、市场等）；与民间手工艺相关的基础设施，如博物馆、手工艺商店、当地的艺术博览会等。[①]

"民间手工艺之都"评审建立在城市拥有一定数量及知名度的民间手工艺品基础之上。手工艺品是当地民众在长期生产和生活过程中创造的，它来源于生活，是当地真实民众生活的载体，能真实反映当地地域特色。因此，民间手工艺本身在当地能建立民众的认同感和凝聚力，极易受到当地民众的喜爱，并且对外地游客也是感受当地文化特色的一个载体和途径。民间手工艺根植于民间，因此当地应积极鼓励手工艺制作者的创作和生产，推进民间手工艺培训工作，积极组织民间手工艺交易活动，培育手工艺品市场。民间手工艺来源于传统生活，但面对当前现代化的变迁和全球化的渗透，必然要在保留传统手工艺制作核心技术基础上，对其表现形式进行创新，生产适合当代需要的衍生品。民间手工艺品不仅能作为当地的旅游纪念品，更能以此为媒体促进相关城市间的交流与合作，以此建立城市品牌，促进城市发展。

（五）"设计之都"评审标准

具体包括：既定的设计行业；由设计和建筑环境支撑的文化景观，包括建筑、城市规划、公共场所、纪念碑、交通标志和信息系统等；设计学校和设计研究中心；创意和设计的运作群体在当地或国内的可持续活动；举办展览会，特别是设计展会和活动的经验；设计者和城市规划者利用当地的城市/自然资料方面的机会；设计推动的创意产业，如建筑室内装饰、

---

① 译自联合国教科文组织官方网站（http://www.unesco.org/new/en/culture/）。

纺织品时装设计、珠宝装饰品设计、交互设计、城市设计和生态环保设计等。①

　　"设计之都"首先应拥有发达的设计行业和创意产业，相关产业对城市的发展起重大推动作用，并且设计元素不仅运用在产业中，更体现在城市日常的可视化环境，体现当地人对城市和生活的理解。设计和创意本身就体现人类基于传统对当代的理解和创新。设计来源于人，也最终诉诸人的体验。因此，设计通过城市景观，可大量直接诉诸人类感官，快速构建当地城市文化形象。当然，设计离不开优秀的设计师，当地应积极支持设计师德创意活动，注重设计人才的培养，通过展览会为他们搭建展示才华的舞台和交易的空间。目前，"设计之都"的申报是创意城市网络中最受青睐的城市类型，诸多城市看重设计之都的建设，主要是设计之都更能直观体现当代文化创意的现代性，设计元素的低碳性、可塑性和可复制性，有利于产业化发展，对城市发展的促进作用更大、更直接。虽然设计之都炙手可热，但一些并不符合申报的城市若勉强而为，可能会掩盖城市真正的文化特色，错失发展良机。

　　（六）"媒体艺术之都"评审标准

　　具体包括：数字技术开发文化创意产业的情况及其发展；媒体艺术的成功整合带来城市生活的改善；寻求民间社会参与电子艺术形式方面的情况；通过电子技术的发展来扩大市民获得文化的渠道；媒体艺术家的居住方案和工作室空间方面的情况。②

　　"媒体艺术之都"是创意城市网络成员中数量最少的类型，目前只有法国里昂成功申报媒体艺术之都。这种现状说明，当前符合媒体艺术之都称谓的城市很少，许多城市还未认识到电子数字技术对城市发展的长远作用。总的来看，"媒体艺术之都"是对"设计之都"的深化，人类的创意不仅仅通过城市景观和设计产品等实体来展现，更偏重通过虚拟的数字网络来生产、展现和交流。由于数字技术和网络的高渗透性，更有利于普通民众便捷参与创意活动，相互交流和沟通，更有利于创意的迸发和推广。因此，"媒体艺术之都"虽然目前申报数量不多，但随着未来数字技术的发展和普及，未来媒体设计之都将会成为申报热点。"媒体艺术之都"建

---

　　①　译自联合国教科文组织官方网站（http：//www.unesco.org/new/en/culture/）。
　　②　同上。

立在对数字媒体技术的普及和相关硬件及软件资源建设的基础之上，因此对很多发展中国家城市来说，知识和硬件的普及还达不到这个高度，因此建设媒体艺术之都是有一定难度的。

（七）"美食之都"评审标准

具体包括：体现城市性和/或区域性的特征而又高度发达的烹饪；拥有众多的传统餐馆和/或烹饪厨师而又充满活力的美食社区；传统烹饪所使用的佐料；当地的烹饪技巧、传统的烹饪实践和方法，以及由此留存和发展的烹饪产业/烹饪技术；传统的食品市场和食品工业；传统美食节的举办、美食竞赛和奖项，以及其他的美食认定方法；重视环境和促进合理利用当地物产方面的情况；烹饪学校设置的有关保护生物多样性内容的课程，教育机构开始的有关促进食品营养知识的课程，以及公众的美食意识的培育。①

"美食之都"是最容易与当地特色紧密结合的城市种类。民以食为天，不管哪个城市，饮食都是当地民众的基本生活内容。由于地区地理和历史文化传统的差异，必然形成不同的饮食文化传统。因此，"美食之都"看起来最容易申报，实则是不太容易申报成功的城市类型。关键是各地都存在各具特色的饮食文化传统，认为拥有特色饮食文化就能申报成功是个误解。实际上，这只是申报成功的前提，一些与当地饮食相关的软件，诸如美食对传统社区的改造和提升功能，美食节的举办和影响，饮食市场和产业的培育，对环保和可持续发展理念的重视，烹饪学校对厨师技术及环保健康理念的培养，对公众饮食健康和美食意识的培养，才是申报成功的关键。

---

① 译自联合国教科文组织官方网站（http：//www.unesco.org/new/en/culture/）。

第二章 创意城市与创意城市网络代表性城市研究

创意城市是在经济全球化背景下，由产业转移和产业升级推动，伴随城市更新和创意产业兴起而出现的一种新型的城市形态和发展模式。创意城市发展模式最早起源于英国，现在已逐渐成为全球许多城市转型发展，特别是老工业城市转型的首选模式。创意城市的出现是创意产业发展，催生城市创意经济，孕育城市创意氛围，促使城市创意阶层出现的必然结果。当前在全球化背景下创意城市的发展出现了网络化趋势，联合国教科文组织创意城市网络的设立正是其具体表现。

第一节 创意城市概述

在全球化后工业背景下，创造力成为衡量一国发展水平的重要标准和推动社会经济发展的重要力量。目前，世界有多个地区和城市大力发展创意城市，创意城市层出不穷。全世界有多个城市宣称自己是创意城市。创意城市由于发轫于英国，因此目前英国有 20 多个城市正在建设创意城市，实施了一系列建设计划，比如创意伦敦、创意普利茅斯、创意曼彻斯特、创意布里斯托尔、创意诺维奇等。在加拿大，同样有多个城市和地区热衷于创意城市建设，多伦多正在实施创意城市的文化改造计划，温哥华、渥太华和安大略省都在努力构建自己的创意城市。在美国辛辛那提和圣达菲是建设创意城市的先遣部队，而美国坦帕湾和新英格兰地区是建设创意城市的热门地区。在澳大利亚，布里斯班正制定一系列的政策计划建设自己的创意城市。新西兰的奥克兰也是建设创意城市的重镇。在亚洲，日本早在 2001 年就发起了一个推动创意城市宜居社区建设创造性合作伙伴关系的计划；2003 年在大阪成立了专门研究创意城市的研究院；2005 年实施了一个组建日本创意城市网络的计划。在全球城市都追捧创意城市发展模式的背景下，2004 年在英国爱丁堡的倡议下联合国教科文组织在全球文化多样性联盟基础上设立全球创意城市联盟，进一步推动全球创意城市建设和文化多样性发展。

一 创意如何成为新宠

创意在我们这个时代为何广受欢迎？让我们从 20 世纪 80 年代晚期开始回顾。那时，世界由于信息技术的飞速发展，正在发生急剧变化。而发达国家从 70 年代中期就进行产业结构的重组。这两个因素促使经济全球化迅速展开，最大的一个变化就是空间不再成为限制经济活动的必要因素。这种由信息技术带来的重大改变，被称为"新经济"。新经济的价值增值不再依靠人类的体力劳动，创新、发明和版权才是更真切的价值增值手段。

面对全球化的新经济浪潮，许多传统经营模式的国家和城市急欲寻找发展转型新模式。但它们无法逾越城市发展的痼疾，这促使其不得不深入思考城市发展的深层次问题，重新思考那些老旧的做事方法是否还能适应当今时代。这些问题包括：各级政府和组织不具备必要的灵活性和适应性来面对这个充满竞争的多变世界；城市被看成是工业化工厂的聚集物，一些有品质的文化设计元素被看成是城市硬件的可有可无的装饰品而不是提高城市吸引力和竞争力的核心要素；教育培养的学生无法适应新经济社会的要求。

面对这些新的变化，我们需要重新评估城市的资源和潜力，对所有面临的核心问题进行重新思考和创新。为了让城市颇具创意，需要在两个方面进行创新。首先，自上而下的严密组织管理机构中越来越缺乏激发人的积极性、天赋和创意的合理因素。往往一些颇具创意的精英人士不愿在约束的环境氛围中工作。未来，也许更具灵活性的矩阵管理①模式和利益相关者合作形式，有利于释放创造力，带来更大的成就感，更有利于创意城市的发展。为了激发创意，人们需要在互利的基础上进行分享和协作，因此应在工作地点外建立一些必要的交流场所，以鼓励人们交流和分享。通常这些场所可以建立在城市的废弃仓库、工厂等地，它们就是未来新的创

① 矩阵管理是一种组织结构的管理模式，由专门从事某项工作的工作小组形式发展而来。矩阵管理结构中的人员分别来自不同的部门，有着不同技能、不同知识和不同背景，大家为了某个特定的任务（项目）而共同工作。

意孵化器。其次，教育有关城市的未来，但目前的教育只是在枯燥的课程中授予学生死记硬背的知识，使年轻人缺乏适应未来世界的能力。也许正确的做法是授予学生学习的技能，教会他们如何学习、创造、发明、创新，以及解决问题和自我评估的能力。教育理念的改变将触发和激活更大范围内的城市潜力开放性、探索力和适应性。

今天谈论的创意，甚至创意城市，在20世纪80年代末最初是由谈论其他关键术语引申而来的，诸如文化、艺术、文化策划、文化资源、文化产业。创造力作为一种广受关注的现象始于90年代中期。1992年时任澳大利亚总理的保罗·基廷（Paul Keating）发起了"创意国家"项目作为澳大利亚当时的国家文化政策加以推广。在英国肯·罗宾逊（Ken Robinson）发表了有关英国政府在创意、文化、经济及教育方面使命的书籍《我们未来的一切：创意、文化和教育》，促使政府正式将发展创造力列入议事日程。后来一些措辞发生了改变，文化产业的提法被创意产业所取代。在2002年，随着理查德·弗罗里达（Richard Florida）的著作《创意阶层的兴起》一书的出版，创意阶层的概念开始映入人们眼帘。

二　文化规划和文化资源

被宜居社区合作组织看作城市文化规划和文化资源的核心因素涉及设计、建筑、公园、自然环境、动漫艺术以及旅游等。1990年，这些相关概念被弗朗哥·比安奇尼（Franco Bianchini）引入欧洲，1991年由科林·梅沙（Colin Mercer）引入澳大利亚。比安奇尼认为："一个有效的文化规划应包括所有的艺术，城市规划的艺术、获取社区支持的艺术、交通规划的艺术以及社会规划发展的艺术，此外还包括在公共、私人和志愿者之间建立有效合作以及合理分配收益的艺术。"①

文化资源一般由人的创意、技术和才能体现。他们不仅仅是显而易见的物质实体，也包括由各种本地产品所表达的象征和符号系统，诸如中国杭州的丝绸、芬兰北部的冰雕技艺、日本的和服等。城市文化资源包括由建筑、城市风景和地标等所代表的历史的、产业的、艺术的文化遗产；本土的传统生活方式、节庆、习俗、故事等。业余文化活动仅仅为了娱乐而存在，但他们也可以被重新定位为生产新文化产品的源泉。诸如语言、食

---

① Franco Bianchini, *Urban Renaissance: The Arts and the Urban Regeneration Process—Tackling the Inner Cities.* Oxford : Oxford University Press, 1990, p.76.

物烹饪、休闲活动、服饰文化或一些传统知识等文化资源到处都存在，但常常被忽略，人们还没有意识到它们对构建当地文化特性的重要意义。当然文化资源氛围广泛，还包括一些可视性的艺术表演和展示的技巧，发展创意产业的必要基础等。文化资源是推广城市形象的原材料，也是构成城市基本文化价值取向的基础。在新经济背景下，它的价值远远高于煤、铁、木材、金属等传统经济所依附的资源。创意是整合这些资源、使其增值的技术方法。作为规划城市发展的政府部门有责任、有义务发现、管理和开发这些资源。一个有文化责任感的远见卓识的政府在进行城市远景规划时，会将城市文化资源的开发看成与交通、住房与土地使用同样重要。因此，具有文化视野的城市规划会在努力发展城市经济时，也同样考虑城市社会发展的协调。城市文化资源正具有这种双重属性，它会向我们诉说城市的过去，城市的现在和将来，它能使普通民众产生强烈的地域认同感，加强城市发展的凝聚力。

三　从文化产业到创意产业，再到创意经济

20 世纪 70 年代末，联合国教科文组织（UNESCO）和欧洲议会（the Council of Europe）就开始关注文化产业的发展。但真正从城市视角来审视文化产业的发展，最早始于尼克·加纳姆（Nick Garnham）。在 1983—1984 年间，他在大伦敦城市议会供职期间成立了文化产业部门，将文化产业的发展正式提上议事日程。在这之前，汉斯·马格努斯·恩岑斯伯格（Hans Magnus Enzensberger）认为，文化产业具有释放生产力的巨大潜力，他的提法也对加汉产生了深远的影响。加汉认为，文化工作有一个特点就是喜欢自我封闭，故步自封，埋头于自己的小圈子而孤芳自赏。这种精英文化活动依赖艰苦的脑力劳动和大量资助得以运行。相反，文化产业就是要鼓励文化工作者发现文化的商业功用，建立市场，吸引消费者。加汉的文化产业部门进一步发动了第一次对创意产业的研究。这个部门中的两个雇员撰写了《星期六晚上还是星期天早上：从艺术到产业》。对文化态度的这种重要转变，使人们深刻认识到文化产业具有巨大的经济和政治功能。

接下来，这种新兴的文化产业开始真正影响城市的发展。英国有多个城市，像利物浦、谢菲尔德、曼彻斯特和伯明翰等面临产业结构的调整，面对城市难题，诸如增加就业岗位、多元世界的身份认同、促进社会包容等，文化产业似乎是治疗城市顽疾的好方法。于是，在 20 世纪八九十年代，英国中部和北部许多传统工业城市都将文化产业作为城市复兴、重新

适应新经济的重要手段。这种行动促使艺术与城市复兴建立了紧密联系。此外，有些城市进一步在城市中心区建设文化产业聚集区，像伯明翰于1985 年设计的"东区"、谢菲尔德文化产业区、曼彻斯特北区以及格拉斯哥商城等著名的文化产业集聚区。

随着英国工党 1997 年重新执政，文化、传媒与体育部为了避免文化产业提法暗含的政治意味，将文化产业改称为创意产业，并相应设置了创意产业工作部。虽然欧洲其他城市在发展创意城市方面起步较晚，但到1997 年时已基本赶上了英国创意城市建设的步伐。同样的，欧盟于 2001年开展了一个名为"数字化时代文化因素对就业的促进作用"的项目来综合评估创意产业对城市发展的重要作用。

四　创意城市的起源

早期创意城市的雏形。有几个专家将城市看作富含创意的源泉。1977年，罗伯特·麦克纳尔蒂在一个财团的支持下创建了宜居社区合作组织（Partners for Livable Places）专门支持对艺术的国家捐赠。该组织一开始就将艺术、文化等因素看作社区宜居的重要条件。1979 年，哈维·珀洛夫（Harvey Perloff）在宜居社区合作组织支持下发起了一个项目，通过研究洛杉矶地区诸如像电影节等文化活动的价值，来证明设计和文化等令人愉快的事物具有极高的经济价值。这个项目也证实了文化活动如何影响社区的生活品质，它能促进社会发展，创造就业岗位，最终改变每一个社区。

由此开启了有关艺术的经济影响的一系列重要研究。从 1980 年起，发源于美国的艺术社区开始显现它们的经济价值。不久之后，英国和澳大利亚也对此开展了综合性研究。这些研究最终促使英美艺术家协会召开多次会议来讨论艺术和城市发展的实证关系，比如 1988 年发起的"艺术和变动的城市：一个城市复兴的议程"等项目。从那时起，一系列活动进一步证明艺术等创意活动有助于提升城市的魅力。这些活动包括公共艺术家、街头艺人或在一些文化艺术场馆进行的表演及展示。

随着时间的推移，在 20 世纪 90 年代早期，为了继续扩大宜居的影响，宜居社区合作组织还推出了"转型中的城市"（Cities in Transition）、"新公民"（the New Civics）和"庆祝美国城市"（Celebrate the American City）三个项目。在"正在生长的美国"项目中重点引入了人的维度来评价社会发展的品质，包括社会公平、儿童和家庭、少数民族和穷人。宜居社区合作组织坚信社会公平和人类的潜能是宜居社区最重要的因素，他们2001 年推出的创意城市项目同样如此。

在创意产业对城市发展产生重要影响的过程中，查尔斯·兰德利对创意城市概念的形成和推广做出了重要贡献。兰德利 1990 年开展了一个名为"格拉斯哥：创意城市和文化经济"的项目是其研究和推广创意城市的开端。接下来，1994 年在格拉斯哥再次举行创意城市大会，邀请了五个英国城市创意组织和五个德国城市创意组织参加，共同商讨欧洲创意城市建设的路径，交流彼此经验。此后，他撰写了多本著作来宣传创意城市理念，并在全球推广创意城市模式。但事实上，真正最初将创意城市作为一个概念提出是在 1988 年澳大利亚议会、墨尔本市、维多利亚州规划和环境部等联合召开的一次研讨会上。这次会议主要关注艺术和文化如何更好地促进城市发展。

五　创意阶层的崛起

尽管美国在发展过程中受益于文化艺术对经济的影响，但美国在建立创意产业和创意城市之间的关系上发展迟缓。尽管美国也有一些出色的专家。但真正对欧洲有影响的著作是 2001 年出版的《新英格兰创意经济发展蓝图》和理查德·弗罗里达的《创意阶层的崛起》等著作。弗罗里达用他的标志性口号"天才（talent）、技术（technology）和宽容（tolerance）"构建了他的"3T"理论，并抓住了创意城市建设的要害。他还提出了"同性恋指数"来检测城市的创意能力。他最有价值的是提出了创意阶层的概念，并将创意阶层、创意经济和创意阶层对城市建设的重要性三个方面结合起来。他认为，经济的发展极大地受当地生活方式的影响，城市宽容度、多样性、基础设施和环境都对提升城市魅力具有重要影响。他的理论核心所包括的主要是供职于科学、工程、建筑、设计、教育、艺术等领域占美国人口 12% 左右的人群，如果再引申一下还包括商业、金融、法律、医疗保健等领域的人群，至多不会超过美国人口的 30%。对建设创意城市而言，显然还未充分发挥城市的整体潜力。此外，弗罗里达还专门设计了一系列的指数来衡量地区和城市的综合实力，包括创意阶层指数、高科技指数、创意指数、高技术人才指数、同性恋指数、波希米亚指数等。

六　创意城市理念发展及展望

目前，创意城市理念的发展已有些偏离当初设立创意城市的初衷和旨趣。创意城市是释放、加强城市文化资源创意潜力的有力工具，但当前对创意的理解存在一定的偏差。将发展创意城市仅仅理解为发展创意产业或艺术文化专业人员在某些社区和场所上演一些节目，组织一些相关活动。其实，这缺乏从宏观整体层面的战略思考。当前许多城市根本不顾城市实际滥用创意城市发展模式，实际上它们根本未理解创意城市理念的精髓。这种盲目的追捧和跟风，使创意城市理念逐渐空洞化、遭到曲解并有可能被下一个时髦的口号和理念所取代。

创意城市的理念就是要打破传统复杂的习以为常的行事方式。严肃认真地去想想，我们该如何改变既有的组织结构、习惯性的做事方式和权力分配结构。它主要是要激发城市的创意和潜力，因此应关注如何释放思想，重点是培养个人和社区的想象力及将其实现和传播的能力。这就意味着要适时克服那些深层的根深蒂固的思想障碍。建设创意城市的创意思维是一种横向的全面的思考方式，既要有能力看到局部的发展潜力，更要有整体协调能力，才能把握城市整体发展大局。

第二节 国内外创意城市发展模式

创意城市的出现主要与全球化、后工业社会、城市营销等有关。不同的城市在面对挑战时，方法策略各有千秋。加之不同文化多样性表现形式会孕育不同城市个性，产生不同的创意城市类别。因此，国内外创意城市发展模式复杂多样，但总的来讲可分为创意引领型、文化资源型、以人为本型、危机应对型和特立独行型等。

一 创意引领型创意城市

这种城市在世界城市之林中具有独特的地位。在城市发展潮流中，一直引领方向，像纽约、伦敦、巴黎、东京等城市。这些城市的多元文化背景，为创意城市的发展奠定了基础。而丰富多彩的城市生活，又成功地吸引了为数众多的游客、创意阶层及投资，为创意城市的建设提供了源源不绝的动力。因此，它们的创意城市建设，浑然天成。它们最看重的是持续维持城市的文化吸引力，吸引创意阶层。创造高品质的城市生活，提高民众认同感与荣誉感。这些城市从来不乏创意，其建设经验值得世界所有城市参考。

（一）首屈一指的创意城市——以英国伦敦为例

英国是世界上第一个提出创意产业和创意城市概念的国家，也是世界上第一个由政府主导推动创意产业发展和创意城市建设的国家。17—19世纪，英国接连打败荷兰、法国、俄国，雄踞海外，拥有广大的殖民地和附属国，号称"日不落帝国"。英国在第一次世界大战前夕对外投资达40亿英镑，资本流向海外，影响了国内企业的扩大再生产能力，工业发展缓慢，技术革新逐渐停滞。第二次世界大战后，英国作为雅尔塔体系战胜国却被剥夺了海外霸权，大英帝国分崩离析，国运式微。

伦敦作为英国政治、经济、文化和交通中心，也经历了国运由盛而衰的起起伏伏。18世纪伦敦的城市人口就已达到100万，成为城市化最早的城市。19世纪，为了大力发展工业，燃烧烟煤成为主要能源供应手段。烟煤燃烧后形成的浓烟，使伦敦大气受到严重污染。19世纪前40年，伦敦曾发生毒雾污染14次，每次毒雾污染都造成支气管炎发病率和死亡率大大提高。伦敦成了烟囱林立、浓烟滚滚、名副其实的雾都。严重的烟尘污染，给伦敦市民造成严重健康隐患，也唤醒了人们的环保意识。于是，1956年英国政府颁布了《清洁空气法案》，于1968年经过修订颁发了第二个《清洁空气法案》，采取严厉措施控制工业废气和汽车尾气的排放，有效控制了空气污染的问题。

随着产业结构的调整和人口总数和适龄就业人口的总量大幅度下降，1970年后，伦敦大约经历了20年的衰退期。于是，英国政府从20世纪90年代开始注意文化艺术等因素对经济社会的复兴具有重大推动作用，开始发展文化产业（后改称创意产业）。后来，在查尔斯·兰德利等的倡导下，大力推行创意城市建设。伦敦于2003年发布了《伦敦创新战略与行动计划》，并于2004年拟定了第一个城市文化发展战略《伦敦：文化首都》，提出要把伦敦建设成世界级的创意文化中心。围绕此中心，设立了四个重要目标：发展优秀文化；提高文化创意；提高公众文化参与与接受度；赋予文化价值。随着该战略的实施，成功地解决了城市中心空间不足，旧城改造与交通拥堵等问题，一个全新的创意伦敦正在形成。

此外，伦敦是英国历代王朝建都的地方，是一座文化艺术名城，市内文物古迹、历史名胜很多，还拥有许多一流的博物馆、美术馆和剧院，每年吸引着大量的海内外游客到此观光。它还有着丰富多彩的文化教育生活，众多的世界著名大学、学院和其他教育机构，吸引着世界各地的学者来此求学深造。因此伦敦天生就有许多建设创意城市的宝贵资源。2012年伦敦奥运会的举行，无疑是伦敦创意城市建设浓墨重彩的一笔。"创意城市"是伦敦奥运会期间整个大伦敦的文化主题。奥运会的主办方也一再强调伦敦奥运会将突出创意和环保主题，在场馆建设、奥运纪念品设计和推广、开闭幕式的举行、相关文化活动的举办等方面都体现了创意主题，使创意理念深入人心。可以预见奥运会结束之后，创意城市的理念仍将继续伴随伦敦城市发展，助推城市复兴。

（二）集聚的力量——以日本东京为例

首都最有能力将自身建成世界级城市，它能动员外交、商贸、经济及文化政策资源，使人才和权力加速聚集，使之成为"巨无霸"，其周围城市就会不可避免地衰败。由于文化基础设施十分健全，因此能吸引最成功富有的人群，从而进一步从周围地区挖走创意天才。这个城市对国家发展的支配地位会逐渐加强，而其他地区的发展则会受到严重影响。日本东京就是这样的城市。

日本东京拥有全国30%的人口，它代表日本的国际化水平。东京使周围的大阪、名古屋、广岛、金泽、鸟取等城市逐渐丧失拓展能力和国际发展的机会。2007年，东京制定了《东京未来10年》发展规划来进一步强化城市空间、基础设施、环境与产业以及文化方面的优势。特别在文化方面，推出了诸如加强文化活动建设、提高"东京亲和力"的城市形象建设、文化与旅游展示平台建设、创意产业发展政策等举措。而周围城市也不遗余力提高创意，金泽市于2009年加入教科文组织创意城市网络，成为民间手工艺之都，这既是对该城市长期以来立足于当地文化传统发展时尚产业的褒奖，也是提高其国际美誉度和认可度的重要渠道。可以预见，这场聚集与反聚集的战斗，最终是双方共赢，共同提高城市的创意能力。因此，中心城市聚集效应对其本身和周围地区的发展是一种"兴奋剂"。

（三）立足现实的创意——以芬兰赫尔辛基为例

赫尔辛基地处寒冷的北欧，随着每年11月的来临，白昼越来越短，漫漫长夜使赫尔辛基人极易患上抑郁症。于是，赫尔辛基人在1995年推出了"光之力"项目，以后每年11—12月间推出，持续两周。这个创意构想是从中央车站广场散发灯光，建立了一个从市区到郊区的灯网系统，通过灯光的象征性来连接市内不同的地区。此项目运行的最初目的也许是为了给漫长冬夜里的赫尔辛基人提供照明，但"光之力"项目更是一项成功的文化推广活动。漫长的黑夜由于有了"光之力"，使这个不太受欢迎的自然现象成为赫尔辛基吸引游客的新资源。"光"成为这个城市的新商标。每年 11 月下旬都有不少游客来到赫尔辛基，欣赏新照明，进行新产品发布会，进行灯光与照明方面的研讨会。还推出黑暗电车，让游客搭乘黑暗电车，以更深刻地展望这座大放光明的城市。2000 年，赫尔辛基成为欧洲文化城市（European City of Culture），"光"再次成为这座城市的文化使者，使其大放异彩。

二 文化资源型创意城市

这种城市具有较丰富的城市文化遗产。这种文化遗产来源于城市发展的漫长历史。它们对城市的发展具有双重作用，有的将它们看成城市发展的"包袱"，而有的城市则恰恰看重了其独特的文化资源，将其作为打造城市文化特色的基础，如上海、平遥、圣达菲、金泽等城市。城市的文化遗产是城市发展的根基，它带给城市的绝不仅仅是发展经济的源泉，更是提供当地民众持续认同感的见证。一个有认同感、凝聚力的城市是让人羡慕的。它也会吸引创意阶层的到来，促进创意城市的进一步发展。但这种创意城市的建设，除了发现并保护好城市的文化资源，更应知道在全球化大背景下如何组织相应项目，推介当地文化资源。圣达菲的国际民间手工艺市场就是这种出色的推荐项目，成功推介了当地的民间手工艺，并成功吸引了国际民间手工艺的交流，扩大了这个领域的知名度。

（一）多元文化背景的优势——以中国上海为例

中国的上海由于诸多的历史渊源，本身就是一个中西文化交融的复合体。从近代以来，上海就以多元开放著称。20 世纪 30 年代，是上海发展历史上的一个辉煌时期，曾有一位外国人这样表述上海的多元文化景观："上海真是一个'万花筒'。单拿人来说吧，这里有英国人、美国人、法国人、德国人、土耳其人、日本人；黄皮肤黑眼睛的人、黄头发绿眼睛的人、黑皮肤厚嘴唇的人；只要是人，这里无不应有尽有。而且还要进一步，这里有的，不单是各种各样的人，同时还有这各种各样的人所构成的各式各样的区域、商店、总会、客栈、咖啡馆和它们的特殊的风俗习惯、日用百物。"① 今日的上海已成为中国经济发展的"桥头堡"，也是对外交

---

① 哈宝信：《多元文化与上海的都市化》，载李德洙《都市化与民族现代化》，中国物资出版社 1994 年版，第 155—156 页。

流最密集的地区。近年来，上海提出"海纳百川、追求卓越"的文化发展目标，"海纳百川"一方面是指气势宏大的内外开发气度。另一方面蕴含着一种文化包容的情怀。上海是个移民社会，1949 年以前，上海居民中85%来自全国各个省区。另有大量外国侨民，最多时有 15 万，涉及 40个国家和地区。20 世纪 90 年代以后，上海又放宽了移民政策，可以预见，今后上海移民比例会更高。城市居民组成造成了海派文化博采众长，文化融合的特点。这种多元文化背景赋予上海更强的包容性与开放度，更能激发城市的创造力，提升城市文化软实力。

（二）资源取胜——以中国山西平遥为例

一般来说，一个城市富有丰富的文化资源，无疑是建设创意城市的良好基础。对拥有丰富文化资源的城市建设创意城市而言，意识是前提，分步骤的适度保护性开发是手段。

中国山西的平遥是这类城市的典范。平遥于 1997 年成为世界文化遗产，是中国屈指可数的以城市整体申报世界文化遗产成功的城市。平遥代表中国明清时期汉族城市的风貌，在中国多次"造城运动"中历经风雨沧桑，至今保存完好，这本身就是一个奇迹。因此，平遥古城具有极高的开发价值。当地政府，以城市文化遗产为依托，大力发展旅游业，但与此同时并没有放弃对文化遗产的保护。他们多方邀请全国著名城市规划和保护的专家学者，共同参与古城保护开发。最值得称道的是，他们在整体性保护古城的基础的同时，在旁边又建设了一个新城来兼顾当地的发展。古城以发展旅游业为主，新城以制造业和居住为主要功能。随着申遗成功，平遥旅游业呈现"井喷式"增长，旅游业各项指标均居全国同类景点前列。旅游业的发展又极大地拉动了当地的商业、运输、餐饮、住宿等相关产业。旅游业等相关产业的发展带动了当地文化遗产保护的热情，激发了当地城市文明风貌的建设，实现了当地经济和社会的协调发展。

三　以人为本型创意城市

创意城市是"人的城市"，因此真正重视人及其创造力的城市是最具创意潜力的。创意城市的创造力和活力来自创意阶层，一个真正富有远见卓识的城市会不遗余力地吸引创意人才的聚集并形成创意阶层，创造条件激发创意阶层的潜力。此外，创意城市的建设也离不开城市大众的参与，只有落脚在基层民众的创意才能够真正产生效力。创意城市最终的建设目标是惠及城市的每个市民，使创意城市长久发展。在这方面，苏黎世和里尔树立了成功的典范。

（一）与创意阶层的持续沟通——以瑞士苏黎世为例

创意城市形成和发展中，创意阶层具有举足轻重的作用。创意城市的形成不是政府部门的概念炒作和纸上谈兵。真正的创意城市，一定是一种来自民间的创意力量集聚的结果。这种创意力量，大部分掌握在创意阶层的手中。创意阶层是由理查德·弗罗里达提出的一个概念，指"在科学与工程、建筑与设计、教育、艺术、音乐与娱乐等领域的专业人员。他们的经济职能是创造新构想、新科技和/或新的创意内容……领域的人员。创意阶层还包括了围绕核心的更广泛的创意专业人士群体，分布在商业与金融、法律、医疗保健等相关领域。……都拥有一种共同的创意特质，就是重视创新、个性、差异和价值"。[①] 因此，城市政府部门对创意城市发展进行公共指导和干预的成效是有限的，还必须不断与创意阶层进行沟通，了解它们在全球经济中的生存条件是否得到满足和它们的创意意愿，并不断促成公共和私营部门之间连续的开放式的沟通，以达成持续的合作意愿。

苏黎世有欧洲最好的两所大学和一所知名的创新文化发展中心，它是世界上最适宜居住的城市之一。苏黎世正是善于倾听创意阶层的心声，促成了它由全球银行和金融服务业的中心向时尚创意城市的转化。苏黎世的创意始于著名的"歌剧院骚乱事件"。1980 年 5 月 30 日晚，在一场演唱会结束后，苏黎世歌剧院门口聚集了数百名激进主义青年，他们抗议政府拨给苏黎世歌剧院的一笔高达 6100 万瑞士法郎的专项津贴，质疑政府总会有数以百万计的投资划给"主流艺术"，而对那些"非主流艺术"却不过问。抗议人群要求政府出资筹建真正属于年轻人的艺术中心，为那些不起眼的非主流文化提供生存空间。这场抗议活动最终升级为一场激进青年与警方的暴力冲突，这就是历史上有名的"歌剧院骚乱事件"。最终，市政府做出妥协，答应将位于火车总站旁的一座废弃的厂房改建成青年文化中心，并由年轻人自己管理。事情并未就此结束，30 年来，年轻的创意阶层不断攻击城市政府，批评当地政府牺牲为数不多的城市创意空间，用来开发新的住宅、商业及写字楼。他们的呼声逐渐引起城市政府的重视，

---

① Florida Richard, *The Rise of the Creative Class and How It is Transforming Work*, *Leisure Community and Everyday Life*. New York：Basic Books, 2002, p. 139.

使他们重新评估创意环境的价值，明确创意环境和氛围对于树立城市的整体形象和吸引优质人才的重要意义。接下来，当地政府启动了一项综合性战略来建设创意城市，将老工业区的再开发与创意集群的发展结合起来。现在，苏黎世正谋划如何为艺术家和年轻的文化企业家提供能负担得起并且利于相互交流的城市空间，提升城市生活品质，降低城市生活成本，吸引并留住真正的创意阶层。

（二）公众参与的意义与方式——以法国里尔为例

刘易斯·芒福德（Lewis Mumford）认为："城市应当是一个爱的器官，而城市最好的经济模式应是关怀人和陶冶人。"① 因此，不管采取任何城市发展模式，最终的目的是应该改善市民的生活。创意城市的本质是为了提高人类的整体生活水平，而致力于人类的智能开发和应用。因此，它来自之于人又用之于人。难以想象，一个没有创意阶层和市民大众参与的创意城市规划能建成什么样的创意城市？从市民大众的立场与需求出发，是否能切中建设创意城市的要害呢？法国里尔给出了答案。

法国第四大城市里尔位于法国首都巴黎以北，邻近布鲁塞尔和伦敦。里尔与比利时的边界城市弗朗德勒（Flandres）和瓦隆（Wallonie）接壤，是一个拥有200多万居民的多文化跨界都市。里尔曾是一个大型工矿业区，采矿业和纺织业曾经十分发达。随着后工业社会的来临，里尔遭遇着传统工业危机带来的种种挑战。里尔市政府迎难而上，将激发创造力、确立文化方针和发展文化经济结合起来，使第三产业飞速发展，创造性地变身为富有生命力的大都市圈核心。里尔的创意城市建设，从"里尔2004"欧洲文化之都开始。"里尔2004"文化项目的影响力已远远超出了传统文化项目仅仅改善城市形象，提高城市吸引力的目的，通过该项文化盛事当地艺术家与居民之间、文化机构负责人和艺术赞助者之间、经济界和政界人士之间，建立了密切联系，提升了城市创意潜力。在里尔，"里尔2004"成为激发城市创造性和公民意识的原动力。此后一连串的政府文化方针、对市民参与的重视、开发培育创造力与创新性的新工具，使得里尔在吸引创意阶层和高科技企业的同时重获新生。

四　危机应对型创意城市

20世纪七八十年代，后工业社会的来临，许多以工业为主的城市面

---

① ［美］刘易斯·芒福德：《城市发展史——起源、演变和前景》，宋俊岭等译，中国建筑工业出版社2004年版，第586页。

临城市发展危机。文化艺术等因素的成功融入与渗透，将这种危机转化为发展创意产业，建设创意城市的契机。因此，这类创意城市较多，较具代表性的城市有格拉斯哥、毕尔巴鄂、鲁尔等。危机对城市发展来说具有双重作用。有时危机对城市发展来说是成功的契机，促进当地政府重新思考城市发展战略，不管最终是否成功，都是一种创意萌发的开端。当然，任何城市面对的危机不同，并没有固定的模式可循。格拉斯哥在面对工业衰退，工人失业时，最初的做法是解决民众的住房问题，着重改善城市的硬件。后来逐渐意识到，这是治标不治本的做法，并未从根本上解决城市发展动力问题。最终通过和麦卡锡合作发现了城市的文化艺术资源的价值，开始了城市绅士化的改造，成功摆脱了过去肮脏的工业城市形象，进而成为建设创意城市的典范。而毕尔巴鄂在面临后工业化社会来临时，连能供开发的独特城市文化资源也没有，但成功塑造了城市新的文化坐标——古根海姆博物馆，成功实现了向创意城市转型。

（一）危机的功用——以西班牙毕尔巴鄂为例

西班牙毕尔巴鄂（Bilbao）是一个化危机为转机最为成功的例证。毕尔巴鄂市始建于 1300 年，因优良的港口而逐渐兴盛，在西班牙称雄海上的年代成为重要的海港城市，17 世纪开始日渐衰落。19 世纪时，因出产铁矿而重新振兴，但 20 世纪中叶以后再次式微，1983 年的一场洪水更将其旧城区严重摧毁，整个城市雪上加霜，颓势难挽，虽百般努力却苦无良策。20 世纪时，毕尔巴鄂市政府为重振城市雄风，考虑到当前全球后工业浪潮发展趋势，决定重点发展旅游业。但该市旅游资源贫乏，特色不够突出，如何在旅游资源天生不足基础上发展旅游业促进城市复兴成为头号难题。多方问计之下，当地政府决定兴建一家现代艺术博物馆，以此为载体发展创意旅游，建设创意城市。1997 年，毕尔巴鄂市政府与古根海姆基金会共同兴建的古根海姆博物馆落成开幕。一时间游客和文化爱好者蜂拥而至，博物馆的参观人数一年时间就达 400 万人次，直接门票收入占全市岁入的 4%，而带动的相关收入占 20% 以上。① 毕尔巴鄂古根海姆博物馆作为工业城毕尔巴鄂整个城市复兴计划中的一环，极大地提升了毕尔巴鄂市的文化品位，使它迅速成为欧洲最负盛名的建筑圣地与艺术殿堂，吸

---

① 《西班牙毕尔巴鄂古根海姆博物馆》，世界经理人·会展频道，http://events.icxo.com/htmlnews/2007/01/05/986433.htm，2012 年 12 月 29 日访问。

引了全世界大量游客，最终促使毕尔巴鄂成为著名创意文化之都。

（二）变废为宝——以德国鲁尔为例

德国鲁尔（Ruhr）地区是德国最重要的重工业区，也是欧洲第二大城市集聚区。在前工业时代素以煤炭、钢铁产业而著称。随着后工业社会的来临，鲁尔工业区逐渐衰败，经济发展陷入危机。虽然工业一蹶不振，但鲁尔地区保留了最完整的工业遗产景观，当地政府敏锐意识到工业遗产的价值，成功通过发展文化创意产业对废弃工厂和采矿场加以改造，实现了变废为宝，化腐朽为神奇的功效，成为世界各国效仿的对象，是我国创意产业发展和创意城市建设最爱学习借鉴的对象。

鲁尔地区作为传统的工业城市，是大量产业工人聚集的地方，应该说缺少文化资源。但就是这样一个在后工业时代以工业消极形象著称的地区，如今却是世界各地城市纷纷仿效的文化创意城市。20 世纪 90 年代早期，鲁尔面临高失业率和产业结构改革的难题。德国北莱茵威斯特法伦州政府开始注意到文化相关产业对地区复兴及创造工作机会的重要作用。首先，通过开展一系列文化产业调研活动。随后，1992 年州政府拿出了一份有关德国全国文化产业的发展报告，促成了文化产业在鲁尔区的发展。1999 年在鲁尔埃森市召开了第一次"欧洲文化产业会议"（European Congress on Culture Industries in Europe），讨论欧洲文化产业的未来发展。促进欧洲文化产业发展的《埃森宣言——欧洲私人化的文化产业 10 项原则》就是这次会议的重要成果。随后，文化产业在鲁尔区飞速发展，到 2003 年鲁尔区每十三家企业中就有一家文化产业企业，当年文化产业营业额达到 66 亿美元。除此之外，鲁尔地区还拥有大量文化机构和设施，举办大量文化活动，其中，最为著名的是"工业遗产之路"（A Route of Industrial Heritage）。[①] 通过这一系列的举措，2010 年鲁尔区的埃森市成为"欧洲文化之都"。

五 特立独行型创意城市

创意意味着与众不同，有时甚至是特立独行。保护世界文化多样性的重要途径，就是要鼓励各种文化的交流互动与相互尊重。从某种意义来讲，每一个城市和每一种文化对他者而言，都是与众不同的。特色资源，与不走寻常路的勇气也是建设创意城市的重要基础。世界上也的确存在一

---

① 一条通过自行车道将鲁尔区所有新文化场所连接起来的旅游线路。

些特立独行的创意城市，它们是旧金山、罗兹、贝洛奥里藏特市等。

（一）对亚文化的宽容——以美国旧金山为例

1906 年大地震以来，经历了一个漫长的创意期，直到 1967 年随着嬉皮士天堂在海德艾斯布利（Haight Ashbury）的逐渐形成，旧金山（San Francisco）的创意活动达到高潮。从 20 世纪后半叶开始，由于其长期流行的波希米亚生活方式而成为美国反主流文化运动的天堂。旧金山的城市之光书店也成为美国垮掉一代（Beat Generation）文学的重要出版商。此后，旧金山逐渐成为美国嬉皮文化和其他相关文化的中心，"旧金山之声"（San Francisco sound）、杰弗逊飞机（the Jefferson Airplane）、感恩而死（the Grateful Dead）等摇滚乐队对摇滚乐的发展产生了重要影响，因此旧金山逐渐成为朋克、激流音乐等文化现象的中心。从 19 世纪开始旧金山逐渐成为同性恋者的胜地，在第二次世界大战期间有成千上万的士兵集聚在此而加深了这种趋向。但是，由于艾滋病肆虐而使该区重新衰败。90 年代时，旧金山摇身一变成为网络技术的研发中心，推动了互联网在全世界的普及。旧金山通过生活方式、产品和服务发起了各种各样的运动，推动了创意，改变了世界。但大多数的创意最终都像网络崩溃一样趋于衰败，最后使市场街南区（Soma）的工业也走向没落。工业破败留下的那些仓库，成为激发创意的时尚中心，而后由于网络精英的入驻逐渐使这些地区高档化。海德艾斯布利（Haight Ashbury）的生活方式渐渐成为人们的记忆，仅仅在纪念品商店还能找到它的踪影。嬉皮商店仍然古怪地出现在中产阶级生活的上流社区，但它仅仅是雅皮士的装扮而已，已失去了目的性。卡斯特罗区不可避免地衰败了，它那种生活的自信也逐渐消失了。现在，真正复兴的地区是市场街南区，这是一些艺术家和文化活动者的天堂。但是，由于新媒体的中心已经迁往洛杉矶等地，当地又缺乏经济、政治和文化的中心影响力，当地的一些创意天才大量流失，对外地的人才又缺乏足够的吸引力，因此旧金山很难延续创意的全球影响。尽管如此，由于仍然具有一种浓厚的吸引力，一些创意活动和项目仍在旧金山开展。

（二）逃离焦点——以波兰罗兹（Lodz）和德国汉诺威为例

正像彼得·霍尔（Peter Hall）先生所指出的那样，历史上一些最初颇富创意的中心城市，它们培育的一些创意天才和经验最后都弃它们而去，使它们一蹶不振。因此，有时远离人们的视线，不成为焦点，对城市创意发展也是有利的。第一个当代艺术画廊出现在波兰的罗兹市，后来转移到了德国的汉诺威（Hannover）。它们并没有出现在波兰和德国的中心，华沙和柏林。罗兹作为波兰的第二大城市，起初以纺织工业闻名。第二次世界大战后，文化和科学事业发展很快，拥有 6 所高等院校和歌剧院、图书馆、综合体育馆等文体设施。作为波兰电影制片业和美术创作的中心，近年来罗兹抢抓机遇，大力发展创意产业。2011 年 12 月，基于城市拥有丰富的创意资源基础，对外发布城市的新口号"Łódź kreuje"（罗兹创造），开始了城市创意之旅。

汉诺威位于德国北部，第二次世界大战几乎将城市摧毁，但汉诺威凭借出色的工业制造基础，很快复苏，并于 1947 年起每年举行国际工业博览会，1986 年起又在工业博览会基础上分出 CeBIT（办公技术、信息通信展览）、航空博览会、国际建筑博览会等，汉诺威 2000 年举办了世界博览会，使汉诺威博览事业真正成为城市发展的支柱产业。此外，欧洲最大的旅游组织联盟"途易"（Touristik Union International，TUI）总部也位于汉诺威。会展和旅游业的发展促进了汉诺威的创意城市建设，目前整个城市有 2/3 人口从事第三产业，每年还举办国际射手节、玛狮湖夏日狂欢节、国际焰火表演赛等来提高城市的声誉和创意指数。

（三）好的决策没有固定模式——以巴西贝洛奥里藏特市为例

要成为一个创意城市并没有固定模式可循。这是一门需要心智的艺术。一个成功的城市管理者是一个高级艺术家，他们精通于城市建设各方面休戚相关的复杂事项。最好的城市规划是一项最高的文化艺术成就。最好的创意城市是一件人类精心制作的精美艺术品。而那些缺乏创意的城市最终会被遗忘、损毁。因此，城市规划发展并不仅仅关涉建筑技术和土地使用，它还涉及对城市大众需求愿望的了解，激发经济可持续发展的动力，激发创意的商业影响，获取民众支持的吸引力，激励健康生活方式，保持城市记忆……但其中最重要的就是在做每件事情的同时赋予它意义和价值，使它与众不同。城市是一个各个要素相互影响的整体，它不能被看成是一堆要素的堆砌，而是一个有机体。

巴西贝洛奥里藏特市（Belo Horizonte）就是一个善于将不起眼的小事转化为城市发展良机的创意城市。其将目光锁定了垃圾。20 世纪 90 年代，当地有人成立了"街头拾荒者协会"，建议兴建一座大型仓库，以备拾荒者分类储存供应市场。1992 年，此举获得了巴西政府的支持，提供了资金并扩大了场地。于是，拾荒者有了专业推车，并进行专业培训。他们根据收集和售卖的物品多少获得收益，还有年终分红。此举既解决了城市环境问题，还创造了就业岗位。从 1994 年开始，拾荒者们每年都举行街头拾荒者狂欢游行，旨在改变人们对废弃物和拾荒者的传统观念。通过这项活动当地人不仅不再认为拾荒是一种无用的职业，还引以为傲；不仅改变了拾荒者的社会地位，并且开始关注当地的环境建设。洛奥里藏特市由于对环境和拾荒的创意支持，在该领域享有盛誉，成为关注拾荒活动的国际研究中心。

当前，创意城市建设在国内外正广泛开展。几乎没有哪个城市敢宣称它是最具创意的，但每个城市经过努力都能比它以前更具创意。没有哪种模式是放之四海而皆准的，只有根植于城市特色和实际的创意城市建设才能取得成功。那些一两百年来在全球独领风骚的城市，由于它们极富创意，还是那么光彩夺目。这些城市包括纽约、伦敦、阿姆斯特丹以及东京等，也许在未来的几十年中印度孟买、中国上海和阿根廷布宜诺斯艾利斯也会加入其中。还有一些在全球兴盛了 50—100 年的二级城市也颇具创意，像以时尚而著称的米兰，以电影等传媒产业而兴盛的洛杉矶，以公共基础设施而著称的斯德哥尔摩以及以银行业而闻名的苏黎世等。所有这些城市在经济、技术、文化甚至政治当中发挥它们的创意，使城市更富魅力。这些创意提升了城市的档次，吸引着各种人才聚集于此，并积极发挥它们的能力。

第三节　创意城市网络代表性城市案例分析

教科文组织创意城市网络是在创意城市基础上创立的国际平台。加入该城市网络的城市首先应该是创意城市，但还不仅止于此，这种创意城市长期以来还应具有某种文化特色。因此，具有显著文化特色的创意城市才能成为创意城市网络的成员。因为，教科文组织设立创意城市网络的真正目的是为了在城市场域里实现文化多样性的保护和发展。已加入创意城市网络的代表性城市在利用城市文化特色，建设创意城市，加入创意城市网络方面为我们树立了典范，提供了许多可供参考的经验。以下从我国已加入创意城市网络的五个城市——深圳、上海、成都、杭州、北京中，选取上海和杭州作为典型案例，对我国城市建设创意城市，加入创意城市网络的经验进行简介。从国外已加入创意城市网络的城市中选取圣达菲和格拉斯哥作为典型案例，对国外城市相关经验简要概述。

一 创意城市网络设计之都——中国上海

（一）上海概况

上海是一座富有传奇色彩的城市，作为中国处于经济前沿的城市，屡开时代之先，走在中国建设创意城市的前沿。上海是历史与现实、东方与西方相融合的产物，多元的文化背景，前沿的思想意识，开拓的创业精神，雄厚的经济实力，使这座传奇的东方城市成为教科文组织创意城市网络中的一员。2010 年 2 月，上海正式加入创意城市网络，并成为"设计之都"。

上海成为"设计之都"是水到渠成的事情，早在 2005 年和 2006 年上海国际创意产业周期间，应邀参会的教科文组织官员就建议上海在合适的时候加入创意城市网络。以传统工业设计为基础，上海大力发展创意产业。截至 2010 年年末，上海创意产业从业人员达 108.94 万人，实现总产值 5199.03 亿元，比上年增长 11.2%，对上海经济增长的贡献率达到 11%，已成为上海市的支柱产业。[①]

结合上海创意产业的发展，上海同时开展了旧城改造与创意城市建设。随着后工业社会的来临，上海也面临严峻的产业转型与升级改造。作为新中国的工业重镇，曾创造了无数辉煌的上海国有大中型企业面临重组等困境，大面积的厂房闲置。为了盘活存量资产，为创意产业的发展开辟新天地。上海市政府也学习国际前沿经验措施，将废弃厂房改造为创意产业园区，建设了 8 号桥、M50、田子坊等著名创意产业园区，实现了旧城改造与创意产业飞速发展的双丰收。

（二）上海的重要文化项目

1. 上海设计双年展

2004 年上海设计双年展开始举办，至今已成功举办 6 届。每年的展览活动都设置一个主题，第一届为"设计让生活更美好"，第三届为"设计系统"，第六届为"创新设计，创造价值"。两年一次的双年展是设计领域中一个高层次、国际化、多元化的大型国际交流活动。每届设计展览

---

① 沈榆、俞海波：《上海的"创都"之路及其产业特色》，《装饰》2011 年第 12 期。

活动都包括"国际设计大会"、"设计专题研讨会"和"国际设计展览会"等内容。展示交流的领域包括：各类新产品、新材料、新工艺的创新设计，时尚设计等；多媒体设计、平面设计、品牌形象设计、展示设计、网络设计、空间设计、包装设计、文化艺术设计等；都市环境设计、室内外环境设计、建筑设计、环保设计、景观设计、创意园区设计，等等。上海设计双年展最大的功效就是建立了一条完整的设计产业链，将设计、制造、销售、投资等要素整合起来，为参展单位提供了合作伙伴和拓展新市场的机会。因此，吸引许多著名的设计师和最具创意的设计产品参展。

2. 上海国际创意设计产业周

2005 年开始，上海每年举行国际创意设计产业周。这是中国各城市举办创意设计产业周的开端，也是中国最有影响的设计创意活动，这项活动的开展极大地促进了中国创意设计产业的发展，提升了上海的国际影响。在活动举行期间，荷兰、英国、法国、意大利、德国、美国、澳大利亚、加拿大、韩国、中国香港和中国台湾等创意设计产业基础较好的国家和地区都积极派团队参展。每个国家还专门主持了各国的主题活动日，宣传各国的创意设计产业。创意设计产业周不仅加深了与会国对中国、上海和中国创意产业的认识，而且加强了和中国公司的商业合作，拓展了市场份额。在 2005 年创意产业周期间，有 40 多个荷兰设计公司到上海参展和合作。通过几年的参会，有越来越多的荷兰企业到中国参展和洽谈，到 2008 年达到有 200 多家。2009 年，荷兰商贸部派出一个由 100 多家企业组成的参展队伍，包括建筑、时尚、多媒体设计等方面的企业。创意设计产业周还吸引了许多普通市民参与，到 2008 年年底超过了 60 万人。从第一届上海创意设计产业周开幕以来，上海的设计产业逐渐打开了国际市场。

3. 上海电子艺术节

上海电子艺术节始于 2007 年 10 月 19 日。这是中国举办的第一个电子艺术节，也是国际上最大的电子艺术节。体现了上海设计产业不断与科技相融合，不断引领时尚潮流的发展趋势。上海电子艺术节汇集了国际最先进的电子设计制造技术，展示了最尖端的电子设计产品。电子艺术是一种采用先进技术，诸如电子多媒体技术作为创意设计工具的艺术形式。它通过电子技术来设计艺术形象，而且可以通过电子设备使观众和艺术品产生互动。它打破了传统艺术表现形式，将设计、艺术、科技、时尚等元素结合起来。为期一个月的展演使电子艺术节成为家喻户晓的城市节日，吸引了众多优秀的电子艺术设计产品到上海参展，也向市民普及了电子艺术知识。

（三）上海如何成为"设计之都"

1. 设计产业是上海支柱产业之一

上海是一个国际化的大都市，是远东重要的经济、金融、贸易中心。上海素以制造业和服务业而著称，而设计产业在对制造业和服务业产业升级方面产生了举足轻重的作用。因此，设计产业已成为上海市的支柱产业，产值在所有创意产业中位居第一。2007 年，上海设计产业的年产值达到 1204.85 亿元，占创意产业年产值的41.5%。① 大约有 60 万人从事创意产业相关的工作。这些数据说明设计产业在上海城市发展中的重要作用。

2. 设计产业历史悠久，门类齐全

上海的设计产业历史悠久，门类齐全。上海是新中国的工业重镇，多年来创造了一大批响当当的工业品牌，上海牌汽车、手表、永久牌自行车、蝴蝶牌缝纫机，都是那个年代中国人耳熟能详的名牌产品。雄厚的工业基础，打造了上海工业产品的质量口碑，同时海派文化也孕育了独特的上海工业设计。以此为基础，近年来，上海将设计与科技、时尚相结合，派生出了以工业设计为龙头，建筑与城市规划设计、时尚设计、会展设计、印刷包装设计、广告设计、软件设计、卡通动漫设计、游戏设计、服装设计与珠宝设计协调发展的多种类、多层次设计产业体系。

3. 合理的设计产业发展机制

上海的设计产业之所以能够迅猛发展，最重要的核心要素是形成了一套"三位一体"的运行机制。"三位一体"主要是指政府、市场和中介服务机构的通力合作。通常由政府作为主导因素引导行业发展，调动企业和市场的积极性。与此同时，各种中介服务结构也积极参与设计产业经营工作。在设计产业发展过程中，上海创立了许多社会中介机构、投资及研究机构来共同推动设计产业的发展，包括上海设计中心、上海创意产业中心、上海创意产业协会、上海创意产业投资公司等。

4. 完善的设计教育培训机构

上海拥有大约 63 家高校拥有设计创意类的专门学院或专业。此外，

---

① 周任远：《上海创意产业集聚现状分析及动因探讨》，《管理观察》2009 年第 15 期。

还有许多企业、机构和培训中心开展了各种设计创意培训项目。在政府层面，上海人力资源与社会保障局每年为 8 万多人提供有关设计创意产业的培训。既提高了普通民众对创意产业的认知和技能，又极大地促进了当地就业。上海市政府也制定了多项政策和措施支持设计创意人才开展工作，提供优惠条件吸引外地创意人才到沪工作。近年来，成功引进 3 万多名外地创意人才，为上海设计创意产业的发展奠定了人力资源基础。

5. 积极的设计创意团队

上海不仅有出色的学校和培训结构培育了一流的设计创意人员，还有许多设计创意中介机构，专业研究机构通力合作促进上海设计创意产业发展。他们为上海设计创意产业的持续发展提供了源源不断的动力。这些出色的设计团体包括上海会展协会、上海广告协会、上海珠宝贸易会、上海软件协会、上海工业设计协会、上海服装贸易协会等。

二 创意城市网络民间手工艺之都——中国杭州

(一) 杭州概况

2012 年 4 月，杭州加入教科文组织创意城市网络，被授予民间手工艺之都称号，这是对杭州的城市文化积累和对非物质文化遗产长期坚持不懈保护的褒奖。杭州此次成功加入的重要基础是，杭州拥有丰富的非物质文化资源。继浙江昆曲、浙派古琴艺术先后列入第一批、第二批人类非物质文化遗产代表作名录保护项目以来，中国蚕桑丝织技艺（以浙江为主申报）、中国龙泉青瓷烧制技艺、中国剪纸（包括乐清细纹刻纸）、中国篆刻（西泠印社金石篆刻）、中国皮影戏（包括海宁皮影戏）等 9 个非物质文化遗产项目，被联合国教科文组织列入人类非物质文化遗产代表作名录其中，中国木拱桥传统营造技艺（包括泰顺和庆元廊桥）、中国活字印刷术（瑞安木活字印刷术）被列入联合国教科文组织《急需保护的非物质文化遗产名录》，2011 年杭州西湖文化景观被列入世界自然与文化遗产名录。①

此外，杭州社会各界还积极参与非物质文化遗产保护，通过各种文化活动和特色民间工艺品博物馆，宣传了非物质文化遗产保护理念，并真正最大限度地做到了非遗活态传承。杭州除了拥有丰富的文化资源，近年来还注重立足传统文化，大力发展创意产业。兴建了一大批文化基础设施、培养了一系列新兴产业形式。不仅使传统文化资源焕发了生机和活力，而

---

① 宗合：《吴越大地多瑰宝——浙江世界文化遗产项目记》，《今日浙江》2012 年第 17 期。

且使其成为激发城市复兴和发展的加速器。加入创意城市网络，更进一步提升了杭州的城市文化形象，是杭州国际化拓展的重要举措。

（二）杭州的文化项目

1. 西湖博览会

杭州于1929年举办了第一届西湖博览会，后由于历史原因而停办。为了促进城市商贸流通，繁荣市民文化生活，2000年重新兴办西湖博览会。西湖博览会每年举行一次，主要召开有关杭州发展的一系列会议，举行展销和艺术表演活动，宣传以西湖为中心的杭州旅游，发展与旅游相关的会展及休闲产业。近年来，凭借西湖博览会的强大声势，杭州市政府也借此举行非物质文化遗产宣传和展示活动，既提高了西湖博览会的声誉，也进一步拓展了杭州市非物质文化遗产的知名度和影响。

2. 杭州西湖国际茶文化博览会

西湖龙井是中国名茶之一，杭州是著名的西湖龙井茶的产地。西湖龙井炒制技艺也是浙江省非物质文化遗产。为了提升茶文化的影响，扩大西湖龙井的销售，促进茶文化旅游，打造东方休闲之都和生活品质之城。杭州市政府每年3—4月举办杭州西湖国际茶文化博览会，开展西湖龙井开茶节、伍公山大碗茶、西湖国际茶宴、名茶博览会、茶圣节和春茶诗会等形式多样的文化活动，打造了西湖龙井的美誉，提升了杭州茶文化之都的地位。

3. 中国国际动漫节

杭州由于具有出色的动漫产业基础，于2005年开始，每年4月以中国国际动漫节的名义打造国际级的动漫产业盛会。该动漫节主要是邀请国内外动漫产业的著名厂家和公司参展，交流动漫产业的前沿技术，展示和销售原创动漫产品。节会期间，主要举行中国国际动漫博览会、动漫狂欢巡游、国际动漫高峰论坛、全国影视动画工作会议，全球少年儿童动漫大赛、中国COSPLAY超级盛典以及原创动漫点评等活动。通过活动为国内外动漫界搭建了一个共同学习交流、投资、合作的平台。

（三）杭州如何成为民间手工艺之都

1. 重视申遗工作，建立非物质文化遗产保护体系

杭州市除了积极推动优质非物质文化资源申遗，还建立了各级非物质文化遗产保护体系，对各级各类非物质文化资源也同样重视。截至2012年，杭州市拥有国家级非物质文化遗产38项，省级非物质文化遗产123项，市级非物质文化遗产289项，区县级非物质文化遗产703项，在全省

遥居榜首，居全国同类城市第一。① 初步形成了非物质文化遗产保护的各级体系，建立起了非遗保护的长效机制和保护生态。申遗和建立保护体系，实质是自上而下授予各级非物质文化遗产以品牌，扩大非遗保护的影响。一大批非物质文化遗产的入选，客观上建立了非遗保护的生态，既建立了规模效应，也扩大了品牌效应。

2. 制定专门的非物质文化遗产保护政策，成立专门保护机构

杭州市除了遵照国际和国内非物质文化遗产保护各项公约、法律、政策之外，还专门针对杭州实际情况，制定了各项政策，如《关于加强我市历史文化遗产保护的实施意见》、《杭州市政府办公厅关于加强我市非物质文化遗产保护工作的意见》、《杭州市非物质文化遗产保护发展规划》、《杭州市民族民间艺术之乡命名办法》、《杭州市非物质文化遗产保护项目扶持办法》、《杭州市非物质文化遗产代表性传承人申报与认定办法》等。客观上为非物质文化遗产的保护提供了法律保障。此外，还设立了专门的非物质文化遗产保护机构——"杭州市非物质文化遗产保护工作委员会"，由此机构牵头，联合文化广播新闻局、教育局、财政局等单位，推动非物质文化遗产保护、开发、利用，并对市级、区县级的非物质文化遗产保护和做出突出贡献的保护机构进行项目扶持。从机构上保证了非遗生产性保护工作的顺利开展。

3. 拥有专门的传统手工艺当代衍生品企业

杭州非物质文化遗产资源有个重要特点：就是其中手工技艺类、民间美术类和医药炮制类项目占绝大多数。这些种类的非物质文化遗产本来就是劳动人民传统生产活动的产品，适合非物质文化遗产生产性保护的开展。有些著名手工艺品从来未远离日常生活，为生产性保护开展打下了坚实基础。杭州王星记扇业是王星记扇制作技艺的项目传承企业，除了制作黑纸扇、檀香扇等高端艺术品外，也制作普通折扇等低端产品，面向不同的消费需求，扩大产品种类；杭州张小泉集团是以张小泉剪刀锻制技艺著称的企业，张小泉剪刀作为中国普通百姓家庭的日用产品早已行销全国；杭州天堂伞业集团是西湖绸伞制作技艺的传承企业，在传统绸伞制作技艺上近年来他们根据时代审美需求进行创新改造，使天堂伞业成为家喻户晓的品牌。其他诸如杭州丝绸、西湖龙井、孔凤春化妆品等都是杭州非物质

---

① 厉剑飞：《保护非物质文化遗产就是保护城市的根》，《杭州》2012 年第 2 期。

文化遗产生产性保护的成功典范。

4. 组织宣传与销售民间手工艺产品

一个特定地区的非物质文化遗产是同一文化源泉孕育的成果，是自成一体的文化生态群落。因此，手工艺类非物质文化遗产的销售，如能结合民俗活动等特定活动，定能营造一种非遗消费诉求。因此，杭州近年来开展了多项文化活动，除繁荣地方文化生活外，还促进了非物质文化遗产的生产消费。如每年的非物质文化遗产日中，开展各区非物质文化遗产大比拼活动；杭州各区级非物质文化遗产展纳入每年一度的"西湖博览会"。此外，还有"西湖狂欢节"、"风雅颂"、"文化遗产日"等系列活动推介非物质文化遗产。

5. 专业非物质文化遗产基础设施亮点突出

杭州拥有大量专业的非物质文化遗产博物馆，如中国丝绸博物馆，中国刀、剪、剑、扇、伞博物馆，南宋官窑博物馆，都锦生博物馆，朱炳仁铜雕馆等。近年来，这些博物馆在进行非遗宣传教育时，在展览方式上推陈出新，将非物质文化遗产传承人请进博物馆，逐步推进非物质文化遗产的活态展示，并与非物质文化遗产传承企业联手，宣传非遗文化，销售非遗产品，受到观众大力追捧。如杭州市手工艺活态展示馆就是其中一个亮点。该馆的展示亮点主要是请传承人活态展示传统手工制扇、制剪、制伞工艺，辅以演示剪纸、紫砂制作、陶艺、手工旗袍制作等传统技艺，让观众能现场学习并现场动手体验，并售卖 DIY 作品。这种展示方式于无形中向最大潜在受众传承了非遗技艺，并实现了非遗产品获益。该馆还和杭州王星记扇业、杭州张小泉集团以及杭州天堂伞业集团建立了良好合作关系，既是企业的宣传平台，又是一个潜在销售平台，是一种值得推介的非物质文化遗产生产性展示方式。

三 创意城市网络民间手工艺之都——美国圣达菲

（一）圣达菲概况

美国圣达菲市（Santafe）是美国新墨西哥州的首府，是一个另类城市。印第安人的传统文化和西班牙文化风情赋予这座有着四百多年历史的城市以独特的文化氛围。印第安人擅长制作陶瓷、编织、绘画等手工艺制品，并据现代社会审美喜好对其进行创意设计，促进了圣达菲市民间手工业、设计产业和旅游业的发展。在圣达菲，国际民间文化博物馆、圣达菲国际民间文化交易会等不仅为这座城市带来游客，同时也带来大量收入。

"圣达菲设计周"、"绿色设计圣达菲"、"国际民间艺术家训练营造市场"、"国际民间艺术品市场"都是该城每年必定举行的主要创意文化活动。邀请世界各地民间艺术家到圣达菲交流，售卖艺术品，同时也吸引了世界民间艺术爱好者到圣达菲旅游。圣达菲市根据其独具特色的文化资源特点及世界级影响，于 2005 年成功地加入联合国教科文组织创意城市网络并获得民间手工艺之都称号。这一成功进一步推动了圣达菲成为名副其实的世界民间手工艺之都。

（二）圣达菲的文化项目

1. 圣达菲国际民间艺术市场

2004 年开始圣达菲市每年 7 月举行圣达菲国际民间艺术市场，通过邀请世界各地民间艺术家到圣达菲交流，售卖艺术品，为贫困地区濒临灭绝的民间文化搭建了一个国际展示平台，为艺术家构建了一个国际性的销售渠道。每年国际民间艺术品市场都吸引来自各大洲 40 多个国家的 100 多名艺术家携带自己的代表作品参展并呈每年递增之势。艺术家通过售卖民间手工艺品展示了本国民间文化的魅力，并获得了大量收益，用于该项民间工艺品的再制作和传承。该项目的开展，为圣达菲和来自世界各地的民间艺术家带来了大量收益，促进了圣达菲创意城市的建设和世界文化多样性保护。

2. 圣达菲发展创意旅游，扩大民间艺术影响

圣达菲创意旅游的特点是放水养鱼，无中生有。圣达菲具有本地印第安民间艺术传统，但存量小、影响小，圣达菲政府以全球化眼光来发展创意旅游，吸引全世界民间艺术资源集聚，扩大了影响，塑造了品牌。根据新墨西哥大学贸易与经济研究院的数据，整个圣达菲有 7 万个团体从事文化与旅游产业，比美国其他任何一个城市都要多。这些团体每年为圣达菲带来 11 亿美元的收入。

3. 圣达菲基于民间艺术特色，创办设计周

圣达菲重要的设计展示交流活动主要是持续 8 天的圣达菲设计周。该设计周主要是以丰富和独特的民间艺术资源为基础，进行产品设计开发，为民间艺术品搭建国内和国外交流的平台，并开拓民间艺术品销售市场。

（三）圣达菲如何成为民间手工艺之都

1. 多元化的传统文化资源

圣达菲市传统文化资源最大特点是其多元化。历史上，它就是商品文

化的集聚交融地。圣达菲的传统文化之根是早期居住在此的印第安人文化。他们擅长制作陶器、编织及首饰等。17 世纪西班牙定居者带来了独具西班牙和墨西哥风格的艺术。20 世纪早期来自美国东海岸的作家和画家聚集在此，将多元化的传统文化资源融合，形成了圣达菲色彩斑斓的文化传统。

2. 聚集大量民间文艺工作者

圣达菲以它独特的文化资源吸引了大量民间文艺工作者到此定居。2000 年，圣达菲城市总劳动力人口是 78013 人，其中艺术家有 2625 人，占其总劳动人口的 3%。① 圣达菲是全美建筑师、作家和著名民间艺术家最集中的城市之一，其中作家占总劳动力比例位居全美第一。圣达菲以其拥有的大量文艺工作者而独具创意氛围，为艺术品生产和销售奠定了良好的人力资源基础。

3. 拥有大量文化企业和从业人员

圣达菲的高素质劳动力为大量文化企业工作。理查德·弗罗里达曾指出，圣达菲人均文化企业占有量全美第一。② 这些企业每年大约创造 10 亿美元税收。圣达菲拥有大约 200 家独立画廊、8 家博物馆、国际知名的表演艺术机构、电影及设计企业。大量的文化企业致力于传统文化资源的开发和创新。为传统文化资源向文化产品转化，促进城市发展提供了源源不绝的动力。

4. 拥有历史悠久的具有世界影响力的民间文化市场

圣达菲本土有开展文化市场售卖民间手工艺品的传统，具有西班牙和印第安风格的市场每年都吸引成千上万的游客光临圣达菲。1922 年开始，圣达菲印第安市场在为期 2 天的户外展览中吸引了 1100 名艺术家售卖作品，有大约 1 亿人到市场选购。这种传统市场一直持续到 2004 年，演变成圣达菲国际民间艺术市场。艺术家来自世界各地，游客也来自世界各地，成为名副其实的国际市场。圣达菲国际民间艺术市场不仅为本土民间工艺品搭建了国际市场，提高了城市国际形象，还通过邀请世界各地民间艺术家到圣达菲交流，售卖艺术品，为贫困地区濒临灭绝的民间文化搭建

① Ten Things about Santa Fe, http://unesdoc.unesco.org/images/0018/001838/183837E.pdf, 2012 年 11 月 5 日访问。
② [美] 理查德·弗罗里达：《创意经济》，方海萍、魏清江译，中国人民大学出版社 2006 年版，第 65 页。

了国际展示平台，为艺术家构建了国际性销售渠道。每年国际民间艺术品市场都吸引来自各大洲 40 多个国家的 100 多名艺术家携带自己的代表作品参展，并呈每年递增之势。艺术家通过售卖民间手工艺品展示了本国民间文化的魅力，并获得了大量收益，用于该项民间工艺品的再制作和传承。该项目的开展，为圣达菲和世界各地民间艺术家带来了大量收益，促进了圣达菲创意城市的建设和世界文化多样性保护。

5. 对民间手工艺的政策支持

圣达菲政府通过制定城市经济发展规划，专业委员会——圣达菲艺术委员会制定文化、艺术和旅游发展规划，来支持圣达菲创意产业的发展。这些规划政策明确务实，除了对民间手工艺产业和创意产业进行方向性指导外，明确提出每年拿出房地产收益的 2% 和宾馆床位税的 1% 用于支持艺术创意产业发展。[①]

6. 积极开展基于民间艺术的创意旅游

圣达菲作为教科文组织民间手工艺之都，大力开展国际创意旅游。2008 年，圣达菲赞助，并与其他教科文组织创意城市合作召开圣达菲国际创意旅游大会。来自 16 个国家的 200 多名代表参会讨论了创意旅游的理念和实践问题。创意旅游是指"旅游者在游览过程中通过积极参与目的地国家或社区的文化或技巧学习，激发自身创意潜能，进一步体验旅游目的地的文化氛围的旅游形式"。[②] 来到圣达菲的游客不仅能观赏本地精美的手工艺品，还能跟当地艺术家学习制作技艺，发挥创意潜能，更深刻地体验当地民间文化。对圣达菲而言，创意旅游扩大了当地民间手工艺品的影响，直接或间接地带来经济收益，提升了城市国际知名度，是一举多得的好事。

四 创意城市网络音乐之都——英国格拉斯哥

(一) 格拉斯哥概况

格拉斯哥（Glasgow）是苏格兰第一大城市。随着后工业社会的来临，格拉斯哥经历了严重的产业大萧条。但格拉斯哥浴火重生，迅速调整了城市发展策略，坚持以文化政策为引导开展城市复兴，最终重塑了格拉斯哥的城市形象。从烟雾缭绕的工业中心转变为文化创意之都，成为诸多大城市面对后工业社会城市转型的成功典范。格拉斯哥于 2008 年成功地加入

---

① Ten Things about Santa Fe, http：//unesdoc. unesco. org/images/0018/001838/183837E. pdf, 2012 年 11 月 5 日访问。

② C. Raymond, G. Richards, Creative Tourism, *Atlas News*, No. 23, 2000, pp. 16 – 20.

联合国教科文组织创意城市网络，成为音乐之都。

"格拉斯哥"一词意为"绿色的平地"。格拉斯哥始建于公元 6 世纪。基督教传教士圣姆格（Saint Mungo）到此传教，在他的感召下，当地民众建立了教堂，以此为中心格拉斯哥开始形成。到 16 世纪时，格拉斯哥迎来了城市发展的第一次高潮。这里成为苏格兰对外贸易的重要中心，赢得了世界百货店（Emporium of the World）的美誉。17 世纪时，最初是进出口美洲的烟草，随后是印度的蔗糖、棉花等，从此打开了格拉斯哥的商业渠道。由于进出口交易频繁，克莱德河日益不能满足进出口吞吐量。1770 年，当地一位土木工程师约翰·戈尔邦尼（John Golborne）提议疏浚河道，兴建港口，这样大吨位的船舶就能驶抵格拉斯哥。由于大批量货物交易，也刺激了当地的造船业，开启了格拉斯哥的黄金时代。随着瓦特蒸汽机的发明，19 世纪爆发了产业革命，格拉斯哥出现了许多新兴产业，诸如制皂、制糖、玻璃等，其中发展最快的还是纺织业。后来，随着曼彻斯特纺织业的兴起，格拉斯哥调整了产业结构，转向以重工业为主，发展造船、钢铁、采矿。随着经济的繁荣发展，社会也发生了可喜的变化，兴建了多个城市公园改善市民的生活。因此，当时成为仅次于伦敦的第二大城市。进入 20 世纪 30 年代，格拉斯哥遭遇了漫长的大萧条时期，直到第二次世界大战结束也没有恢复过来。经济不景气，造成大量失业、过度拥挤、健康和贫困问题。当时，格拉斯哥还面临着一个严重的问题，就是人口激增带来的住房问题。当地政府兴建了许多密集高层住宅解决燃眉之急。到 1980 年，有大约 60% 的人口住进了政府兴建的安置房，还有一部分居民迁移到了环境条件较好的郊区。由于城市的持续衰退，造成了失业率上升，城市许多工厂停业，场地空置废弃等问题。80 年代，政府的工作重心转向如何使格拉斯哥在产业转型中重获新生。这个任务主要由"苏格兰发展机构"来承担，他们敏锐地意识到要扭转格拉斯哥衰退的局面，光靠兴建住宅是治标不治本的做法，从根本上振兴当地的产业才是复兴良策。他们看中了后工业社会中当地历史文化资源的价值，并多方征求意见，最后聘请美国麦肯锡（McKinsey）咨询公司对城市发展进行专项调查研究。麦肯锡公司提供的研究报告建议格拉斯哥政府采取更为开放自由的方式以促进私人和外来资本参与城市的更新建设，同时城市自身也要提高城市形象吸引更多的外来资金和技术人才。苏格兰发展机构接受了这项报告的建议，随后成立了一个半政府机构——格拉斯哥行动（Glasgow

Action）来执行一系列的文化项目，提升城市形象。正是这些文化项目，重新吸引了世界的目光，使格拉斯哥重获新生。

（二）格拉斯哥的文化项目

从 20 世纪 80 年代开始，格拉斯哥开展了多个文化项目来改善城市形象，推进城市更新改造。1983 年，巴勒珍藏馆（Burrell Collection）开馆；1983 年，开始推行"格拉斯哥更好"计划（Glasgow's Miles Better Campaign）；1985 年，苏格兰会展中心开馆；1988 年，举行了格拉斯哥公园节（Glasgow Garden Festival）；1990 年，成功举办了影响深远的"欧洲文化之都"（European City of Culture）活动；1990 年，格拉斯哥皇家音乐厅（Glasgow Royal Concert Hall）开馆；1996 年，格拉斯哥现代艺术馆（Gallery of Mondern Art）开馆；1997 年，格拉斯哥大礼堂（Glasgow Auditorium）落成；1999 年，格拉斯哥被评选为全英建筑与设计之都（UK City of Architecture and Design）；2001 年，格拉斯哥科学中心（Glasgow Science Center）落成；2003 年，当选欧洲体育之都（European Capital of Sports）；2008 年，成功加入教科文组织创意城市网络，成为音乐之都（UNECO Creative Cities Network，City of Music）。格拉斯哥以积极的姿态推行城市"绅士化"运动，通过大规模的城市文化建设，使格拉斯哥成为名副其实的创意城市。

1.《格拉斯哥更好》

1983 年，格拉斯哥政府推出了一部英国最好的城市营销宣传片《格拉斯哥更好》（Glasgow's Miles Better Campaign）。这部影片在 1983—1987 年四年间至少赢得了四项大奖。拍摄这部宣传片的目的是改善格拉斯哥的城市形象。这之前，格拉斯哥总是给人以不太积极的负面形象，肮脏危险，充斥流氓帮派和足球暴力，这不仅降低了市民的自信心和昂扬斗志，而且的确不利于格拉斯哥发展旅游业以及吸引高素质人才和投资。这部影片主要是由一个叫快乐先生（Mr. Happy）的人来告诉游客有关格拉斯哥的历史文化等正面形象。影片竭尽全力来赞颂格拉斯哥，就连英国女王也来捧场。因此，影片播出后，几乎一夜之间格拉斯哥就完全改变了形象，为以后举办的花园节和文化年活动打下了良好基础。此外，影片还极大地提升了市民的自豪感和对城市历史文化的认同，更重要的是它使人们确信文化艺术应当成为城市发展中可以利用的资源和比较优势。从那时起格拉斯哥又开始找回自我，并在其他新兴领域，如旅游服务业、文化艺术、高等教育、设计印刷等中有所作为，从而赢得了应有的尊重。

2. 格拉斯哥公园节

1988 年，格拉斯哥又进行了一个具有重大影响的宣传活动——格拉斯哥公园节（Glasgow Garden Festival）。这次活动极大地提高了格拉斯哥市民的自豪感、提升了格拉斯哥国内和国际形象，并使人们相信格拉斯哥是适宜旅游、投资、居住和工作的好地方。为了与之前举行的两届英国公园节相区别，格拉斯哥政府主要官员将这届活动冠名为"格拉斯哥公园节"，突出地方形象。公园节开幕式，有威尔士王子和公主参加，提升了活动的档次。公园节的场地主要位于克莱德河南岸的王子港附近的废弃场地。在占地 60 英亩的土地上有 120 个公园种植了原产苏格兰的各种植物。公园中展出了多种高科技的园艺成就。围绕园艺主题还开展各种娱乐活动、商业展演等。活动一共吸引了 300 万名游客，刺激了本地旅游、餐饮、住宿等的增长，创造了大约 1 亿英镑的收入。活动之后，留下的场所成为以后文化项目的孵化器。

3. "欧洲文化之都"

格拉斯哥成功举办了 1990 年的欧洲文化年。这个开拓性的项目极大地提升了格拉斯哥的城市形象。与之前不同的是，这不是一个短期项目，它历时一年。这次活动与其他欧洲文化年活动有所区别，它不仅仅关注音乐、戏曲、绘画等传统文化项目，也涉及建筑、设计、工程、造船、教育、宗教及体育等。因此，格拉斯哥 1990 年的欧洲文化年活动，不仅仅在推广以前文化年的理念，更是一个用文化活动宣传城市形象的开端。据统计，有来自 23 个国家的艺术家开展了大约 3400 个活动，来自国家级的演出团体与一些来自本地的草根艺术家一起参加活动。在文化年中，修建了许多由慈善家捐款的文化设施，为以后格拉斯哥文化创意活动的开展打下了良好的基础。1990 年格拉斯哥文化年活动是第一个发现文化艺术对城市复兴价值的英国城市。此后，格拉斯哥的许多做法成为一种模式，被模仿和学习。

（三）格拉斯哥如何成为音乐之都

2008 年，格拉斯哥成功加入教科文组织创意城市网络，成为音乐之都。格拉斯哥成为音乐之都，首先，该市具有浓厚的音乐文化传统，丰富的音乐内容形式，出色的音乐公司、表演机构、乐队和歌星，以及为数众多的音乐厅及文化艺术场所。其次，加入创意城市网络也是该市文化战略的重要一环，格拉斯哥是世界上最早认识到文化艺术对城市经济和社会发展具有重要促进作用的城市之一。创意城市网络实质是在城市层面通过文化艺术交流和文化产品的输出，加强网络内城市的交流和互动，提升城市的国际文化形象，此宗旨与格拉斯哥的城市文化战略不谋而合。因此，也是格拉斯哥进一步扩大城市国际影响的重要途径。

1. 悠久的音乐传统与浓厚的音乐氛围

格拉斯哥与音乐结缘始于 19 世纪，目前在特定的节假日期间每周最多大约有 130 场音乐活动在城市各处上演。这种活动可能是在歌剧院和音乐厅中进行的高雅音乐活动，也可能是在节日活动中上演的本地民族风格的音乐，甚至是民众自发组织的露天音乐欣赏。音乐形式多样，可以是交响乐、歌剧、爵士乐，也可以是摇滚乐、风笛表演、凯尔特音乐。

2. 雄厚的音乐基础设施

格拉斯哥拥有数量众多的音乐场所。从 20 世纪 80 年代开始，为了配合格拉斯哥城市复兴，兴建了大批文化机构，音乐是其中重要的投资内容。资金来源既包括政府，也包括企业，甚至包括个人，显示了格拉斯哥人从上到下对音乐的喜好和热情。因此，投资来源的多样性决定了格拉斯哥音乐场馆的多样性，拥有适合各种音乐表演形式的场所，如格拉斯哥皇家音乐厅、汉普顿公园、国家风笛中心、皇家歌剧院、Tramway、King Tuts Wah Wah Hut、The RSAMD、The Arches、ABC、Barrowlands 等。

3. 出色的音乐机构与音乐产业

英国最大的 6 个音乐公司中有 5 个位于格拉斯哥，雇用了一半以上的音乐从业人员。英国国家级的 5 个乐团有 4 个总部在格拉斯哥，包括苏格兰歌剧团和苏格兰皇家乐队等。这些著名的音乐公司和团队为格拉斯哥的音乐产业做出了重大贡献。2006 年，格拉斯哥与音乐相关的创意产业创造的产值达到 7 亿多英镑，其中格拉斯哥每周大约有 130 场音乐活动，直接创造产值达 7500 万英镑。极大地带动城市经济发展，创造就业岗位，改善了城市形象。

第四节　创意城市网络国内外创意城市比较研究

创意城市网络本身就是一个展示文化多样性的国际平台，不同的文化背景使网络中城市的发展模式和途径各不相同。目前，创意城市网络的成员已达 34 个，网络中城市共分七个大类，各有特色，各具千秋。但作为创意城市网络的一个组成部分，必然都符合教科文组织规定的一系列要求，因此又具有一定共同之处。对创意城市网络中国内外代表性创意城市进行比较研究，从中总结出它们的异同，对我国拟"申都"城市具有一定启示和借鉴作用。

一　创意城市网络国内外创意城市的共同之处

创意城市网络中的创意城市必须符合教科文组织的文化理念和相应的评审标准。加入创意城市网络的创意城市与一般的创意城市不同，它们最大特点是各自代表着当地的文化特色，并且具有加强国际文化交流的意愿。总的来看，它们的共同之处主要表现在以下几个方面：

（一）具有一定文化特色

根据创意城市网络的评审标准，加入创意城市网络的城市首先应具有一定文化特色，并且这种文化特色是城市与生俱来的，具有一定的历史延续性。这种文化特色可以是悠久的文化积淀、一种地方传统风俗、与科技和时代与时俱进的新文化形态或者是已形成的一种城市精神。这种文化特色在后工业社会中对创意城市来说是一种宝贵的资源和财富，加入创意城市网络的城市都充分认识到自身与众不同的文化特色及其价值，并致力于在保护该文化特色的基础上对其进行创造性开发，使其焕发生机和活力。

（二）具有基于当地文化特色的文化产业

加入创意城市网络的城市对其自身的文化优势都具有敏锐的洞察力、谨慎的开发规划和前瞻性的国际化视野。具有文化特色仅仅是一种现象，还不足以成为推动城市发展的核心力量。只有将文化特色这种无形的资源，通过文化产业等手段，转化为各种文化产品和文化表现形式，以具象性的形式呈现出来，诉诸大众感官或进入流通领域产生经济价值，才能真正发挥文化特色的优势。教科文组织创意城市网络设立的初衷就是要通过开发发展中国家的特色文化产业，增强文化软实力，实现世界文化的多样性。因此，建设具有当地文化特色的文化产业，是真正提升城市文化软实力和城市形象的关键环节。创意城市网络中的城市都重视保护当地文化特色和发展文化产业，使其相得益彰。发展文化产业以当地文化特色为基础，在发展的同时也注重保护，有些甚至将文化产业的收益反哺文化保护；当地文化特色也在文化产业等手段的开发和推荐下，逐步扩大影响，增强实力，拓展国际舞台。

（三）具有大量文化基础设施

加入创意城市网络的城市都具有较敏锐的眼光，面对全球化时代后工业社会的来临，很快意识到了文化产业对城市转型和复兴的价值。为了发展文化产业，促进城市绅士化改造。这些城市一般在发展初期都大力兴建各种文化基础设施，如大剧院、音乐厅、公共图书馆、博物馆等，为城市文化特色的具象性展现，为公众真正感受城市文化特色并增强认同感，提供场所和中介。英国格拉斯哥在面对城市工业发展乏力，城市衰败危机时，首先咨询了全球领先的麦卡锡顾问咨询公司，选择文化产业作为突破口。第一步就是大力兴建城市文化基础设施，进行城市绅士化改造，为音乐产业的发展和音乐活动的开展打好了基础。

（四）组织大量文化宣传交流活动

加入创意城市网络的创意城市还十分注重开展丰富多彩的文化活动，从城市角度造势，让外界感知认同城市的独特创意。这些活动的重要目的是城市营销，通过这些活动吸引游客，提升城市形象，吸引新的投资。这些活动可能是一些有国际影响的活动，如奥运会、世博会等；也可以是借助既有传统的文化活动，如圣达菲市举行的国际民间手工艺市场；还可以是专门的展示交易活动，如深圳的文化产业博览会、杭州的西湖博览会等。

（五）重视城市的创意革新

加入创意城市网络的城市首先是创意城市，这些城市一直走在时代前沿，引领发展潮流。对于当今世界政治、经济、社会瞬息万变的局面，"以不变应万变"的时代早已一去不复返。只有紧跟时代潮流，敏锐审视发展趋势，善于及时调整创新的城市，才能在复杂局势中抢占先机。加入创意城市网络的城市，固然具有某种与生俱来的文化底蕴与特色，但是它们却并未固守传统文化特色的固有模式，而是在继承文化特色精髓基础上，善于对其表现形式等进行与时俱进的创新。比如，圣达菲的发展虽然基于其固有的印第安和西班牙民间文化特色，但在现代社会中也利用现代数字技术，对其加以现代化改造，同时利用创意旅游的理念，扩大圣达菲民间文化和城市的影响力。

（六）重视国际文化交流，谋求与世界同步发展

创意城市网络是一个为世界具有文化特色的创意城市搭建的国际交流

平台。这些善于创新发展的城市，敏锐意识到当前世界经济文化全球化趋势下，只有紧跟国际潮流才能抢占先机，并且全球化背景下，只有谋求城市深度融合，才能互利互惠，为城市发展拓展更宽的渠道。创意和创新也只有在更广阔的国际化背景下交流融合，才会真正迸发活力。特别对当前我国城市而言，创意城市网络是我国城市谋求与世界同步发展的捷径。深圳是我国第一个加入创意城市网络的城市，这跟深圳一直走在中国改革开放前沿，重视国际化拓展有关。目前，我国许多一线城市已加入或正在加入创意城市网络，就是意识到创意城市网络的国际拓展功能。

二　创意城市网络国内外创意城市的差异

虽然创意城市网络国内外创意城市具有诸多相似之处，但由于国内外文化背景和体制差异，也存在迥异之处。总的来看，国外创意城市更多注重人的因素对城市发展的作用和城市发展对人生活质量的提高。国内创意城市建设尚处于摸索阶段，实际操作和理论研究都存在一些误区亟待澄清，一些欠缺亟待弥补。

（一）政策导向差异

我国创意城市建设的策划和具体实施都是自上而下的，建设理念和过程以政府政策为导向，由政府主管部门决定；而国外创意城市建设一般是政府主导，民间参与，甚至会聘请一些专业公司来共同规划实施，如格拉斯哥。我国创意城市规划往往较空泛，这种模式由于缺乏对实践的真正了解，有时不能解决实际问题，缺乏可操作性。同时，也存在不能及时根据实际情况灵活调整的弊端。

（二）制度差异

比起国外城市，我国城市在发展创意产业、建设创意城市方面存在更多的制度制约，首先文化事业和文化产业关系不清、界限不明，导致该保护的文化资源过度开发，该开发的文化市场和产品却束之高阁。当前进行的文化体制改革，包括文化事业单位"走转改"，融投资体制改革等，都是对症治疗的应时之举。应在发展经济和促进文化繁荣方面找到平衡点，为文化产品制造更为自由的市场空间。封闭的体制常常扼杀创意，阻止创新，创意氛围无法形成，创意阶层无法出现，创意城市无从谈起。因此，中国的创意城市建设从根本上讲应首先理顺体制关系，营造有利于创意人才出现和发展的创意氛围。

（三）对创意人群的关注程度不同

国外创意城市的建设，十分关注对创意阶层的吸引和对创意阶层能力的发挥，对大众各种生活方式也持宽容态度。总体来看，我国创意城市建设当前最急需解决的问题，就是创意人群的缺失。创意人群既指创意阶层，也指能欣赏创意的群体。前者是创意城市的创造者，后者是创意城市的支持者，两者缺一不可。当前我国创意城市建设逐渐意识到了创意阶层对城市发展的重要作用，但对创意消费欣赏群体仍不太重视。这种趋势会导致创意城市成为上层社会践履精英生活方式的场域，或研究机构把玩的术语，对普通民众的生活并无实质促进作用。

（四）对民众参与的重视程度不同

国外创意城市建设重视民众的参与，注重创意城市建设对城市生活质量的提高。而我国创意城市建设大多是政府部门的事情，并未真正调动民众参与热情。因此，创意城市建设的目的仅仅是为了提升城市文化形象，并未真正改善民众的文化生活。创意城市本是人的城市，它的建设依靠人的主观创造性，它的目的是使城市生活更美好。如果缺乏民众的参与、感知与认同，这样的创意城市可能只是一个术语而已。

三　国内外成功"申都"城市对我国拟"申都"城市的启示与借鉴

以上对国内外已加入创意城市网络的城市异同分析，基本厘清了成功"申都"城市的共同特征，因此我国拟"申都"城市在"申都"过程中应尽量具备这些基本条件。而教科文组织是一个国际文化智力合作机构，秉承国际公认的价值理念。创意城市网络则是教科文组织的一个旗舰文化项目。我国拟"申都"城市在申都过程中不能固守中国惯例，应看到与国际先进理念的差距，从中汲取有益的做法，以利于我国的"申都"工作。

（一）大力加强城市文化建设

创意城市本质是"人的城市"，因此创意城市的建设应重视城市人文环境和气氛的营造。而创意城市网络其本身就是文化全球化和文化多样性在创意产业和城市发展方面博弈的必然结果，因此不能脱离宏观社会文化背景，单独看待创意城市和创意城市网络。这一切注定创意城市建设必然贯穿城市文化特色的塑造与城市文化形象的提高。从成功加入创意城市网络的城市发展经验来看，具有独树一帜的城市文化特色，活力充沛的城市文化产业，完善的城市文化基础设施以及丰富多彩的城市文化活动，是加强城市文化建设的基本内容，也是我国拟"申都"城市应首要关注的基本工作。

（二）营造更为宽容的城市发展环境

从创意城市网络国内外创意城市差异对比来看，当前我国创意城市建设最大的障碍是体制问题。自上而下的管理体制，不利于创意的形成，甚至会扼杀创意。在世界范围内全球化蔓延背景下，城市的发展不可能是一个孤岛。日益频繁的国际交流，需要更为宽松的政策环境和更为自由的城市氛围；而随着国际化交流程度的加深，更多国外生活方式和理念会潜移默化地影响中国人的生活，产生多元的生活理念和多样化的生活方式。这会考验城市执政的宽容程度，是故步自封，还是放低底线，这跟城市发展的自我定位有关。

（三）鼓励民众参与"申都"

通过以上对比，我们发现对我国城市而言，通常普通民众游离于城市建设之外，这造成城市发展永远是国家和政府掌控的事情，普通民众仅仅是城市建设成果的分享者，而不是建设者的局面。创意城市是"人的城市"，因此应充分发掘人的创造性支持城市的可持续发展。创意城市网络更注重文化多样性的培育，普通民众是城市文化特色的载体，没有民众的参与与支持，城市文化建设可能就会流于形式，而无法真正促进城市发展。上海世博会的口号"城市，让生活更美好"揭示了当今城市发展的真正诉求。我国拟"申都"城市还应大力提倡普通民众参与"申都"工作，通过大量深入社区的文化活动提升他们的参与热情。

第三章　我国城市加入创意城市网络对策研究

创意城市模式对全球化后工业背景下城市的转型发展具有重要意义。当前世界许多城市也在推行创意城市模式，并取得了丰硕的成果。为了维持全球化背景下的持续创意，加强城市间的创意交流，紧跟世界城市发展潮流，许多城市已加入或准备加入创意城市网络。当然，加入创意城市网络的真正目的并不是为加入而加入，加入以后带来的国际交流合作机会以及国际销售渠道才是真正被看重的东西。因此，许多城市对加入创意城市网络表现了极高的热情。截至 2013 年 1 月，共有 34 个城市加入创意城市网络，此外还有 50 多个城市正在申报过程中。对我国城市而言，由于我国许多城市本身就拥有丰富的文化资源，在全球化背景下，又急于寻找国际展示平台，因此加入创意城市网络既是必然，也是必需。但具有潜力，并不意味着一定能够成功，如何加入创意城市网络，除了归纳创意城市建设经验，总结加入创意城市网络的经验教训以外，还要注意结合中国城市的实际情况。

第一节　我国城市加入创意城市网络现状及问题

一　我国城市"申都"现状

联合国教科文组织创意城市网络成立于 2004 年 10 月，是全球文化多样性联盟的重要组成部分。它成立至今不过八年多历史，是一个新生事物。比起联合国教科文组织其他项目，如世界自然和文化遗产保护项目，非物质文化遗产代表作名录评选项目，该项目目前还处于起步推荐阶段。对大多数中国城市而言，对它了解不充分，甚至还存在误解。申请加入创意城市网络的主体虽然是主权国家的单个城市，但这种申报却是一种国家行为，时任教育部副部长、中国联合国教科文组织全国委员会主任章新胜认为："教科文组织关于创意城市网络的提议是源于教科文组织的性质和宗旨。教科文组织是联合国的组织，它是政府间合作的组织，所以和民间各种各样的评选是不一样的，因此它第一是严肃的，第二是科学的，第三是 193 个会员国所公认的。"①

截至 2013 年 1 月，我国有 10 个城市曾申请或正在申请加入创意城市网络，包括深圳、上海、成都、杭州、北京、厦门、广州、重庆、东阳和景德镇，目前有 5 个城市已成功加入创意城市网络。深圳于 2008 年 11 月，成为第一个加入"创意城市网络"的中国城市，同时也是亚洲首个被联合国教科文组织授予"设计之都"称号的城市。2010 年 2 月，上海成功加入创意城市网络，被联合国教科文组织授予"设计之都"称号。2010 年 2 月，成都加入创意城市网络，被授予"美食之都"称号，也是第一个获"美食之都"美誉的亚洲城市。2012 年 4 月，联合国教科文组织正式批准杭州市加入创意城市网络，并授予"民间手工艺之都"称号。2012 年 5 月，北京作为"设计之都"加入联合国教科文组织创意城市网络。此外，重庆也于 2010 年派员赴巴黎高调推荐渝派川菜，为申报创意城市网络"美食之都"造势。中小城市中浙江东阳拟申报创意城市网络"民间手工艺之都"，已得到中国教科文组织全国委员会批准。江西景德镇市也拟申报"民间手工艺之都"。广州与成都几乎同时申请加入网络，但素以美食著称的广州却名落孙山。厦门也曾申请"音乐之都"，但未成功。

（一）深圳申都历程

2008 年 12 月 7 日，中国联合国教科文组织全国委员会和深圳市人民政府联合在北京召开新闻发布会宣布，深圳成功加入教科文组织创意城市网络，被授予"设计之都"称号。联合国教科文组织认为，深圳在设计产业方面拥有巩固的地位，其鲜活的平面设计和工业设计部门，快速发展的数字内容和在线互动设计，以及采用先进的技术和环保方案的包装设计，均享有特别的声誉。② 深圳还把设计当作战略工具，指导城市转型。

---

① 章新胜：《教科文组织创意城市网络不同于一般评选》，http：//www.china.com.cn/news/2008－12/07/content_ 16912070.htm，2012 年 12 月 7 日访问。

② 深圳市人民政府网站：《深圳市被联合国教科文组织认定为"设计之都"》，http：//www.gov.cn/gzdt/2008－12/09/content_ 1172140.htm，2012 年 12 月 7 日访问。

这一战略性眼光受到专家小组的高度重视。回顾深圳申都的历程，发现有许多经验和特色值得学习参考。

表 3 – 1　　　　　　　　　　　深圳"申都"大事

时间	事件
2006 年 12 月	《深圳商报》在"创意十二月"活动间了解到创意城市网络相关信息，组织调研报道，引起市委宣传部高度重视
2007 年 4 月	成立了"申都"领导小组，小组成员有市委宣传部、市发改局、教育局、科信局、财政局、规划局、文化局、外事办、文产办、报业集团、广电集团、出版发行集团、市文联和市社科院等单位。"申都"工作由此上升到全市层面
2008 年 4 月	领导小组提出"精心策划，周密组织，全力申都，志在必得"的"申都"工作十六字方针，并向中国联合国教科文组织全国委员会汇报深圳"申都"工作
2008 年 5 月	成立由市委宣传部牵头、报业集团为主、领导小组部分成员单位参加的"申都"专责小组。专责小组负责撰写、修改、设计和印刷中英文两个版本的"申都"报告，并飞赴巴黎递交报告
2008 年 5 月	教育部原副部长、中国联合国教科文组织全委会主任表示，将全力支持深圳"申都"。会后正式发函至联合国教科文组织，推荐深圳申请"设计之都"
2008 年 6 月	联合国教科文组织邀请 5 个欧洲非政府组织考察深圳
2008 年 11 月 19 日	联合国教科文组织总干事松浦晃一郎致信深圳市，确认深圳已被批准加入全球创意城市网络，取得了"设计之都"的称号

　　资料来源：根据王奋强《深圳连下"八城"成功"申都"——胡洪侠讲述深圳申请"设计之都"一波三折的历程》（《深圳特区报》2010 年 12 月 7 日）整理。

　　深圳成功申请加入创意城市网络有两个重要特点：一是偶合性；二是必然性。

　　偶合性体现在三个方面：一是教科文组织创意城市网络设立的宗旨与深圳城市发展规划不谋而合。2004 年，联合国教科文组织设立创意城市网络，旨在通过发展文化创意产业，保护城市文化多样性。而深圳从2003 年起开始实施文化立市战略，并且提出将建设图书馆之城、钢琴之城、设计之都和动漫基地作为具体实施路径。其中"设计之都"建设和教科文组织的倡导不谋而合。加入创意城市网络是情理之中的事情。二是"设计之都"申请标准与深圳实情相吻合。在设计之都申请标准中拥有成熟的设计创意产业、常态性的设计展示活动、设计培训结构等，深圳都具有，并且一直是城市的特色，受到政府大力支持。此外，也大量开展设计创意活动，并设立了多家设计培训机构。三是深圳"申都"并非源起于政府部门的主动策划，而是民间力量呼吁的结果。最早是《深圳商报》文化板块主编在报道深圳每年举行的"创意十二月"活动中偶然发现的。他们迅速组织调研并提出了相关议案，受到深圳市政府高度关注，最终促使申都成功。这也从一个侧面说明深圳创意城市建设民间的积极性。

必然性体现在两个方面：一是深圳拥有数量众多的设计企业。在2008年申请加入创意城市网络的时候，就已拥有6000多家设计企业、6万多名设计从业人员，已建立了20多个创意产业集群，并集聚了一批设计领军人物。[①] 二是深圳从2003年起，就大力开展文化城市建设，并将其作为未来城市发展的目标。在这个过程中，开展了大量文化活动，如深圳创意十二月活动、深圳读书月活动、深圳国际文化产业博览会、深圳市民文化大讲堂、深圳文化沙龙等，不仅提升了深圳城市文化的影响，也使文化艺术教育和展示惠及普通民众。有了这些作为基础，成功申请加入创意城市网络成为设计之都，是指日可待的。

（二）上海申都历程

2010年2月，联合国教科文组织正式批准上海加入联合国教科文组织"创意城市网络"，并授予上海"设计之都"称号。上海在2010年世界博览会前夕，成功加入创意城市网络，既是对上海自2004年起就大力发展创意产业的一种肯定，也是借世博会的东风，扩大了知名度，两相宜彰的结果。教科文组织对上海的评价是：上海总是将设计当成一个影响制造业和服务业的一个关键要素。设计促进了城市经济的发展，引领了城市时尚生活。设计首先从产品和制造技术领域开始，随之扩展到城市规划和生活方式。设计产业正深刻影响着上海产业发展、建筑、经济、城市和生活的方方面面。

---

① 王奋强：《深圳连下"八城"成功"申都"——胡洪侠讲述深圳申请"设计之都"一波三折的历程》，《深圳特区报》2010年12月7日。

表 3 - 2   上海"申都"大事

时间	事件
2005 年和 2006 年	在上海国际创意产业活动周期间，联合国教科文组织官员建议上海适当时候申请成为创意城市网络设计之都
2008 年年初至 2009 年 4 月	相关部门开展申报工作调研和前期准备
2009 年 4 月 27 日	上海市政府决定正式启动申报工作，并成立了由 14 个市相关部门共同参与的"申创"工作领导小组，以及相应工作班子落实该项工作
2009 年 5 月 7 日	上海市政府代表团赴法国巴黎联合国教科文组织，递交市长亲笔签署的申请信，正式提出上海加入"创意城市网络"申请
2009 年 6 月 26 日	上海向联合国教科文组织递交中英文两个版本的申报报告和宣传片
2009 年 10 月至 2010 年 1 月	联合国教科文组织"创意城市网络"项目官员完成初审，并向国际评委征求意见。全部国际评委反馈评审意见
2010 年 2 月 10 日	联合国教科文组织总干事向上海市长发函，批准上海正式加入联合国教科文组织"创意城市网络"，成为设计之都

资料来源：根据桑怡、曹磊、乔礼《上海公布申请加入"创意城市网络"全过程》整理，http://sh.eastday.com/qtmt/20100226/u1a699492.html，2012 年 11 月 7 日。

上海申请加入创意城市网络，成为设计之都是实至名归。上海是我国最早提出发展创意产业的城市。近年来，在市委、市政府的领导下，上海创意产业取得了丰硕成果。2009 年，上海创意产业增加值达 1148 亿元，占全市 GDP 的 7.7% 以上；2009 年上海创意产业总产出 3900 亿元，增加值比去年增长 17.6%，从业人员 95 万，其中研发设计创意增加值增长 23.6%，建筑设计增长 18.9%。上海创意产业已形成五大创意产业生产门类，包括文化传媒、建筑设计、工业设计、咨询策划和时尚产业等；形成了 82 家创意产业集聚区，入驻企业超过 5000 家，吸引了来自世界 30 多个国家和地区的从业人员 8 万人，累计吸引了近百亿元社会资本参与建设。[①]

上海"申都"建设主要秉承四个理念：一是把"申都"作为一个战略。通过申请"设计之都"，将"创意设计"作为提高自主创新能力的重

① 张靖欣：《上海正式跨入全球创意城市网络》，http://finance.ifeng.com/roll/20100301/1870572.shtml，2012 年 11 月 9 日访问。

要手段，也作为增强文化软实力的重要支点，促进产业升级和经济发展，提升城市的文化底蕴和内涵。二是把"申都"作为一个平台。通过这个平台，使上海在国际舞台和顶尖创意城市交流、合作，既可以学到先进的思想和理念，又拓宽了创意产业的国际发展空间和市场。通过这个平台，凝聚创意资本和人才，促进创意产业更大的发展。并将设计意识渗透到普通市民的日常生活中去。三是把"申都"作为一种动力。申请"设计之都"将给上海增添发展动力，不断推动自主创新型城市建设和文化创意产业的发展，促进社会各界建设创意城市的共识。四是把"申都"作为一个品牌。通过申请"设计之都"，进一步打造城市文化品牌，提升城市文化品位，提高上海的国际知名度和美誉度。

（三）杭州申都历程

2012 年 4 月，联合国教科文组织正式批准杭州加入"创意城市网络"，成为"民间手工艺之都"。与深圳和上海的申请门类不同，杭州选择"民间手工艺之都"申报，正是杭州市政府审时度势，善于差异化发展的正确选择。杭州申报成功的重要保障是它拥有多项世界级和国家级非物质文化遗产，同时善于立足本地文化特色发展创意产业。教科文组织对杭州的评价是："杭州是中国民间手工艺的摇篮，拥有历史悠久，品类齐全的民间手工艺品，其中有 8 项被认定为中国非物质文化遗产。杭州不仅孕育了这些传统手工技艺，而且还善于开发这些传统手工艺的现代衍生品，使其焕发生机，创造经济效益。"[1] 杭州在发展过程中，敏锐发现了当地传统文化资源的价值，并立足于此，打造城市文化形象，建设创意城市，既树立了独树一帜的品牌，也保护了传统文化，更促进了经济发展。

表 3-3　　　　　　　　　　杭州"申都"大事

时间	事件
2009 年年底	杭州正式启动申请加入全球创意城市网络工作
2011 年	教科文组织派国际匿名专家组对杭州"申都"工作进行全面评估
2012 年 4 月	正式批准杭州加入全球创意城市网络

资料来源：根据《杭州被联合国教科文组织定为"工艺与民间艺术之都"》整理，参见新民网（http：//news.xinmin.cn/rollnews/2012/05/16/14765193.html），2013 年 1 月 23 日访问。

---

[1]　参见联合国教科文组织官方网站（http：//www.unesco.org），2013 年 1 月 12 日访问。

杭州"申都"历程，带给我们两个启示。

首先，申都要具备差异化发展思维。创意城市网络中，有 7 种类别，但申报城市中有 1/3 是冲着"设计之都"而来的。创意城市网络作为教科文组织全球文化多样性联盟的重要组成部分，十分强调城市的文化资源的积累和保护。因此，对我国一些传统历史文化名城而言，抛弃城市固有的文化特色，仅仅偏重城市的现代化建设成就，是南辕北辙的做法。杭州选择"工艺与民间艺术之都"申报就既考虑了对现有文化与民间工艺进行传承，也注重了应用大量技术创新对其加以改造。这种差异化的正确选择促使杭州最终申报成功。

其次，申报要具备一定的创意产业基础。虽然具备一定的特色文化资源是申报加入创意城市网络的优势，但如仅仅停留在展示、保护阶段，未对其加以开发利用，则不符合创意城市网络的申报要求。立足于特色文化资源，发展创意产业，使其焕发生机和活力，创造经济价值，是教科文组织所鼓励的保持文化多样性的正确出路。

二　我国城市"申都"存在的问题

随着教科文组织创意城市网络的发展，其影响越来越大。中国许多城市也对加入创意城市网络表现了极高的热情。但苦于对创意城市网络的相关情况了解不够，或存在误解。因此，当前准备申请加入创意城市网络的中国城市并不多，深圳、上海、成都、杭州、北京、广州、厦门、重庆、东阳和景德镇 10 个城市曾提交过申请，深圳、上海、成都、杭州、北京申报成功。这跟我国庞大的城市数量严重不符，以下分析目前我国城市"申都"过程中存在的一些问题。

（一）中小城市参与度不够

从当前我国申报城市的情况来看，不仅申报城市的数量较小，而且全都是重要的大城市，仅有为数不多的中小城市提出申请。一方面跟中小城市发展理念滞后有关，更重要的原因是对申报加入创意城市网络的条件理解有误。误认为只有大城市才有可能代表国家，踏上国际舞台。其实，从教科文组织设立创意城市网络的初衷来看是为了保护文化多样性，抵制某些大国推行的文化沙文主义，阻止文化全球化，或者更进一步说就是美国化。因此，只要城市具有某些特色文化资源，并注重创意开发，就具备加入创意城市网络的基本条件，跟城市的大小并无太大关系。并且，教科文组织还鼓励有更多的中小城市能加入创意城市网络，在一份创意城市网络的宣传手册中，有这样一句话"尽管我们并不排斥成员国的大都市加入创意城市网络，但对那些中小城市而言，该网络的作用更加重要"。① 此外，从已加入创意城市网络的城市情况来看，在34个城市中，大约有2/3是中小城市。这也正符合教科文组织的文化宗旨与申报说明。因此，对我国众多拥有丰富特色文化资源的中小城市而言，加入创意城市网络是面对全球化，寻求差异化发展的捷径。当然，我国也有些中小城市看到了发展的良机，正积极准备加入创意城市网络，如浙江东阳，准备申报"民间手工艺之都"，并获得了中国联合国教科文组织全国委员会的支持；江西景德镇也提出准备申报"陶瓷手工艺之都"。未来东阳和景德镇"申都"是否成功我们拭目以待，因为这直接决定我国中小城市的申报热情。

（二）热衷申请"设计之都"，其他种类关注不够

已成功加入创意城市网络的城市中有34%的城市被授予"设计之都"称号（见图3-1），正在申请加入创意城市网络的城市中也有大约1/3的城市也是申请"设计之都"的，因此"设计之都"受到青睐。究其原因，主要有三点：其一是设计产业是创意产业中的主要产业，最符合教科文组织对加入创意城市网络的要求。其二是设计产业能更直接地体现创意。无论是通过设计提高产品的文化品位和独特性，还是通过数字技术提高产量，扩大销售渠道，都是开发人类智力潜能的创意。其三是设计产业能更直接产生并扩大经济效益。在普通的产品中通过设计，注入主体思想，赋予商品以独特性，更能激发顾客的购买欲，从而提升销售额，产生更大的经济效益。因此，有如此多的城市热衷申报"设计之都"是情理中的事情。但对拟"申都"城市而言，"申都"最大的优势就是城市具有符合教科文组织要求的特色文化资源，"申都"应建立在城市既有的文化特色上，而不是预设某种条件再来削足适履。此外，其他类型的城市，比如文学之都、音乐之都、民间手工艺之都等，更接近文化保护的核心内容，更符合教科文组织保护文化多样性的文化诉求，因此，从目前现状来看申请其他类别的城市类型更容易引起教科文组织的关注。

---

① The Creative City Network：A Global Platform for Local Endeavour，参见联合国教科文组织官方网站（http：//www. unesco. org），2013年1月29日访问。

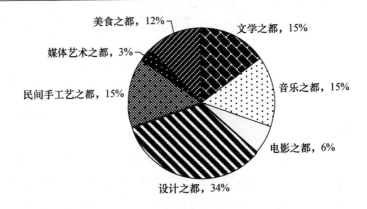

图 3 - 1　教科文组织创意城市网络城市类别比例

资料来源：联合国教科文组织官方网站（http：//www. unesco. org）。

（三）普通民众参与度不高

由于创意城市网络是一个新生事物，目前我国仅限于政府机构，民间团体和一些专业机构对其有所了解，大多数普通民众对其知之甚少。笔者曾就普通民众对创意城市网络的知晓度、支持度等开展了一次专项调研，得出如下结论：

第一，从知晓度来看，普通民众对教科文组织创意城市网络并不十分了解。大部分调查对象认为教科文组织的活动离普通老百姓生活较远，不甚了解，创意城市建设是政府关注的领域，普通民众没必要了解。

第二，从支持度来看，普通民众还是相当支持当地政府"申都"的。大约96%的调查对象认为如果当地政府准备申请加入创意城市网络，会支持政府的决定，因为"申都"会为城市构建国际平台，提高城市发展水平。

第三，从实际行动来看，普通民众认为，个人有责任以实际行动支持"申都"，但如何支持还比较茫然。这需要政府制定相关的政策，加以鼓励和引导，使其常态化。

此次调研基本摸清了当前我国城市"申都"的民众基础。从教科文组织制定的加入创意城市网络的标准来看，无论是哪种类型城市，都要求得到普通民众的响应，并且能够切实改善提高普通民众的文化生活。但从当前我国城市"申都"的民众基础来看，存在以政府为中心、忽视普通民众参与的倾向。因此，未来我国城市"申都"应大力提高民众的知晓度和参与度，发动大家的热情，共同建设美好家园。

第二节 我国城市加入创意城市网络的基础工作

从我国城市目前"申都"现状看，仍然存在思路不清、方向不明问题。结合教科文组织制定的加入"创意城市网络"的标准来看，我国应多鼓励具有一定文化特色的中小城市"申都"，多鼓励申报美食之都、电影之都等类别，在申报过程中还应多鼓励民众参与，群策群力以提高申报的成功率。但"申都"毕竟是一项专业性极强的工作，"申都"的基础工作是建设创意城市。首先必须成为创意城市，才能进入创意城市网络。建设创意城市，需要进一步厘清城市文化内涵，完善城市文化基础设施建设，发展具有活力的文化创意产业，提高民众的文化生活水平。在此基础上进一步加大创意城市网络的宣传度，增强政府、民间社团和市民的合作交流，在政府正确的"申都"政策支持下，争取加入"创意城市网络"。

一 保护城市文化遗产

城市与文化的关系是与生俱来的。城市不仅仅是地理学、经济学、政治学、生态学所关注的领域，城市本身就是一种文化积淀，也是一种文化形态。因此我们完全可以把城市既看作一种物理过程，也看作一种心理文化过程。[1] 汤因比认为，"文化决定着城市的存在和发展，并且是城市发展中的稳定因素，指引着城市政治、经济的发展方向，而掌握文化精髓的精英人物才是城市发展的真正领导者"。[2] 刘易斯·芒福德则进一步指出："城市是一个文化容器，也是文化播布所，它的主要功能是化力为形，化能量为文化，化死的东西为活的艺术形象，化生物的繁衍为社会创造力"。[3] 既然城市是文化的容器，文化决定着城市的发展，因此在城市建设过程中应保护好既有的城市文化资源，并注意开发它的当代应用价值，激发城市文化活力，延续城市文化生命力。为了达到前述目的，当务之急是提升城市文化多样性。文化多样性主要是针对当前强势文化主导的文化

---

① 陈立旭：《都市文化与都市精神——中外城市文化比较》，东南大学出版社 2002 年版，第 2 页。

② 刘容：《汤因比的城市文明观》，《华中科技大学学报》（哲学社会科学版）2012 年第 2 期。

③ ［美］刘易斯·芒福德：《城市发展史——起源、演变和前景》，宋俊岭、倪文彦译，中国建筑工业出版社 2005 年版，第 582 页。

全球化趋势而提出的。当前，以国际垄断资本为主导的全球化，既是一个经济过程，同时又是一个通过经济扩张推行文化扩张的过程。有人热衷于通过文化扩张来创建"世界文化"，来消除人类文化、宗教、政治的区别。然而"世界文化"其实质是西方少数大国的文化，一旦成为现实，世界文化生态就会遭到破坏，世界发展就会缺乏创造力，因此"世界文化将是魔鬼的诅咒而不是世界的福佑。当前伴随着西方强势文化的扩张，其他文化的生存与延续面临挑战，需要具有反抗精神的民族文化来抗击目前世界上正在进行的标准化、集中化和纯一化的发展"。[①] 美国著名政治学家塞缪尔·亨廷顿认为，当前"文明的冲突取代了超级大国的竞争"[②]，文化和文明冲突正成为世界和平的主要威胁，"9·11"恐怖袭击事件印证了他的预言。于是"9·11"恐怖袭击事件之后不久，联合国教科文组织（UNESCO）第31届大会在巴黎总部通过了《世界文化多样性宣言》（*Universal Declaration on Cultural Diversity*）。教科文组织强调这样的理念：尊重文化多样性、宽容、对话及合作是国际和平与安全的最佳保障。[③]

就像生物多样性一样，文化多样性也是激发城市文化活力的助推剂。将来城市的任务是充分发展各个地区、各种文化、各个人的多样性和他们各自的特性，这些是互为补充的。要不然，势必机械地把大地的风光和人的个性都折磨掉。[④] 正如芒福德所描述的那样，文化多样性决定着城市未来的发展，因此保护城市文化多样性是建设创意城市的当务之急和首要前提。从形式来看，城市文化多样性由城市物质文化遗产、非物质文化遗产及它们的当代衍生物所构成。当前，全球范围内正进行着一场意义深远的文化遗产保护运动。文化遗产保护作为对历史基因的继承，对民族性的认同，对工业文明的反思，对人类集体记忆的尊重，在全世界受到了各国政府、民间组织、研究团体及学者的广泛重视。"文化遗产保护"理念最早是教科文组织在吸收美国"遗产信托"概念基础上发展而来的。1965 年

---

① ［加拿大］D. 保罗·谢弗：《经济革命还是文化复兴》，高卿译，社会科学文献出版社2006 年版，第 507 页。

② ［美］塞缪尔·亨廷顿：《文明的冲突与世界秩序的重建》，周琪、刘绯、张立平、王圆译，新华出版社 1998 年版，第 4—7 页。

③ 张松编：《城市文化遗产保护国际宪章与国内法规选编》，《世界文化多样性宣言》，同济大学出版社 2007 年版，第 131 页。

④ ［美］刘易斯·芒福德：《城市发展史——起源、演变和前景》，宋俊岭、倪文彦译，中国建筑工业出版社 2005 年版，第 580 页。

在华盛顿召开的"世界遗产保护"白宫会议提出了"遗产信托"概念，认为世界遗产"关系所有世界公民的现实和未来的利益"，因此需要国际社会共同协作加以保护。① 在此基础上，联合国教科文组织于 1972 年第十七次会议通过了《保护世界文化和自然遗产公约》（以下简称《公约》），随后教科文组织即根据公约精神制定《世界遗产名录》，对符合标准的自然和文化遗产进行评审纳入名录，使一些珍贵的世界遗产得到国际认可和国际协同保护。《公约》的制定为全世界文化遗产的保护提供了认可标准、理论依据和可操作性措施，极大地促进了世界文化遗产保护运动。

从城市场域来看，由于城市是文化的容器和播布所，因此城市是文化遗产的重要保留地。城市物质文化遗产是城市文化特色的载体，而城市非物质文化遗产是城市文化的灵魂，因此应将城市物质文化遗产和非物质文化遗产结合起来加以整体性保护，直接提升城市的视觉效果，提高城市的文化品位，为建设创意城市打下坚实的物质基础。城市物质文化遗产主要包括历史街区甚至具有较丰富历史文化传统的城市整体、城市建筑遗产、工业遗产、具有文化价值的器物；城市非物质文化遗产主要包括城市民俗、民间故事、绘画、音乐、体育、传统技艺、饮食文化，等等。

（一）历史街区及建筑遗产的保护

对历史街区的保护是保持城市文化记忆的根本保证。历史街区是承载本地市民喜怒哀乐的容器，是延续本土记忆的场所，是体现城市本地特色的根本。但在中国"新造城运动"中，并未意识到城市历史街区的价值，把它们统统当成城市发展的遗留物和废弃物毫不留情地加以铲除。特别是要开发某个房地产项目的时候，历史街区往往遭到无情的损毁，使城市失去了宝贵的文化财富。

历史街区的保护应坚持整体性保护。所谓整体性保护是指既要保护历史街区中的传统建筑，也要保护历史街区中市民的真实文化生活，物质文化和非物质文化都要结合起来保护。根据我国文物保护的指导性原则，对传统建筑的保护，一般以修复为主。对建筑外观修复应坚持"修旧如旧"的原则，而对建筑的内部格局和陈设则可以根据现代人的生活需求加以改造。但对历史街区的保护不能采取博物馆式的方法，历史街区同时也是人

---

① UNESCO, *Evaluation Report on the Implementation of the World Heritage Convention*, WHC -92/conf. 002/3, 1992, http：//whc. unesco. org/en/decisions/3381, 2013 年 2 月 25 日访问。

类的生活场所。延续它的基本功能，才能更好地保护它的文化内涵。因此，在历史街区中应更关注保持当地传统生活方式，包括节庆、饮食文化、传统技艺等，它们都是保持当地文化生命力的重要载体。同济大学阮仪三教授率领他的团队最早发现了平遥古城的价值，并采取整体性保护方法，成功实现了古城文化遗产保护与经济发展的协调一致，为平遥古城建设创意城市保留了一份文化基础。

（二）城市工业遗产的保护

城市化的开端也伴随着工业化的肇始。大量工人的涌入和工业品倾销刺激了城市的发展。近现代中国和城市的发展无不伴随着工业化进程的加深。新中国成立后，"一五"、"二五"时期，为了迅速提高中国的国际地位，国家大力发展工业，甚至提出"以钢为纲"的极端政策。工业就是国家和城市的重心，甚至一些大型工业企业，一个单位就是一座城镇，比如重庆的大渡口区，以前叫钢花，是重庆钢铁集团公司所在地，等等。因此，中国工业遗产的产生和发展本身就伴随着城市的发展，是城市建设和许多市民呕心沥血的奋斗成就。但当前随着后工业化时代的来临，靠耗费大量自然资源，污染严重的传统工业正悄然淡出历史舞台。这些曾经辉煌一时的工业区正成为城市的塌陷区，企业破产，职工下岗，厂区空置。如何实现传统工业区的复兴是城市发展必须面对的大问题。

工业遗产理念的提出为解决传统工业区复兴的问题提供了新思路。工业遗产是指"工业文明的遗存，它们具有历史的、科技的、社会的、建筑的或科学的价值。这些遗存包括建筑、机械、车间、工厂、选矿和冶炼的矿场和矿区、货栈仓库，能源生产、输送和利用的场所，运输及基础设施，以及与工业相关的社会活动场所，如住宅、宗教和教育设施等。"[①]国内外许多地区正尝试利用工业遗产发展创意产业、旅游产业等，建设创意城市。因此，工业遗产是建设创意城市宝贵的物质基础。但对一些传统工业城市来说，工业遗产比比皆是，所有工业遗产都不分轻重缓急地保护起来是不现实的，工业遗产应该怎样保护呢？

中国城市工业遗产最值得保护的是它的环境特性和意义，即它承载的城市文脉和公众对它的情感认同，即中国工业遗产的场所精神。"场所精

---

① 张松编：《城市文化遗产保护国际宪章与国内法规选编》，《关于工业遗产的下塔吉尔宪章》，同济大学出版社 2007 年版，第 135—137 页。

神"是挪威著名城市建筑学家诺伯舒兹（Christian Norberg - Schulz）在1979年提出的概念。此概念的提出是诺伯舒兹援引海德格尔现象学相关理念结合建筑学特性的创造性成果，其理论奠定了建筑现象学的基础。诺伯舒兹认为"场所是自然的和人为的元素所形成的一个综合体，系建筑现象学相结合的主体事物。"① 这个综合体反映了在某一特定城市或建筑中人们的生活方式及其所处环境的特征。场所不仅具有实体空间的形式，而且还具有以地方特性为基础的意义，即"场所精神"。第三届中国文化遗产保护无锡论坛上，"与会代表们也认为，保护关键是认识、发掘、保存它的历史信息。"② 中国工业遗产是中国工业的杰出成就，它向人们述说着中国近代工业的不甘人后，奋发图强；中国现代工业的独立自主、奋勇争先。从情感价值来看，当代中国人大多都经历了工业化大生产阶段，面对当前信息化时代日新月异的社会有陌生感。工业遗产的存在恰恰能慰藉人们失落的心灵，通过他们依稀看到自己的往昔，带给人们认同感和归属感。因此，即使有形的物质遗产已遭到损毁或湮灭，也希望以场所精神的营造来延续工业遗产的价值。场所精神是否能延续，才是工业遗产保护的关键。具体来讲，中国工业遗产的场所精神可从三个联系紧密的环节加以保护。首先，应有一定物质或非物质类工业遗产存在，如厂房、车站、机器设备或厂史及在工业活动中出现的文学、艺术、习俗等；在此基础上进行相关感受活动，如参观、操作、再现等；在活动中让人们体验到工业遗产往昔的辉煌、创业的艰辛，使人们汲取精神力量，萌生自豪感与认同感等。场所精神的保护有两个基本指导原则：其一，应让建筑环境与人们的具体生活联系在一起；其二，应在具体环境中考察人们与环境的关系，以体现建筑环境的具体意义和价值。

（三）城市非物质文化遗产的保护

随着世界遗产保护运动的深入发展，非物质文化遗产（Intangible Heritage）保护经历了默默无闻到保护热点的发展历程。这种改变一方面反映了国际社会，特别是联合国教科文组织对文化保护理念与时俱进的理解；另一方面也是国际社会各种势力在文化方面博弈的结果③，它从一个

---

① ［挪威］诺伯舒兹：《场所精神——迈向建筑现象学》，施植明译，华中科技大学出版社2010年版，第172页。

② 文丹：《无锡论坛：关注保护20世纪遗产》，《中国文物报》2008年4月16日。

③ 参见刘容《世界文化遗产保护的东方立场》，《东南文化》2012年第2期。

侧面反映国际社会正由文化对抗向文化对话转变。从教科文组织对非物质文化遗产的定义看，非物质文化遗产是"被各社区、群体，有时是个人视为其文化遗产组成部分的各种社会实践、观念表述、表现形式、知识、技能以及相关的工具、实物、手工艺品和文化场所。……这种非物质文化遗产世代相传，在各社区和群体适应周围环境以及与自然和历史的互动中，被不断地再创造，为这些社区和群体提供持续的认同感，从而增强对文化多样性和人类创造力的尊重。"① 非物质文化遗产的价值不仅体现在对过往的追忆，还在于为共同的认同感奠定基础，它在世代相传中不是一成不变的，是兼具历史烙印与时代气息的人类创造力的见证。这种与时代特征互动的再创造，是非物质文化遗产生命力的体现。当今时代，我国漫长的农耕社会正迅速向城市化、现代化迈进，发轫于农耕社会的我国传统文化正经历着阵痛。何去何从？是故步自封，还是立足于实情焕发生机活力？这是需要慢慢探索和求证的。但有一点是无法逆转的，当今城市化浪潮正以惊人的速度席卷全球。中国社会科学院社会政策研究中心李培林课题组发布《2012 年中国社会形势分析与预测》认为，2011 年是中国城市化发展史上具有里程碑意义的一年，城镇人口占总人口的比重将首次超过50%。这标志着中国发展进入了一个新的成长阶段，城市化成为继工业化之后推动经济社会发展的新引擎。② 照此发展，城市非物质文化遗产将成为今后非遗保护的重点。我国非物质文化遗产保护经历了从抢救性保护、整体性保护到生产性保护的转化过程。在城市场域中，采取生产性保护方式不仅能保存城市非物质文化遗产的文化内涵，更能使其与当代经济社会发展紧密结合，是建设创意城市的合理方式。

如何保护好城市非物质文化遗产，并使其与当代经济社会发展相结合呢？

首先，根据城市实际情况，建立非物质文化遗产保护体系。比如杭州拥有大量本土非物质文化资源，先是经过普查造册，在此基础上建立非物质文化遗产保护体系；而圣达菲本身固有的非物质文化遗产资源并不多，不利于形成保护的大环境，但他们善于引进世界非物质文化资源为己所

---

① 范俊军编译：《联合国教科文组织关于保护语言与文化多样性文件汇编》，《保护非物质文化遗产公约》，民族出版社 2006 年版，第 81 页。

② 李培林：《城市化与我国城市新成长阶段——我国城市化发展战略研究》，《江苏社会科学》2012 年第 5 期。

用，并且当地有很多文化企业和从业者，有长期的文化交易实践传统，在引进和交流环境中，建立了独具特色的保护体系，在实际中延续了非物质文化遗产的生命力。

其次，应经常从城市角度造势宣传推介保护城市非物质文化遗产。从城市角度开展非遗保护有利于形成保护的整体氛围，而单个的非遗保护项目往往仅限于少数人员参与和认知，影响不大。这种造势可以借助既有的民俗活动，如杭州的非物质文化遗产日，也可以是专门的交易活动，如杭州的西湖博览会和圣达菲国际民间手工艺市场。

最后，保护城市非物质文化遗产要协调相关政府部门关系，制定统一的政策。城市非物质文化遗产保护，必定涉及许多部门，保护是需要投资的，资金从哪里来？生产性保护是会产生效益的，收益往哪儿去？理论上收益是应该反哺非物质文化遗产保护的，但如果政策制定不到位，很可能造成政府永远是非物质文化遗产保护的买单者，而某些挂非物质文化遗产名号的企业、组织或个人，严重破坏非物质文化遗产的文化内涵。这是我们应引以为戒的。笔者认为，政府可以通过"非遗寻租"的办法，从与非物质文化遗产相关的产业中收取保护资金，比如像圣达菲从城市房地产业和旅游业中提取。合适的政策是城市非物质文化遗产保护的关键。

二　因地制宜发展创意产业

创意产业最早是英国提出的，布莱尔首相执政期间，为了力挽英国经济发展颓势成立了创意产业特别工作小组。1998 年，该工作小组在《英国创意产业路径文件》中首次对创意产业进行了定义："所谓创意产业，是指那些出自个人的创造性、技能和智慧，通过对知识产权的开发生产，可创造潜在的财富和就业机会的活动。"[①] 由于创意产业主要是立足于开发人的主观能动性、创造性，并不耗费自然资源，因此发展创意产业得到世界各国的普遍响应，为了规范创意产业的发展，各国也对创意产业的范围进行了界定（见表 3 - 4）。创意产业的出现是后工业化社会的产物，对城市转型期出现的大量闲置厂房的再利用和失业人员的再就业问题都具有极大的促进作用。

---

① 黄永林：《从资源到产业的文化创意——中国文化产业发展现状评述》，华中师范大学出版社 2012 年版，第 49 页。

表 3 - 4　　　　　　　　　世界主要国家和地区创意产业范围界定一览

国家、地区（国际组织）	定义	种类数	范围
英国	创意产业	13 类	广告、建筑、艺术及古董、工艺、设计、流行设计与时尚、电影与录像、休闲软件与游戏、音乐、表演艺术、出版、电脑软件、广播电视
新西兰		10 类	广告、软件与资讯服务业、出版、广播电视、建筑、设计、时尚设计、音乐与表演艺术、视觉艺术、电影与录像制作
中国香港		11 类	广告、建筑、设计、出版、数码娱乐、电影、古董与工艺品、音乐、表演艺术、软件与资讯服务业、电台与电视
澳大利亚		7 类	制造（出版、印刷等）、批发与销售（音乐或书籍销售）、财务资产与商务（建筑、广告及其他商务）、公共管理与国防、社区服务、休闲服务、其他产业
新加坡		3 类	文化艺术、设计、媒体
韩国		17 类	影视、广播、音像、游戏、动画、卡通形象、演出、文物市场、美术、广告、出版印刷、创意性设计、传统工艺品、传统服装、传统食品、多媒体影像软件、网络
中国		9 类	新闻、出版及版权服务、广播电视及电影、文化艺术、网络文化、文化休闲娱乐、文化产品代理、文化用品、设备及相关产品销售
芬兰		9 类	文学、塑像、建筑、戏剧、舞蹈、影像、电影、工业设计、媒体
联合国教科文组织		6 类	印刷、出版、多媒体、视听产品、影视产品、工艺设计
中国台湾	文化创意产业	13 类	视觉艺术、音乐与表演艺术、文化展演设施、工艺、电影、广播电视、出版、广告、设计、品牌时尚设计、建筑设计、创意生活、数字休闲娱乐
美国	版权产业	4 类	核心版权产业、交叉产业、部分版权产业、边缘支撑产业
日本	感性产业	3 类	内容产业、休闲产业、时尚产业

资料来源：蒋三庚、王晓红：《文化创意产业研究》，首都经济贸易大学出版社 2006 年版，第 19 页。

（一）创意产业对城市更新的作用

在中国"退二进三"的时代背景下，许多传统工业城市或工业区正面临发展阵痛。工业在这些城市发展初期，是先进生产力的代表，代表着城市的发展方向，为城市发展做出了巨大贡献。因此，许多厂房在地理位置上往往位于城市中心地段。随着后工业时代的来临，主城区大量工矿企业破产，厂区闲置。另外，主城区人口密度在不断增大，城区空间越发拥挤。因此，大量历史厂房面临改建或拆迁的命运。在一些创意人士眼中，这些厂房具有高大宽敞的空间、钢架房梁、管道密布，并配套有水塔、烟囱、铁轨等具有近现代工业特征的独特元素，并且由于租金低廉，因此是发展创意产业的良好场所。德国的鲁尔区、上海的 M50 和北京 798 等都是利用城市废弃工矿区发展创意产业，促进城市复兴的典范。

德国鲁尔区是一个面积有 4400 平方公里、包括 53 个中小工业城市，540 多万居民的区域经济联合体。过去是德国最大的重工业区，以煤炭开采和钢铁生产为主导行业。20 世纪 60 年代以来，鲁尔区遭遇了严重的"煤炭危机"和"钢铁危机"，不得不进行产业结构调整和转型。70 年代，鲁尔区开始由重工业向新兴的第三产业转化。到 80 年代，这种改造开始延续到城市结构和废旧矿区的改造。90 年代后，鲁尔区大量煤矿厂和钢铁厂关闭，或是与创意产业相结合改造成设计与艺术中心，或是休闲娱乐场所，或是工业博物馆，或是改造成景观公园，最后形成了一条著名的"工业遗产之路"，连接 19 个工业旅游景点、6 个国家级博物馆和 12 个典型工业城镇。通过当地政府"文化鲁尔"项目的实施，鲁尔彻底摆脱了老工业城市脏、乱、差形象。鲁尔地区的"埃森矿业同盟"由于对工业遗产的合理保护和创意开发，于 2001 年入选教科文组织世界文化遗产名录。2006 年，埃森成为"欧洲文化之都"。过去给城市带来污染与噪声的工矿企业，在文化创意产业的催化下，如今成为城市"绅士化"的源泉和动力。

（二）创意产业的集聚发展

创意产业要真正促进城市转型发展，建设创意城市，还要促进创意产业的集聚发展。所谓创意产业集聚发展是指在一个特定的区域内，以一个主导产业为核心，吸引大量联系紧密的企业群和相关服务机构在空间上集聚，从而形成可持续的竞争优势现象。各种形态的创意产业集聚区是它们的物质载体，规范化的创意产业园区是它们的管理形态，而创意产业的集群则是它们发展的高级形态。① 这种集聚与早期依靠自然资源的共同需求

① 花建等：《文化产业集聚发展》，上海人民出版社 2011 年版，第 1 页。

而集聚不同，创意产业集聚是将人类无形的创意潜力集聚到一起，形成优势互补和共同合力。为自然资源集聚到一起，由于自然资源的稀缺性，因此这种集聚极容易引发竞争，一方得益的同时，意味着另一方的失利。而人类的创意潜力是可以无穷开发的，并且创意的集聚还可以互通有无，产生更多的新观点、新方法。因此，创意产业集聚发展是一种可以长期合作，互利共赢，节约时间和成本，并形成强大优势合力的方式。

当前，在全球范围内创意产业依托城市集聚发展的趋势越来越明显，也形成了一些在某产业领域特色鲜明的创意产业集群，如洛杉矶影视娱乐产业集群、纽约设计媒体娱乐产业集群、伦敦设计媒体娱乐产业集群、巴黎时尚休闲产业集群、东京动漫媒体印刷产业集群等。洛杉矶影视娱乐产业集群是其中最有代表意义的集群。这个产业集群以好莱坞为中心，聚集了全球制作水平最高的影视产业相关公司，这里集中了环球电影、米高梅、派拉蒙、华纳兄弟、索尼影视娱乐和迪士尼等全世界最大的电影公司；同时吸引了与影视相关的媒体宣传、后期制作、发行、数码技术等公司的集聚。这种良性集聚促进电影产业成为洛杉矶的一张名片，人们提到电影就会想到洛杉矶的好莱坞。并且，由于影视产业的飞速发展，还带动了当地出版传媒、主题公园、特许产品经营、广告等相关产业的迅猛发展，最终奠定了洛杉矶创意城市的地位。

（三）创意产业对其他产业的渗透

创意产业对建设创意城市的贡献远不止于创意产业本身。创意产业与一般的服务业不同，它是具有生产性质的服务业。在创意产业生产经营活动中，它可以主动产生新的价值供人们消费。创意产业还具有极强的渗透性，它可以以要素的形式渗透其他产业，从而延伸产业链，创造新的价值。如与农业相结合，形成创意农业，比如种植各种形状的西瓜、培植有祝福语的水果等；与旅游业相结合，形成创意旅游。拓宽了旅游资源的范围，提升了人们的旅游参与感与愉悦感。

由于创意产业具有生产性，渗透性又很强。因此，在城市建设中将创意作为一种助推剂和黏合剂，能将较分散的城市资源聚集起来，形成合力，促进城市发展。美国圣达菲市是拥有特殊文化资源的城市。为开发它的价值，扩大文化资源的影响，圣达菲采取了多种方式，如设立圣达菲国际民间手工艺市场、圣达菲绿色设计周等活动，吸引游客，发展创意旅游。由创意旅游带动旅馆、餐饮甚至房地产业的发展。最后再将从房地产、餐饮、住宿中抽出一部分税收支持文化资源保护。形成了发展创意城市与保护文化资源"双赢"的局面。

三　发展创意旅游，助推创意城市建设

"创意旅游"（creative tourism）概念最早是由新西兰学者格雷·理查兹（Grey Richards）与克里斯宾·雷蒙德（Crispin Raymond）于 2000 年首次提出的。理查兹和雷蒙德认为，创意旅游是指"旅游者在游览过程中通过积极参与目的地国家或社区的文化活动或学习传统技艺，发挥自身创意，体验旅游目的地文化氛围的旅游形式"。① 游客的创意旅游行为是积极的学习式体验，而不是被动的观光式游览，既直接促进自我体验与创意提升，又间接促进地方经济发展。2003 年，理查兹和雷蒙德将创意旅游理论系统付诸实践，发起了创意旅游新西兰项目（Creative Tourism New Zealand，CTNZ），将创意旅游定义为通过非正式的、亲自动手的工场参与和创意体验为游客提供了解地方文化真实感的一种更为可持续的旅游形式。近年来，创意旅游的发展呈现加速之势，得到联合国教科文组织创意城市网络（UNESCO Creative Cites Network）的推动，在美国圣达菲、加拿大、新加坡、南非等地进一步发展。2006 年，联合国教科文组织创意城市网络在一份报告中也对创意旅游进行了界定：创意旅游是一种可以为旅游者提供具有原真性的、可直接参与体验的旅游活动，主要表现形式为学习当地的艺术、传统以及具有当地特色的象征性文化，并与当地居民相互交流，在生活中体验文化。② 2008 年 9 月 28 日至 10 月 2 日，创意城市网络在美国圣达菲召开了创意旅游国际会议，对创意旅游发展和实践进行了深入探讨。我国学者厉无畏等 2007 年首次对创意旅游的概念及其实践进行了深入探讨，认为创意旅游是指用创意产业的思维方式和发展模式整合旅游资源、创新旅游产品、锻造旅游产业链的全新旅游模式③，2008 年，他们以上海为例，围绕如何打造创意旅游"产业链"、"空间链"、"价值链"、"主题链"四维链条，提出上海都市旅游升级的"有智增长"

---

① G. Richards, C., Raymond, Creative Tourism, *Atlas News*, No. 23, 2000, pp. 16 – 20.

② 赵玉宗、潘永涛、范英杰等：《创意转向与创意旅游》，《旅游学刊》2010 年第 3 期。

③ 厉无畏、王慧敏、孙洁：《创意旅游：旅游产业发展模式的革新》，《旅游科学》2007 年第 12 期。

新模式①，开启了国内创意旅游研究和实践的序幕。

（一）创意旅游特点

从创意旅游的概念来看，创意旅游最大的特征表现为改变传统旅游中旅游者只能被动输入旅游体验的现状，强调了旅游者对旅游体验的主动创造。既能促进对传统自然人文旅游资源的深度开发和体验，又能创造新的旅游资源。创意旅游的特点主要体现在以下几个方面：

1. 创意旅游具有主观能动性

传统旅游方式带给旅游者的是被动的旅游感受，而创意旅游最大的特点就是通过加强旅游者对旅游活动的主动参与，提升旅游者的主观能动性，加深旅游者对当地特色文化的感受和认同，带给旅游者更深刻、更长久的旅游体验。

2. 创意旅游具有可持续性

传统旅游方式得以运行的前提是独特旅游资源的存在和不断消耗。旅游资源面临游客大量融入带来的环境压力，如管理不善，就会面临不可持续性。而创意旅游依靠开发人类主体文化资源得以发展，旅游者的大量参与不仅能进一步提升创意旅游资源的影响，更能间接在口授身传中保护旅游资源，促进可持续发展。比如，创意旅游新西兰项目就是通过创意旅游方式吸引旅游者体验新西兰当地毛利人文化，为当地毛利人创造了大量的经济效益，也间接地保护、推广了毛利人文化。

3. 创意旅游具有可复制性

从创意旅游的共性来讲，创意旅游本质上是一种对文化旅游资源进行开发，以吸引旅游者对其进行体验甚至再创意的方式。从理论上来讲，这种模式可运用到世界各地具有独特文化资源的地方。虽然文化资源各具特色，但开发经验和方式却是可复制的。

4. 创意旅游具有地域特性

从创意旅游的个性来讲，各地发展创意旅游都必须根植于当地独特的文化资源。文化资源的特性，决定了创意旅游的个性和吸引力。各地创意旅游都是展示和宣传当地独特文化的窗口，具有相当鲜明的地域特色。

5. 创意旅游具有融合性

这里所说的融合，既指传统旅游分类的融合，也指创意对传统旅游活

① 厉无畏、王慧敏、孙洁：《论创意旅游——兼谈上海都市旅游的创新发展思路》，《经济管理》2008 年第 1 期。

动开展地域的渗透。传统旅游分类，由于分类标准不同可能有不同的分类结果。但创意可作为一种高融合元素，渗透到各种旅游类型中，从而派生出多种各具特色的创意旅游。传统旅游活动一般在固定的旅游景点开展，但创意旅游的高融合性，使创意旅游既可在景点，也可在乡村，甚至可在城市的各个区域开展，只要具有一定的特色资源，能吸引人参与即可。

（二）以创意旅游模式助推创意城市建设路径

创意旅游发展模式较之传统旅游发展模式的最大优势在于突破了旅游资源的"瓶颈"，拉长了旅游产业链，突破了产业界限。在全球化背景下，后工业社会中创意旅游有利于旅游产业新价值体系的形成和增值，能以旅游为手段将创意元素渗透到城市发展的方方面面，对城市品牌的打造和城市社会、经济、文化的可持续发展都具有重要推动作用。特别是对于制造业发展疲软、发展模式单一的城市，有利于促进城市发展的低碳转型和综合效益的整体提升，是建设创意城市的一种有效途径。在这方面不乏许多成功的先例，伦敦、纽约、毕尔巴鄂、圣达菲等都是利用创意旅游发展创意城市的典型代表。

1. 构建城市重大标志性实体

许多城市都拥有独具特色的城市标志性实体，如北京故宫、巴黎埃菲尔铁塔、伦敦塔桥、雅典卫城、罗马斗兽场等。这些标志性建筑是发展城市文化旅游的重要资源，但这些资源是历史上业已存在的客观实体，对所属城市是城市文脉自然沉淀的结果，仅属于传统文化旅游开发的对象，缺乏创意。而发展城市创意旅游就是要构建城市前所未有的标志性实体，以打造城市品牌，发展创意旅游。如西班牙毕尔巴鄂，通过修建古根海姆博物馆，提升了城市文化形象，吸引了大量游客。

2. 以大型事件提高城市知名度

以大型事件提升城市知名度，吸引专业人士和旅游者观光，是目前各大城市最常采用的建设创意城市的捷径。当然大型事件最好应该是世界性的，比如奥运会和世博会等。立足于城市本身旅游资源进行推荐，仅是传统文化旅游的方式，比如重庆市三峡文化旅游节。而创意旅游，则着重利用大型事件，随着展览和赛事的推广，提高城市的知名度。比如，2010年世博会之于上海，2012年奥运会之于伦敦等。

3. 主题化推广和营销

主题化推广和营销，是对城市长期以来积累的城市文脉的提炼和表达。主题的提炼绝不是无中生有，而是对城市历史文化的系统整合和品牌打造的过程。它虽然根植于城市历史文化积累，但又绝非仅对其再现。创意旅游在其中的作用正是对城市文化资源进行再创造，使之真正成为创意城市建设的核心基础。比如波兰的罗兹市，素来具有紧跟现代文化艺术潮流进行创意的传统，因此该市 2012 年立足城市文化特色，创设了 "Łódź kreuje"（罗兹创造）主题化营销项目，在凝练城市文化特色基础上，提升了城市文化形象，为吸引游客，发展城市创意旅游打下了基础。

四　完善城市文化基础设施

对一个创意城市而言，为了激发创意，需要兴建大量高品质，有特色，并且普通大众能方便进出的文化基础设施。这些文化基础设施包括高雅的公共文化服务场所（博物馆、大剧院或图书馆等），从小学到研究生阶段的文化艺术教育机构，政府、大学或企业里的公共和私人研究机构，便于查阅资料和交流的信息服务中心。当地公共或私人设立的文化基础设施数量越多，种类越广，对城市的更新和可持续发展带来的机遇和动力就越大。公共文化设施建设需要来自公共和私人机构政策、资金及技术方面的支持。通常城市是信息和交流的中心，需要修建一些相关的基础设施为这些活动提供场所。这些基础设施的密度越大，对创意阶层和普通民众而言，体验交流的机会就更多、更便捷。从城市的对外交流来看，众多的文化基础设施会提升城市的对外交流能力，它可能是很有影响的报社、电台或电视台等。

（一）城市公共图书馆

一般而言，城市公共图书馆或一些专业图书馆，都是给普通市民提供免费并容易获得信息的重要渠道。从 19 世纪 70 年代以来，经济学家就发现信息能创造许多附加价值，知识和信息的交流与资金和物质的交流同样重要。从此视角来看，20 世纪晚期，拥有信息资源并能运用相关技术将其转化为知识，成为与煤炭、钢铁同样重要的资源。但在技术主导型社会，大量信息是以数字媒体的形式提供的。为了建设数据库以及相关网络传输系统，政府投入了大量资金和人力。然而，在海量的信息中仅有极少数的信息具有很高的市场价值，由于商业需求的排他性，这部分信息通常会遭到封锁，普通民众很难获得。

而城市公共图书馆则为广大民众提供了最易获得的资源，特别是针对城市下层缺乏相应数字媒体知识的民众，更是如此。公共图书馆除了提供各种书籍以外，还可以为城市大众举办市民大讲堂、专家研讨会等文化活动，为城市大众提供知识和交流的机会。此外，为了方便市民，提高可获得性，图书馆还可以采取多种多样的形式，包括流动图书馆、乡镇街道图书馆，有的城市还开设由机器服务的 24 小时城市街区自助图书馆。深圳是一个流动人口较多的城市，为了提高普通市民的文化素质，深圳市在2008 年 7 月就启动了"城市街区 24 小时自助图书馆"。深圳市民可就近通过机器申办读者证、借书、还书，享受图书馆预借送书等各项免费服务。深圳市目前有 160 多台"城市街区 24 小时自助图书馆"，为市民走进图书馆提供了便利，为提升深圳市民文化素质打下了良好基础。

（二）文化艺术设施

文化艺术设施是建设创意城市的关键基础设施。这些设施能够吸引出色的表演艺术家展示他们的文化艺术造诣，也给当地民众提供了分享文化艺术的平等机会。这些设施能为各种文化活动提供场地，通过这些活动吸引广大市民的参与，能提高市民的文化素质，从而激发当地的创意。这些文化艺术设施和活动能以各种方式增强创意技巧，构建组织能力，提升个人自豪感，促进身心健康。

当地政府在建设创意城市的初期应大力投资兴建文化艺术设施，如大剧院、文化馆、美术馆、博物馆等。这既是城市亮化工程，也为城市的发展提升了文化形象。但这些设施的修建应促进当地的文化活动的开展，而不仅仅是摆设。因此应修建各种类型的文化艺术设施，既有高雅艺术的殿堂，也是市井平民的休闲场所。相应场馆组织的文化活动应丰富多样，兼顾到各种层次市民的需求，既有古典音乐，也有流行音乐，还有传统戏曲。这些公共文化艺术设施在兴建一段时间后，还应免费向大众开放。它们应成为普通民众参与文化活动的场所，而不是拉动消费的手段。一个成熟的城市文化发展规划，应着眼于长远，而不是眼前。

（三）教育机构

拥有大量的教育机构是建设创意城市的关键因素。这些机构包括各种层次、各种类别的学校和培训机构。从小学到大学，可以是以应用为宗旨的教育机构，也可以是以理论研究为旨趣的研究生院。这些教育结构既可以为城市提供源源不断的创意人才，更能够成为推动创意城市建设的直接研发机构。有些出色的教育和研发机构还能够大量吸引外部创意阶层，为他们提供机会一展才华。

波士顿被誉为"美国的雅典"，它的创意城市地位是由为数众多的著名教育机构构筑的。波士顿曾是一个著名的港口和制造业中心。20 世纪初以来，波士顿随着工业的衰落而退化。当地政府启动了大量城市"绅士化"工程，到 20 世纪 70 年代，重新恢复了繁荣。波士顿的兴盛主要得益于当地世界闻名的教育机构。除了市内拥有 100 多所大学，25 万多名大学生。波士顿西郊的剑桥为著名的大学城，有哈佛大学、麻省理工学院等，还有国家航空与宇航局电子研究中心等重要科研机构。波士顿在一系列著名教育机构的光环下，吸引了大量优秀人才创业居住。人才优势的集聚除了推动了波士顿的繁荣兴盛，同时也提高了当地物价水平。波士顿大都会区是全美物价最高的地区，这也导致了部分人力资源的流失。未来如何控制物价飞涨是当地政府的首要责任，也是当地建设创意城市的关键。

五　提升市民的参与度

创意城市是"人的城市"，建设创意城市的目的就是要为创意人才搭建展示的舞台，用创意提升城市生活质量。因此在创意城市建设过程中应充分发挥人的主观能动性，让民众充分参与创意城市的建设。在民众参与创意城市建设方面，国外许多城市都较重视，在创意城市建设过程中得到民众支持，使创意城市建设能取得实效。而国内创意城市建设，较大的缺陷就是忽视民众的参与，因此有许多专业人士曾指责国内许多城市规划项目最后都是空壳，没有考虑到人的文化灵魂，往往都会以失败告终。① 此外，教科文组织"创意城市网络"的评审标准中也十分强调该市对所拥有的文化特色对市民的宣传和普及，以及相关技艺对市民的传授等。因此，未来我国城市在"申都"过程中，应将提升市民的参与度作为重中之重，让普通市民切实参与到"申都"建设中来。

（一）重视城市各阶层的文化需求

城市是文化的容器，因此城市文化的特色就是多样性，城市文化的多样性赋予城市文化活力，为创意城市的建设提供源源不断的动力。许多创意城市市民的文化背景复杂多样。不同民族、不同种族、不同性别、不同年龄的市民是城市文化多样性的重要组成部分。各个阶层的市民具有不同的文化需求，只有充分重视各阶层不同的文化需求，才能培养城市文化的

---

① 《中国十大创意城市深圳居首》，《2012 年中国创意城市榜·最中国创意名城评选》，ht-tp：//www. sznews. com/news/content/2012 - 12/18/content_ 7514969_ 2. htm，2013 年 2 月 27 日访问。

多样性，激发城市的创意潜力。

苏黎世作为老牌金融中心城市，最初建设创意城市却始于激进年轻人的"歌剧院骚乱事件"。"歌剧院骚乱事件"的起因在于年轻人认为政府花大量资金用于歌剧院等高雅艺术殿堂的修建，而对年轻人喜欢的亚文化却置之不理。苏黎世政府最终接受了年轻人的建议，同意给年轻人一些发展自己文化的空间。此举最终激发了苏黎世政府与公众协调一致，共同建设创意城市的明智之举。并且满足了不同层次公众的文化需求，也进一步提升了城市形象和城市生活质量。

（二）让最大多数市民参与文化项目

许多城市为了建设创意城市，策划了许多文化项目。但许多文化项目设想非常美好，却并未落到实处，未让市民真正获益。只有真正惠及普通民众的创意城市建设项目，才能真正受到民众的支持，才能使民众真正积极主动参与创意城市建设。

深圳是中国一个新兴的移民城市，城市建设初期在"一切向钱看"氛围中，曾被称为"文化沙漠"。从 2003 年起，为了彻底改变城市形象，深圳市开始实施文化战略，其中一个重要特色就是文化惠民工程，使最大多数市民能便捷享受公共文化服务。为了让最大多数的民众享受文化建设成果，深圳市率先推出了几项举措。首先，政府为公众的文化消费买单，文化服务普遍惠及广大市民群众。2007 年 3 月起，深圳在全国率先免费开放全部市属文化场馆，随后又免费开放基层文化场馆，还免费推出艺术培训、文物鉴定、观摩艺术演出等公益文化服务。2008 年，深圳开设了24 小时自助图书服务系统，全市 32 家公共图书馆以及分布在各社区的160 家自助图书馆实现了文献资源的共享和流通，市民能全天方便快捷地租还图书，并且实现了粤港澳公共图书馆目录的统一查询。此外还建立了"文化义工服务"和"读书月"等活动。文化下基层给普通市民带来实惠，从此改变了深圳"文化沙漠"的形象。深圳市委宣传部外宣办主任在"2012 年中国创意城市榜·最中国创意名城"评选活动中发表获奖感言认为："深圳是一个非常开放的城市，大家都比较宽容，我们所有的文化设施本着一个理念，要实现市民的文化权利，我们的创意也是基于此，包括所有的东西、书城、音乐厅，还有我们流动的图书馆，所有的东西都是考虑到分享和方便，能够全覆盖，能够提供高品质，能够使大家满意。

我们尽量想着什么最适合这里的人"。①

　　（三）充分发挥市民的主观能动性

　　建设创意城市仅靠政府的行政规划，极容易使创意城市建设流于形式。只有真正激发市民的主观能动性，激发市民潜在的创意激情，才能使创意城市建设落到实处，并且能持续进行下去。当然，平常市民一般处于各自封闭状态，要使创意潜力形成合力，就需要开展一些合适的前期项目组织和推动。

　　法国里尔市作为欧洲的"文化之都"，在激发城市民众参与文化活动的主观能动性方面进行了有益的尝试。2004 年，里尔承办了欧洲"文化之都"推荐活动——"里尔 2004"文化活动。在这项文化盛事中，最值得关注的是在城市各个普通居民区创建了许多小型的群众文化艺术活动场所，称为文化休闲之家（Maisons Folie），用以加强交流，开发城市既有的文化多样性。文化休闲之家是普通民众享有文化民主和创意阶层交流和创作的场所。2004 年，里尔开办了 12 所文化休闲之家，此后又开了两家。文化休闲之家并没有单独兴建，而是利用现存的农庄、旧纺织厂、啤酒厂、修道院等旧建筑加以改造。使工业文化遗产保护和促进民众文化权利均等化，两方面都得到兼顾。这些活动场所里有剧场、花园、厨房和餐厅、录音间、艺术家的工作间和展厅等。每个人都有权利免费到此分享艺术体验，交流创意经验，文化休闲之家成为新生活艺术的实验室。文化休闲之家的活动由当地居民自己策划，并且由自己推选的"活动大使"向周围亲朋好友推荐。这种模式使文化活动真正靠市民自己的力量融入了当地民众的生活。

第三节　我国城市加入创意城市网络的技术策略

　　成为创意城市，具备了加入创意城市网络的基础，并不意味着一定能加入创意城市网络。创意城市网络是教科文组织以城市为场域，以构建当地特色文化创意产业为手段，为保护全球文化多样性而发起成立的城市交

---

　　① 《中国十大创意城市深圳居首》，《2012 年中国创意城市榜·最中国创意名城评选》，ht-tp：//www. sznews. com/news/content/2012 - 12/18/content_ 7514969_ 2. htm，2013 年 2 月 27 日访问。

流、展示和销售的平台。在全球化背景下，加入创意城市网络成为我国城市走向国际舞台的一条捷径。要加入创意城市网络还必须符合教科文组织的一些标准，因此可以说，加入创意城市网络的过程，就是建设"教科文组织式的创意城市"的过程。我国许多城市"申都"都比较盲目，是本着我国对创意城市的理解和创意城市网络的理解而行动的，缺乏对教科文组织相关理念及申报程序的深入了解。

一般而言，申请加入创意城市网络的基本步骤有：首先，向教科文组织递交申请材料和市长签名同意的正式申请信。成立由公共部门、私人部门以及市民社会的专家组成的申办管理委员会，由该委员会制定申请材料。指派专门人员担任申请加入教科文组织创意城市网络的联络人员。其次，教科文组织通报该城市所在国家的教科文组织全国委员会相关城市的申请情况。如果未得到该国教科文组织全国委员会的许可，则会拒绝该城市的申请。再次，教科文组织会成立相关外部专家组，匿名对该城市展开全方位调研，提出相关评审意见。最后，教科文组织总干事在与专家小组商议之后，将决定是否接受该城市为创意城市网络的成员。① 本章第一节已对我国"申都"的现状和问题做了分析，在此有针对性地提出一些技术性策略。

一　鼓励具有特色文化资源的中小城市"申都"

教科文组织创意城市网络作为全球文化多样性联盟的重要组成部分，提升全球文化多样性，抗击由某些大国所主导的文化全球化，是它的主要宗旨。教科文组织在申报说明中也一再强调"鼓励、欢迎中小城市申报"。其实我国拥有许多独具特色的中小城市，是符合教科文组织申报标准的"准成员城市"，但在我国，由于许多中小城市发展理念还较落后，融入国际化进程不深，加之缺乏"自信"等因素，因此申请加入创意城市网络的城市几乎都是大都市。可喜的是，有些中小城市已经行动起来，如浙江东阳和江西景德镇，但广大中小城市还处于"集体失语"状态，对如此珍贵的发展良机无动于衷。因此，今后我国应鼓励更多拥有特色文化资源的中小城市"申都"。首先，应对符合教科文组织创意城市网络申报标准的中小城市进行调查和统计；其次，再有针对性地对这些城市做好

---

① 译自联合国教科文组织官方网站（http：//www.unesco.org/new/en/culture/），2013 年 2 月 27 日访问。

相关宣传，并进行专项规划；最后，组织专业申报小组，开展专项申报。

二 鼓励申报"美食之都"和"电影之都"

对我国准备"申都"的城市而言。目前，我国已有北京、上海、深圳三个特大城市成为"设计之都"的前提下，如果继续在"设计之都"这个独木桥上拥挤，恐怕被挤下的可能性更大。拟"申都"城市应更加谨慎地思考当前创意城市网络的格局，寻求差异化申报的策略。就图 3 - 1 所示来看，目前"媒体艺术之都"、"电影之都"和"美食之都"是申报最少的类型，因此我国准备"申都"的城市更应该关注这些类别，仔细审视盘点自身的文化资源是否契合这几类城市的要求。"媒体艺术之都"需要有较好的数字信息硬件网络条件，并且市民须具备较好的相关数字化知识基础，我国大多数城市还不具备这样的条件。因此，"电影之都"和"美食之都"都是我国城市未来应重点关注的申报类别。并且，我国是以"饮食文化"著称的文明古国，繁荣兴盛的饮食文化也使许多城市熠熠生辉。但目前我国只有成都被授予了"美食之都"称号，这与我国饮食大国的地位不符。因此，未来"美食之都"的申报应成为重中之重。

三 调动广大民众的"申都"热情

当前我国城市"申都"遇到的最大的"瓶颈"就是民众的知晓度与参与热情不高。而教科文组织为每种创意城市类别设定的标准中都十分强调民众的参与及其对城市普通市民文化素质提升的贡献。因此，当前我国城市申都应调动广大民众的热情。首先，应在拟申都城市进行大量宣传，广播、电视、广告和新媒体等渠道都是宣传阵地；其次，应结合本地文化特色组织相关文化活动，吸引市民参与；再次，应组织像"里尔2004"中的文化休闲之家的基层文化团体或机构，将文化的影响通过市民的日常交流延伸到城市的每个角落。

第四节 我国城市加入创意城市网络的政策体系构建

对于我国城市而言，城市管理和发展一般采取政府主导的方式，因此创意城市建设的成败，"申都"成功与否，从根本上说政府的相关政策在其中起着至关重要的作用。对拟申请加入创意城市网络的城市政府而言，首先应了解我国相关城市前期"申都"的基本情况，结合所存在的问题，制定相应的对策。

一 构建"申都"政策体系的理念和原则

创意城市是从国外引进的城市发展建设模式。建设创意城市，对我国大多数城市还比较陌生。因此，加入创意城市网络本身就是一种颇具挑战的创意行动。我国城市政府惯常的政策措施对建设创意城市，加入创意城市网络而言，不一定能奏效。因此，应首先大刀阔斧地对拟"申都"城市政府的建设理念和原则进行调整，在此基础上才能制定切实有效的"申都"政策支持体系。

（一）建立内外有机网络系统

建设创意城市，加入创意城市网络是一个综合性的系统工程，需要政府各个部门的协调统一，甚至在关键时候还要成立联合工作小组，指挥协调相关工作。因此，应建立一个有机网络，对相关工作进行联络和协调。这里的网络有两个子系统：一个是指创意城市内部各个部门之间的内部协调网络，另一个是指创意城市与国际相关城市和组织之间的外部交流网络。这种网络的实质是一种新型的合作关系，它为各个部门和利益相关者提供一种新型的合作平台。它既包括相关部门的正式合作关系，也包括城市中无处不在的私人非正式的合作关系。它们对城市发展而言都同等重要，并且事实上私人合作项目的数量要远远超过政府部门的正式合作项目。特别对那些创意阶层的重量级人物，他们的能量甚至能左右创意城市的发展。他们的项目的运作不仅是网络内部协调合作的结果，他们的创意成果还能为城市市民的文化生活提供素材并提升他们的文化鉴赏力，此外还能最终为创意城市的建设添砖加瓦。当然，国际合作网络也同样重要，因为和其他城市的竞争和对比会激发城市发展动力。这种新的城市合作网络，以及在新经济、新技术、新文化形式方面的合作是未来城市繁荣发展的关键因素。目前，大多数城市都十分热衷在城市间建立战略合作关系，进行文化教育交流、人员交流、研究中心的交流合作，以提升它们对外交流能力和国际化取向。教科文组织创意城市网络就是其中的一种形式。目前，城市间广泛的国际战略合作关系迅速发展，它的效果远远优于以前流行的一对一的城市合作关系。

（二）突破常规，转化范式

为了创造创意氛围，需要拆除既有的制度障碍。这意味着在创意城市建设过程中要随时打破一些惯用的规章制度和行事方式。政府和一些组织机构的官僚作风，以及一些专业结构自以为是、故步自封的条块思想是滋生这些障碍的源泉。城市政府不能形成创意氛围有多种多样的原因，并且大多数城市发现他们在建设创意城市方面处于进退两难的境地。一方面，城市在政府的管理下运行，政府需要对市民负责，但由于体制关系，庞大的政府机构的确没有小的私人机构对创意氛围的形成，能够做出更及时有效的举措。也许，我们应该建立更多的渠道，沟通政府和民众间的意愿，使这种创意的潜力通过更民主的方式真正成为城市发展的财富。但政府可能并不能真正成为激发创意的主力军，激发起民众的意愿有时是一件制造麻烦的愚蠢举动。事实上，在一个成熟的法制社会，也许合法性是政府和民众创意的真正障碍。另一方面，政府和创意并不容易结合在一起。规则意味着维持现状，而创意意味着突破现状。城市政府的一个中心任务就是要管理城市的经济和社会生活，以确保城市的多样化和利益相冲突的群体间彼此和平相处和团结协作，并且保护和提升大家的共同利益。这通常需要一些强有力的规章制度加以实现，这些规章制度在一段时期内要保持相对的稳定，有时就难以适应复杂多变的实际情况。因此，看起来政府部门要保持创意是一件不可能的事情。实际上，政府部门在开展实际工作过程中，常常需要各个部门协同合作，合作的过程中，彼此都会接触到新的工作内容，就会产生新方法去解决，这就是产生创意的源泉。因此，对政府部门来讲，最容易产生创意的部门是那些新成立的部门。对加入创意城市网络工作来讲，成立专门的"申都"工作小组就是突破制度障碍的新方法。

（三）培养组织能力

出色的组织能力是建设创意城市、加入创意城市网络的前提。因为要建立政府和私人层面的战略合作关系，组织能力是首要保证。城市中从私人到政府层面都需要发展组织实施的能力，以确保创意最终能够实现。而一个创意最终也要通过政府、私人或志愿者的努力，并且从社会、经济、文化各个层面加以综合考虑，才能最终得以实现并促进城市发展。一个城市无论怎么优秀，其创意潜力都是有限的。组织能力是一种十分关键的能力，包括领导能力、专业技术能力、战略眼光和长远视角、倾听和合作能力、忠诚和诚实、建立核心团队的能力等。如果创意缺乏优秀的组织管理能力，将不能够充分利用好城市的潜在资源。

（四）培育内在创意潜力

不是每一个创意项目都能够成功，因此创意是要冒风险，有代价的。作为政府来讲，应建立一种可包容的激励机制。通过组织一些竞赛，提供一些奖励，吸引公众的注意力等来激励创意的勇气。城市政府必须同时关注国内和国外的创意发展，通过组织国内外创意竞赛来获取新观点、新方法。目前这些竞赛包括建筑设计、城市规划、园艺设计等艺术领域，其实这些竞赛还可以延伸至社会科学领域，举办一些有关如何处置城市环境污染和经济发展、城市文化遗产保护和社会发展、城市文化形象建设等方面的竞赛。这些竞赛的举行为不同背景的人群参与城市建设提供了合适的渠道，为政府、私人和志愿者提供了合作机会。这些全开放的平台使大家的思想汇集到一起，更能发现问题和机会。政府通过组织这些项目为城市的发展提供动力，由于他们来自内部既可以保证创意的源源不断，又可以增进内部的团结。通过这些项目可以提升城市内部人员的自信，每个人都有机会通过自身努力使城市更美好。这种责任感，是激发内在创意潜力的源泉。

（五）听取外部意见和建议

外部意见和建议可以以很多方式影响城市发展。首先，政府部门可以通过一些传统渠道，比如会议、出版物和城市网络交流等获取城市发展的前沿信息；其次，他们可以通过和相关领域的专家进行访问或交谈获得相关建议；再次，引进熟知其他城市发展状况的专家，提供不同的发展经验。外部的意见和建议可以打破那些内在的既有模式，一些用常规范式无法解决的问题，通过和外部进行交流引进相关经验教训，有时即可迎刃而解。

二　构建"申都"政策体系的内容

（一）建立城市文化遗产保护制度

我国是四大文明古国之一，拥有享誉中外的五千年灿烂文化。我国许多城市都拥有丰富的城市文化遗产。因此，我国建设创意城市应重点立足于既有资源，形成合理的城市文化遗产保护和开发制度，为创意城市建设和"申都"打好硬件基础。

城市文化遗产包括城市内由先人创造并保留至今的一切物质文化遗产、非物质文化遗产、文献遗产和文化景观类遗产等。国际上，城市文化遗产保护经历了三次思潮。第一次保护思潮以单体建筑为主；第二次保护思潮以历史建筑群、城市景观和建筑环境为主；第三次保护思潮以制定具有针对性的地方性保护政策为主。早期的保护政策关注遗产本身的历史特性，而当前的保护政策更注重遗产的未来发展。政府多重视对城市文化遗产的保护，而忽视对城市文化遗产的未来，也就是对城市文化遗产价值当代开发的应有关注。从布迪厄的"文化资本论"来看，城市文化遗产作为"积累的劳动"是具有开发价值的。此外，城市文化遗产不同于静态的博物馆中的展品，它本身也是城市生活的载体。因此，在当前经济文化全球化背景下，封闭保护城市文化遗产是不现实的，它应与城市的政治、经济、文化、日常生活结合，通过开发其潜在价值，才能焕发生机，真正成为建设创意城市的宝贵资源。

1. 建立城市文化遗产普查申报制度

政府文化主管部门首先应对城市文化遗产做全面普查，摸清当地文化遗产的数量、质量和分布。在此过程中，对已知晓的文化遗产进行整理归档，对新发现的文化遗产按其品相进行申报，并进行相应级别的认证。在此过程中应大力发动民众的积极性，鼓励个人调查申报，并对发现新文化遗产的个人及集体进行奖励。在普查申报基础上，建立城市文化遗产体系。

2. 建立城市文化遗产保护相关法律体系

我国历来重视对城市文化遗产的保护，也形成了一系列保护城市文化遗产的政策和法规。1982 年，我国开始实施"国家历史文化名城"确认及保护制度，通过国家授牌保护那些留存丰富历史文物、具有重要文化价值和纪念意义的城市。目前，我国有 120 个城市成为"国家历史文化名城"，其中又分为七个类别，包括古都型、传统风貌型、风景名胜型、地方及民族特色型、近现代史迹型、特殊职能型和一般史迹型。这些城市各自设立了一整套城市历史风貌保护制度，有效地保护了当地历史文化风貌。2008 年 4 月，国务院以国务院令形式颁布了《历史文化名城名镇名村保护条例》，以法律法规形式明确了我国保护历史文化风貌突出城市的基本方法和法律责任，奠定了我国城市文化遗产保护制度的基础。各地可参考已经成型的政策法规，建立符合当地特色的文化遗产保护法律体系。

3. 建立城市文化遗产保护规划

对国家和省级历史文化名城进行严格的规划管理。要明确有保护价值的历史文化街区和重要历史文化景观，严格文物保护和建设控制的措施，对市区的土地利用和城市的建筑物高度和外形作出相关规定，以保护城市原有的历史文化风貌。在摸清当地文化遗产资源基础上，按照文化遗产的现状，再结合当地文化遗产保护的法律法规，制定相应的保护规划。文化遗产保护规划应根据文化遗产的保护现状，分层次分类别制定相应的保护规划。并且，文化遗产保护规划的制定不能脱离当地的政治、经济、社会背景单独看待；文化遗产保护规划的实施应融入城市发展的大环境，在城市发展规划中通过城市紫线的划定①，使其在城市日新月异的发展变化中，真正发挥它的作用。

4. 建立保护基金制度

城市文化遗产的普查和申报，保护规划的制定和实施，文化遗产的维护和修缮都需要大量资金的长期支持。因此，政府应建立相应专项基金，并设立专门机构监督基金的使用和效果评估。基金来源可以是政府的专项经费，也可以是企业和个人的捐赠，还可以是社会募捐，甚至可以发行相应文化遗产保护彩票。在募集文化遗产保护资金的同时，也要做好资金使用状况的定期发布说明，让公众知晓并监督保护基金的使用状况。重视文化资源保护，对各类文物保护单位要严格按照《文物保护法》进行规划保护控制。建立有偿回报机制，通过生产性保护和门票收入等途径，落实文化遗产的保护和其衍生价值的开发。

（二）建立支持创意产业发展的政策体系

1. 鼓励发展创意产业集聚区的政策

创意产业要集聚发展，需要政府从土地使用、项目创新、科技开发等方面制定一系列配套政策，引导相关企业和个人形成合力集聚发展。创意产业集聚发展一般应依托创意产业示范园区。园区的兴建可利用旧有的工业用地和厂房等，也可在已形成创意产业集聚发展趋势的地区因势利导兴建示范园区。对于没有集聚基础的园区，应制定相关的优惠税收政策吸引创意企业和个人入驻；对于有集聚基础的园区，应制定相关激励措施进行产业优化，提档升级，延伸产业链，扩大规模发展。园区的经营管理应符合国家的相关法律法规；保证创意产业的收入达到园区总收入的60%以上；扶持园区内龙头企业的发展，形成良好的企业培育和集聚作用；建设

---

① 城市紫线，是指国家历史文化名城内的历史文化街区和省、自治区、直辖市人民政府公布的历史文化街区的保护范围界限，以及历史文化街区外经县级以上人民政府公布保护的历史建筑的保护范围界限。

优良的基础设施和良好的服务体系，发挥企业孵化和壮大经营规模的服务平台作用。上海是我国建设创意产业集聚区的领先城市，作为中国近代著名工商业城市，近年来在开发城市工业用地建设创意产业集聚区方面形成了"五变三不变"模式（见表 3 - 5），值得参考借鉴。

表 3 - 5　　　　　　上海创意产业集聚区开发"五变三不变"模式

模式	内容
三不变	产权不变、建筑结构不变、土地性质不变
五变	产业结构要变、就业结构要变、管理模式要变、企业形态要变、企业文化要变

2. 建立支持创意产业发展的融投资体系

要从战略和技术层面上提供创意产业融投资的效率，通过金融杠杆促进创意产业集聚发展，产生规模优势。近年来，我国加大了对文化创意产业发展的支持力度，2005 年制定了《国务院关于非公有资本进入文化产业的若干决定》（国发［2005］10 号）、2010 年九部委联合出台了《关于金融支持文化产业振兴和发展繁荣的指导意见》，2010 年还颁布了《国务院关于鼓励和引导民间投资健康发展的若干意见》（国发［2010］13 号）等文件，从国家层面上为文化创意产业的投融资提供了政策保障。截至2011 年年底，文化部和各大银行已实现向文化产业累计投放 187 亿元的贷款，沪、深两市上市文化企业超过 50 家，到 2012 年 2 月，文化企业累计发行各类债券达到 379. 94 亿元，各类社会资本积极进入文化创意产业的态势基本形成。[①] 各地市也积极跟进自身特色建设支持创意产业发展的投融资体系。当前应积极吸引国有文化企业、大型国企和金融机构认购文化创意产业板块证券期货；设立多个文化创意产业风投基金；建立公信度高、服务效率高的文化产权评估公司；推动重点领域文化创意产业企业进行股权投资；推动文化创意企业收购和重组，形成合力优势资源。

3. 对创意产业实施财政税收优惠政策

文化创意产业在我国发展时间不长，要壮大文化创意产业的发展势态，必须得到政府财政和税收方面的扶持。近年来，各地市分别出台了鼓

---

① 徐砚：《我国文化产业投融资体系逐步建立》，http://finance. eastmoney. com/news/1365，20120604209426881. html，2013 年 3 月 2 日访问。

励文化创意产业发展的优惠政策，推动了当地文化创意企业的成长，激发了文化创意产业的活力。要设立创意产业发展专项资金，通过贴息、奖励、资助等方式支持文化创意产业发展；为重点扶持综合性传媒集团、文化产业投资控股集团、出版文化集团、演艺集团和影视集团等当地文化创意产业集团注入前期发展资金；对文化企业引进国际或国家级大型会展、体育赛事和经典演出给予奖励或补助；鼓励相关政府资金向文化产业倾斜，按照资金管理办法，向文化企业和文化产业集聚区倾斜，形成支持文化产业发展的合力；对文化单位转企改制及其发展文化产业提供优惠扶持政策，确保转制文化企业享受增值税、所得税、营业税、出口文化产品退税等各项优惠待遇落实到位；对转制文化企业、新办文化企业，纳税确有困难的，自注册成立之日起，一定时期内免征房产税、营业税。①

（三）建立支持城市公共文化服务政策体系

1. 支持城市公共文化事业发展

在大力发展文化创意产业的同时，具有公益性质的文化事业对创意城市的建设和发展同样至关重要。公益性文化服务事业，关系全体市民文化权利的实现。它对创意城市建设的作用是长效的，主要表现在社会效益方面。因为，它不能直接产生经济效益，因此公共文化事业需要政府的大力扶持。要发挥政府公共财政的主导作用，各级财政都要加大对文化事业的经常性投入；政府财政应从文化创意产业收入中抽取一定比例资金纳入当年文化事业发展预算，建立文化事业发展专项资金，用于文化事业单位技术改造、重点文化设施建设、人才培养、文物保护、精品创作、理论研究、广播电视信号覆盖等项目的补助和奖励。建设遍及城市社区的公共文化服务站，真正使文化资源普及化、大众化。

2. 加强城市公共文化服务设施建设

公共文化服务基础设施是保证城市文化活动顺利开展的硬件基础。门类齐全的城市文化基础设施，合理的文化设施布局，对提升城市文化形象，建设创意城市具有举足轻重的作用。公共文化设施建设应纳入城镇发展规划，统筹安排，合理配置；要重点建设城市标志性公共文化设施，同时也要在城市社区规划建设小型文化设施，做到同步规划、同步建设；公

---

① 《海南省人民政府印发关于支持文化产业加快发展若干政策的通知》，《海南省人民政府公报》2011 年 7 月 31 日。

益性文化设施建设和相关配套项目指标优先安排，用地实行行政划拨，免交城建配套费；因旧城改造拆迁的文化设施，原则上应在同类地段按原面积返还；城市规划、设计和建设要重视提高文化品位，留出专项经费用于建筑物的艺术造型和装饰。

3. 鼓励社会捐赠，推动城市公共文化服务发展

创意城市的建设要充分挖掘城市的创意潜力，调动每个人的积极性。社会个人或团体可通过民间非营利性组织或国家相关部门，对公益性图书馆、博物馆、科技馆、美术馆等公共文化场馆或公益性活动、项目和文化设施等进行捐赠。税务机关应对相关的法人单位或个人，在缴纳年度应税额的基础上进行适当的减免和优惠；对公益性青少年活动场所的捐赠，在缴纳企业所得税和个人所得税时应全面扣除；为公共图书馆、公共博物馆及各级学校捐赠教学仪器、教材、图书、资料。此外，还应对相关个人或团体进行表彰和事迹宣传。

（四）建立培养、吸引和激励创意人才的政策体系

1. 进一步建立健全创意人才培训体系

鼓励、支持高等院校与文化企业创设人才培养、研发等基地；大力开展学历和非学历教育，培养复合型人才和急需专业人才；支持文化企事业单位和研发机构开设定期或不定期的文化创意产业经营管理、文化创意开发、文化创意产业融投资等方面的培训；开展国际交流和培训，有针对性地组织赴海外开展文化经纪、文化交流、文化产业等方面的交流和学习。

2. 完善人才引进和鼓励政策

制定灵活优惠政策，对文化创意优秀人才，通过高薪聘用、重建人事档案、兼职等多种方式灵活引进，在住房、户籍、家属随迁、职称评定等方面给予政策倾斜；鼓励创意人才带项目引进，对确有价值的项目应给予资金配套支持；对有真才实学的创意人才实行灵活的聘用机制，宽松的管理制度，创造一切条件支持其发挥创意潜力；制定灵活的政策引进国外创意人才，用待遇吸引人，用诚意留住人。在人才引进方面，最重要的是要打破传统的制度约束，创造有利于人才发挥潜力的氛围。

3. 建立符合市场体制要求的收入分配政策

创意产业的发展动力来源于创意人才智力资源，应采取灵活多样的收入分配机制，保护创意人才创作热情，激发他们的创意动力。鼓励和支持文化企业实行项目制、年薪制等多种分配形式，对有突出贡献的人才给予

重奖；对创意人才工作质量的评价可通过他们的创意成果的质量和数量来评价，单纯靠准时准点的工作时限要求来衡量他们的工作质量，显然不适合创意产业发展的要求；允许和鼓励拥有特殊才能和自主知识产权的人才以技能和知识产权入股，并根据贡献大小参与收益分配；对荣获国家级名家、名师、名角等各类文化艺术专家和非物质文化遗产传承人，提供相应津补贴。

（五）建立鼓励公众参与"申都"的政策体系

1. 建立宣传网络

建设创意城市需要广大民众的支持与参与，加入创意城市网络更需要广泛宣传，提高民众知晓度。通过宣传提升公众的知晓度，是建立公众参与长效机制的基础。通过宣传，还能起到教育和引导作用，提高市民的认同感、责任感和自豪感。宣传的方式多种多样，既可以通过传统的宣传渠道，如广播、电视、报纸和户外广告，进行单向信息传输；也可以通过新媒体，如网络、手机等，进行交互式的双向信息互动。在此基础上，建设创意城市宣传网络，实现多向传输和互动，真正调动城市创意热情。

2. 建立公众参与激励制度

公众参与创意城市建设的主要方式是参与当地文化活动，参与文化基础设施建设，比如经常参与社区文化活动、参观文化展演、为创意城市建设建言献策、积极参与社区文化站的建设等。为了激发公众参与热情，也可以采取一些激励措施。比如，开展社区文化创意比赛、社区歌咏会、社区舞蹈大赛等；对热心社会文化活动的个人给予必要的精神和物质奖励。

3. 建立公众文化活动基金

为了支持公众文化活动的开展，需要设立专项基金。资金来源可以通过政府部门划拨，社区文化站管理的方式，也可以通过社会募捐的方式，由民间组织管理，以保证公众文化活动的长效开展。公众文化活动基金最好以社区为单位，服务于当地社区，这种形式能提升便捷性。使当地的文化活动能得到及时的资金支持。当然，基金应由专门机构管理，并定期对公众公布基金使用情况。

第四章　我国城市"申都"
案例策划研究

——以重庆为例

重庆位于中国西南部，长江和嘉陵江交汇处，依山而建，靠江而筑，是一座举世闻名的山水城市。重庆是中国四大直辖市之一，国家中心城市，简称渝，别称山城、雾都、桥都等。重庆是典型的组团式城市，下辖19区15县4自治县，人口2884.62万人。① 重庆是国家重要的现代制造业基地，全国综合交通枢纽，同时也是长江上游地区经济中心、金融中心、创新中心，以及航运、政治、文化、科技、教育、通信中心。

重庆是中国著名的历史文化名城，是巴渝文化的发祥地，具有3000多年的悠久历史和光荣的革命传统。重庆历史源于距今两三万年的旧石器时代末期。商周时期，巴人建立巴国，后秦灭巴国，置巴郡。重庆古称江州、巴郡、楚州、渝州、恭州，公元1189年宋光宗升恭州为重庆府，重庆由此得名。自秦汉以来的历朝历代，这一区域一直以现在的重庆主城区为中心设置行政区划。1891年重庆开埠通商，1929年正式建市。1937年由于抗日战争的需要，国民政府迁都重庆，重庆成为中华民国战时首都，1940年升格为中华民国陪都。抗日战争期间，重庆是当时全国抗日战争和世界反法西斯战争远东战场的最高指挥部，是战时大后方的政治、经济、文化中心，为世界反法西斯战争和中国抗日战争做出了不可磨灭的贡献。抗战胜利后，重庆仍为国民政府直辖市。新中国成立初期，重庆是西南地区政治、经济、文化中心，仍为中央直辖市。1954年西南大区撤销后，改为四川省辖市。1983年，成为计划单列城市，赋予省级经济管理权限。1992年辟为沿江开放城市。1997年3月14日，经八届全国人大五

---

① 重庆市统计局：《重庆市2010年第六次全球人口普查数据公报》（重庆日报网络版），2011年5月3日，http://cqrbepaper.cqnews.net/cqrb/html/2011 – 05/03/content_ 1358014.htm，2013年3月8日访问。

次会议审议批准，重庆正式成为中国第四个直辖市，重庆城市建设步入快车道。2010 年 2 月，国家住房和城乡建设部发布的《全国城镇体系规划》中，将重庆列为五大国家中心城市。2011 年国务院批复的《成渝经济区区域规划》把重庆定位为国际大都市。

第一节　重庆加入创意城市网络的类型选择："美食之都"

一　重庆的文化基因

（一）巴文化

巴文化源远流长，博大精深。什么是巴文化？存在诸多争议。首先"巴"字，据考证，有的说指蛇。西南大学余云华教授认为："蛇就是巴人"，《山海经》就有"巴蛇吞象"的记载，而重庆古称——"巴"字的篆书就是一条蛇的形状。或者说"巴"本来最初的意义就是"蛇"。[①] 有的认为是指"鱼"，四川大学张勋僚教授考证出：巴就是鱼，鱼就读巴。[②] 将"巴"放在社会历史环境中来考察，可以指巴族，也可以指巴国，还可以指巴地。就巴族而论，支系繁多，从部落崇拜对象来分，有鱼凫之巴、白虎之巴、灵龟之巴、龙蛇之巴、竹之巴等；从地域角度来分，有洞庭之巴、巴方之巴、巫山之巴等。巴国则是指一个时间概念的政治实体，鼎盛时"东至鱼腹，西至僰道，北接汉中，南接黔涪"。[③] 巴地是一个含义较模糊的地域概念，可以是指巴国的属地，也可指巴族活动所及之地。

由于对"巴"字含义的争论，使巴文化的含义众说纷纭。从时间角度来看，是指从巴文化产生及繁衍过程中，作为其载体和代表的延续至今的土家族文化；从空间来看，是指凡是有巴人活动记载和巴人的出土文物的地方；从内容方面来看，凡与巴族有关的物质文化和精神文化，都可归属巴文化范围；从具体表现来看，巴文化可从以下几个方面来体现。

[①] 余云华：《重庆古称"巴"就是蛇形状　形成独特蛇文化》，http://cq. cqnews. net/shxw/2013 – 02/08/content_ 24254782. htm，2013 年 3 月 8 日访问。
[②] 张勋僚：《古代巴人的起源及其与蜀人、僚人的关系》，《南方民族考古》1987 年第 1 期。
[③] 常璩：《华阳国志》卷一《巴志》，齐鲁书社 2010 年版，第 4 页。

1. 风俗习惯

关于三峡地区的风俗习惯，史籍中有所记载。《后汉书·南蛮西南夷列传》中记载了"廪君乘土船"的传说以及近年来船棺的发掘情况，都说明巴族是一个靠近江河的熟悉水性的民族。他们所用的船棺就是当时人们实用的独木舟，生前乘坐，死后即以为棺。由此可知，船在他们的生活中具有重要作用。

《太平寰宇记》记载了"渝州风俗"："今渝之山谷中有狼猱乡，俗构屋高树，谓之夹阁兰。不解丝竹，唯吹铜鼓。视木叶以别四时。父子同讳，夫妇同名，祭鬼以祈福也。……此县是当夷僚之边界。其民俗聚会则击鼓，踏木牙，唱竹枝歌为乐。"从中可以看出，古代三峡地区的巴族一般居住在干栏式建筑上，能歌善舞。他们歌舞的内容起初是反映人们劳动和生活的现实，后来随着巴族部落酋长和氏族贵族发动的掠夺性战争与日俱增，巴族的舞蹈就主要向着"战舞"的方向发展。"巴师勇锐，歌舞以凌殷人"[1]，在作战前歌舞，对原始民族是一种普遍现象，其目的既是鼓舞士气，也具有巫术的作用，即企图利用超自然的力量战胜敌人。巴族在唱歌时，往往也有即兴的伴舞。左思《魏都赋中》有"明发而燿歌"一语。李善注："燿讴歌，巴土人之歌也。何晏曰，巴子讴歌，相引牵手而跳歌也。"巴族在乐器方面似乎惯于使用錞于和钲，它们都是铜制打击乐器。

2. 生产手段：由渔猎到农耕

早期巴人是以渔猎为主的民族，沿水而居，以船为家，在他们的生活中和鱼的关系尤为密切。在源出于《世本》的早期巴族传说中，古代巴人的发源地在长江中游的湖北西部地区。但到了春秋前期，巴国在其附近的蜀国境内民族的影响下，开始了农业生产，《华阳国志·蜀志》记载"后有王曰杜宇，教民务农……巴亦化其教而力务农"[2]。农业发展以后，巴族社会才可能有较多的剩余产品，有定居的环境，为畜牧业、手工业的繁荣和社会向前发展创造出有利条件。在农作物中，水稻的栽培，可能在较早的时候即已开始。《华阳国志·巴志》载江州县在汉代"有稻田，出御米"，足见当地人民种植水稻是有丰富经验的。至于山区，农业耕作技

---

① 常璩：《华阳国志》卷一《巴志》，齐鲁书社 2010 年版，第 7 页。
② 常璩：《华阳国志》卷三《蜀志》，齐鲁书社 2010 年版，第 28 页。

术则较落后，仍然沿用刀耕火种，作物有黍、稷之类。

3. 语言文字

古代文字是巫师创造的，也是由巫师世代相承，加以发展的。巴文还停留在象形文字最初阶段。至于形声字，是象形兼声符的文字，这是象形文字最后、最进步的发展阶段。巴文虽已有合体字，可能这还是会意字的开始，因而它没有形声字。具有巴文的铜器，在同一时期之内分布在四川境内是相当广泛的，说明当时巴族中的巫师必然有一定的数量，才能在这么广的地域内分布。正由于巫师众多，传播范围广泛，因此巴文在西南地区不至于快速消失。

4. 服饰文化

古代巴人服饰文化自有其特色。首先，从发式上来看，这是古代决定族系的重要标志之一。在昭化宝轮院和巴县冬笋坝出土的铜器上，经常铸有一种梳有尖状髪髻的人头符号，古代中原民族称这种髪式为"髻"，这是西南民族的一种典型发式。由此可知，巴应与滇、夜郎、邛都等西南民族一样，是属于《史记·西南夷列传》所划分的"髻"的民族范围。

另外，还有其他一些考古发现可以证明当时的服饰文化的融合。綦江横山乡二磴岩崖墓内发现有多人连手而舞的画像。有些专家对其进行考察后，认为这是东汉时期西双版纳傣族文化在三峡地区的遗留，从綦江岩崖墓中的舞蹈场面来看，其中的筒裙、发髻、紧身背心，都是典型的傣族服饰和发型。我们并非一定要说画像反映的就是傣族的先民，但其为濮或越民族的集体舞蹈场面似为可信。宜宾岩穴墓五宝蛮洞子沟 M1 墓内的石刻，有一种背心式的上衣，在左壁锥髻人的身上特别明显，而墓葬的主人是川南僚人。这种"背心式的上衣"与綦江岩崖墓中舞蹈者的紧身背心，无疑属于同一服饰文化类型。

（二）三峡文化

三峡文化是一种地域文化，是生活在三峡地区的人类团体在历史发展过程中所创造的物质财富和精神财富的总和。三峡从地理位置看，西起重庆奉节白帝城，东至湖北宜昌南津关，全长 193 公里，是世界自然遗产。这里所述的三峡文化主要指发源于重庆境内的三峡文化。三峡地区多是峡谷丘陵地带，在古代交通不便，耕地稀少，农业不发达，而渔猎由于靠山临江是主要的生产生活手段。这种特殊的地理环境孕育了这里不同于中原大地的文化——三峡文化。三峡文化的主要代表是巫文化。

巫文化是三峡文化的灵魂。巫文化顾名思义是与巫有关的一切文化现象。巫又称祝，事鬼神，其降鬼神的手段是歌舞。巫是神与人之间的媒介，代表通达天地的执行者。"巫"字上面一横代表天，下面一横代表地，中间一竖代表着通达天地，旁边的两个"人"代表着一男一女，即巫觋和女巫。巫文化的产生源于人类对大自然的力量的敬畏和无知，人类由于对外界认识的局限性，人们只好从自身的粗浅认识出发，去判断周遭事物，形成万物有灵的思想，产生鬼神观念，形成巫术和巫文化。三峡地区崇山峻岭，长江奔腾汹涌，人在大自然面前是如此渺小无力，人对外界周遭无法驾驭，就会寄希望于鬼神世界，因此三峡地区巫风炽盛。

三峡地区巫文化主要由四大部分组成：第一部分为巫教，包括各种巫术、宗教、祭祀等。商周时期，三峡地区最流行的是一种叫鬼教的原始宗教。鬼教的中心就是今天重庆市丰都县。三峡地区从古至今都流行一些巫术活动，如跳端公、告阴状、请七仙姑、化九龙水等。三峡地区的祭祀主要分人祭和獭祭两种。流行万物有灵论，以山石、河水、虎、蛇等为崇拜对象。

第二部分为风俗，包括习俗、丧俗、禁忌等。古代三峡地区的日常生活中离不开巫师和鬼神的作用，凡家有病灾丧事，必然请巫师作法，驱鬼除灾。建房时，在建房的每个环节必须请巫师择黄道吉日，并请能说会道的工匠说吉利话讨喜。如遇丧事，则请巫师看风水，选墓地，要经过坐丧、跳丧、转丧、堂祭等仪式。

第三部分为艺术，主要包括歌舞、傩戏、巫画等。巫歌是三峡地区流行的民间诗歌，较著名的有《梯玛歌》等，《梯玛歌》是土家族巫师的说唱口头民间文学。巫舞是巫师在祭祀时进行的法术活动。三峡地区流行最广的有跳丧舞、端公舞、仙娘舞、姊妹舞等。巫戏，又称傩戏，是为了达到驱鬼逐疫、驱灾纳吉的目的，而进行的一种戏曲形式的巫术活动。三峡地区的巫戏主要分为还傩愿和还坛神两种。

第四部分为文学和综合知识，主要包括当地的民间文学、文字等。三峡地区由于巫风炽盛，因此当地神话传说十分兴盛。主要包括创世神话、治水神话和英雄神话三大类。巫书中最为著名的就是《山海经》，据考证该书思想主要来自楚巴两地巫师的著作。此外，还有《故记》和《琐语》这类预言祸福吉凶的巫书。

（三）移民文化

重庆地区由于地处水陆要冲，人口流动频繁，历来商业贸易发达，移民众多；又处于西南地区丘陵地带，地形复杂，成为中国战时的大后方，迁入人口众多，形成独特的移民文化。据统计，重庆地区自秦汉以来到当前共有 8 次大移民，其中有 7 次是由外引入，而伟大的三峡大移民则是重庆地区原住民唯一一次迁往外地的义举。重庆地区的移民大致有几种类型。

第一种是建国需要。如元末农民起义发生时，重庆地区的农民领袖明玉珍借宗教起义之机，率部进入重庆，引入大量人口，建立了大夏国。

第二种是商业性移民，重庆是西蜀的屏障，又扼众水之咽喉，直达荆襄，因此重庆历来具有重要的军事和商业价值，是长江上游重要的工商业重镇。由于商业发达，商帮行会众多，到乾隆时期，重庆的商帮达 25 个，各业行会达 150 多家。现存的湖广会馆则是当时工商业繁荣昌盛的见证。

第三种是填补战乱人口空缺。重庆地区在明朝初年人口锐减，朱元璋随即组织大量人口移民入川。移民主要来自湖北地区，这就是"湖广填四川"。到明末清初时，四川地区由于战乱频繁，土地荒芜，人口锐减。为了迅速恢复生产，清政府采取多项措施鼓励外地居民入川。

第四种是避战乱支持前线需要。抗日战争时期，重庆作为战时首都，随着政治、经济、文化中心的西移，重庆成为战时中心，大量主要工厂设备迁往重庆，也有大批政要、文化名人、商人等迁居重庆。为了抗战需要，有大量移民进行军需粮食物资生产。三线建设时期，有多家重工业和军工企业从沿海发达地区迁往重庆，又一次促进了重庆经济的发展。

（四）陪都文化

1937 年抗日战争爆发，国民政府决定西迁重庆，重庆成为中国抗战时期的首都。随着国民政府的迁驻，重庆市区扩大，人口随即由 20 多万上升到 50 多万。重庆成为当时政治、经济、军事和文化的中心。当时沿海城市的纷纷沦陷，大批工厂和人员迁往重庆。以重庆为中心，包括合川、长寿、江津等地，分布有 4 万多家工厂，重庆成为当时大后方唯一一个综合性工业区；随着战事发展，工业企业的纷纷内迁，大量商业企业也迁往重庆。1945 年，重庆地区公司、商行达 3 万多家，银行金融业随之也迅速发展；重庆地区为了支持抗日战争，被日本飞机轰炸 210 多次，还是不懈地努力生产军火、军粮和抗战物资支持前线。此外，抗战时期由于有大批文化团体，以及文学、戏剧、电影、音乐、美术、新闻等方面的杰出人士集聚重庆，重庆当时的文化十分活跃繁荣。为了鼓舞抗日斗志，涌现出了一大批优秀作品，像老舍的长篇小说《火葬》，艾青的诗《向太阳》，郭沫若的《屈原》、《虎符》等。另外，当时重庆的电影业也空前繁荣昌盛，一大批电影艺术家云集重庆，拍摄了大批优秀作品，像《中华儿女》、《长空万里》、《收复台儿庄》、《民族万岁》等，极大地鼓舞了抗日爱国的斗志。

（五）码头文化

川江航道历来是四川地区对外贸易的黄金水道。明洪武初年，镇守重庆的指挥使戴鼎在重庆城旧址上重修重庆城，城墙沿江而建，修筑门十七，九开八闭，像九宫八卦。开九门中，有朝天门、东水门、太平门、储奇门、金紫门、南纪门、临江门、千斯门及通远门，除了通远门以外，其他八个门都是朝向长江或嘉陵江，形成天然的码头，商贾云集，货运客运十分繁忙。1890年3月中英签订《烟台条约续增专条》，预定重庆为通商口岸，随即重庆于1891年正式开埠。开埠后，重庆本地土货资源大量出口，外国货物大量涌入。进出口贸易量的增加，直接促进了重庆航运业的发展。水上运输的发达，使重庆成为长江上游最大的水陆运输码头，孕育了独特的码头文化。各色人等的到来为重庆地区经济的发展带来了先进技术和新思想方法，也使重庆成为思想开放、包容性强、活力旺盛的地区。

二　重庆"申都"目标："美食之都"

根据重庆文化积淀和城市特色，再结合创意城市网络的申报要求。重庆市在2010年6月，从教科文组织创意城市网络设定的七种类别——"文学之都"、"音乐之都"、"电影之都"、"民间手工艺之都"、"设计之都"、"媒体艺术之都"、"美食之都"中，选择了"美食之都"进行申报。以下为选择"美食之都"申报的理由。

（一）重庆民众历来爱好美食

重庆地区民众自古以来具有悠久的饮食文化传统。勤劳的重庆人民创造了丰富多样的当地物产，为日常饮食提供了多元化的原材料。重庆自古"其民质直好义，土风敦厚，有先民之流。"故其诗曰："川崖惟平，其稼多黍，旨酒嘉谷，可以养父。野惟阜丘，彼稷多有，嘉谷旨酒，可以养母。"[1]

---

[1] 常璩：《华阳国志》卷一《巴志》，齐鲁书社2010年版，第9页。

民风淳朴敦直，喜好饮酒品茶，这种对生活的热爱使重庆民众对美食情有独钟。

重庆人对美食的爱好体现在对菜品的锐意创新。传统的重庆菜是川菜的川东支系，总觉得跟川菜有说不清道不明的关系。热衷美食的重庆人执着于对美食的追求，总是想从麻辣基础上再延伸出一种独特的味觉感受。再加之重庆地区是水陆交通要道，是一个商业繁忙的城市，各方人士的到来，带来了各自的饮食特色，在重庆地区汇集，再产生创新。于是就有了那一系列被称为"江湖菜"的师承多家，不拘常法，复合调味，原料平常，但味道惊人的一道道令人爱不释口的创新菜品。此外，重庆人嗜辣，对美食的喜好甚至到了痴迷的地步，特别是对火锅。冬日严寒，火锅小酒，驱寒送暖；夏日酷暑，依然流行火锅配"夜啤酒"，谓之纳凉消暑，特别让外地人不解。冬天食之谓之驱寒，夏日烈日炎炎也不妨碍重庆人吃又辣又烫的火锅。重庆人对美食的喜爱可以超越环境等因素，这种痴迷是一种对重庆味道的依恋，对重庆式生活方式的深刻体验。重庆美食，特别是火锅融合着重庆人对家乡生活最真切的感受，对生活品位的不断追求。

（二）美食文化代表重庆文化特色

从重庆地区五大代表性文化中，我们似可以总结出重庆的城市精神。一是勇猛刚强，不屈不挠的奋斗精神；二是为正义事业，顾全大局，勇于牺牲的献身精神；三是同心协力，团结奋战的团队精神。这些精神气质都能在重庆美食文化中找到他们的缩影。

重庆美食文化的著名代表是重庆火锅。重庆人钟情于火锅，由于火锅的味型和用餐方式符合重庆人热情、豪放、直爽和喜好群聚的民风。火锅物美价廉，味美实惠，氛围和谐，是重庆大众聚餐的首选。围炉而坐的热闹氛围，比起味道来是更让重庆人心驰神往的原因。火锅桌前一坐，人们感受到的是平等、和谐与包容；热烫麻辣的味觉，很容易激发人的愉悦感；亲朋好友围桌而食的相聚，带给人们温馨和谐。此外，重庆人对麻辣的嗜好也让外地人惊奇，重庆人不怕辣，甚至在三伏天也乐此不疲，魏仲云指出"这正是巴渝饮食，食俗文化的体现，是古老巴民族勇武豪放性格和饮食文化心理的表现。"① 因此，重庆人吃火锅，吃的是一种和谐的文化，一种热闹的氛围，一种酣畅淋漓的豪爽，重庆人的许多事情也是在

---

① 魏仲云：《重庆名胜风情录》，重庆出版社1993年版，第192—193页。

火锅桌边谈成的。这种饮食文化特色正是重庆城市文化精神的一种体现。

（三）渝菜已渐成体系

渝菜名称的由来，主要是为了凸显与川菜的区别。重庆以前划归四川省，重庆的本地菜肴也仅仅作为川菜的一个重要组成部分。直辖后，将渝菜独立出来，自成体系的呼声越来越高，再加之传统川菜本来就有川东、川西、川南之别。因此，近年来，渝菜逐渐风生水起，自成一派。渝菜主要是以地道的传统重庆本帮菜为主，如回锅肉、毛血旺、辣子鸡等，近年融合了新的江湖菜，更注重菜品的造型摆盘，并注重融合粤菜、淮扬菜等菜系的优点。渝菜的特点是麻辣突出、味重色鲜、味型多样。渝菜风格就像重庆人的性格一样，豪放泼辣，厨师用料大胆，尤以辣子系列和尖椒系列最为突出，比如辣子鸡中的辣椒用量甚至比鸡还多。而成都为代表的川西川菜，则较为婉约，麻辣较为温和。由于渝菜的提法时间不长，因此渝菜不断创新，新菜品层出不穷。近年来，在提升渝菜档次、打响渝菜品牌、凸显渝菜特色方面重庆市商委做了不少工作。2012 年，重庆市商委和重庆市烹饪协会为打造渝菜品牌，传承渝菜技术体系，共同制定了《渝菜标准体系》、《渝菜术语和定义》、首批 12 道渝菜地方标准已顺利通过国家标准化管理委员会备案，成为继鲁菜之后，第二个通过备案的地方菜标准体系。为树立渝菜品牌，凸显与川菜的差异化发展奠定了坚实基础。

（四）重庆火锅具有较高知名度

重庆火锅大约发源于 20 世纪初重庆商业繁忙的码头地带。关于火锅的起源有几种说法：一是认为火锅是起源于水手纤夫为了方便避寒湿，在船上将各种菜品一锅煮食的所谓"连锅闹"。二是认为重庆火锅最早是小贩走街串巷售卖的麻辣鲜香的卤水煮制的牛杂食品，俗称"水八块"。三是认为重庆火锅发源于南纪门一带宰房街，由于当时宰房街是黔牛屠宰集散之地，屠宰后留下的牛内脏是一种量大价贱的食材，一些摊贩即以此为材料，制作简单火锅售卖。有一点是相同的，即重庆火锅是一种大众食品，食客众多，与码头文化有关。重庆火锅虽起源于下层社会，但由于它具有鲜香麻辣，酣畅淋漓，热闹温馨等特色，很快在重庆风行。抗日战争时期，火锅逐渐兴盛，火锅店遍布大街小巷。20 世纪 80 年代后，随着人们生活水平的提高，重庆火锅再次迎来发展的黄金时代，涌现出了一系列著名的火锅品牌，重庆火锅逐渐向多元化、精细化和品牌化方面发展。重庆市多次举办火锅美食节，推荐火锅文化，拉动旅游消费。火锅在重庆有悠久的历史渊源，广大的客源市场，因此火锅逐渐成为重庆的一张城市名片。2010 年，重庆被评为"中国火锅之都"，重庆火锅的名气更加蜚声海内外。目前，重庆火锅在重庆以外遍地开花，遍布全国大江南北，长城内外，甚至跨越重洋，成为巴渝文化对外交流的友好大使。

从以上重庆市的现实情况来看，"美食之都"的确是最合适的选择。但由于成都市餐饮业同样发达，申请"美食之都"已经成功，重庆在申报时各方面的工作不够扎实，重庆与成都又美食同源，因此重庆目前还在夯实基础，提升档次，努力建设"美食之都"的过程中。

第二节 重庆申报"美食之都"的 SWOT 分析

2010 年 6 月，重庆启动了申报教科文组织创意城市网络"美食之都"工作。"申都"第一步是要取得缔约国教科文组织全国委员会的认可和支持，经反复与中国联合国教科文组织全国委员会沟通，全委会认为由于成都已经成功"申都"，成渝两地相邻且同属一个菜系，预计在最近几年内将对重庆"申都"工作造成一定的影响，因此全委会建议重庆暂缓"申都"。为了夯实"申都"基础，近年来重庆市委、市政府务实地提出打造长江上游地区美食之都的战略部署，加快推进重庆"美食之都"建设，并同时加强了与有关方面的沟通协调，积极推进"申都"工作。面对暂时的困境，重庆应首先摸清"申都"的优势、劣势、机会、威胁等，尽早制定相应对策，确保"申都"成功。

一 优势

（一）具有独具本地特色的传统饮食文化

重庆地区自古就有酿酒传统，酿酒历史悠久。巴族人在长期实践中掌握了高明的酿酒技术，后世仍然有名。《太平御览》有载："南山峡西八十里有巴乡村，善酿酒，故俗称巴乡村酒也。"巴乡清酒是巴国所酿造的酒类中的名牌产品，是巴国劳动人民长期酿造活动的结晶。巴地的酿酒技术不断提高和改进，约在汉代就制成了五加皮酒。

巴渝大地可能是我国最早产茶的地区之一。饮茶在这里有着悠久的历史。在制茶技术和工具上，巴地也有独特的地方。巴人还能加工茶叶，使它具有更强烈的兴奋提神的作用。

巴渝大地自古以来就是我国最主要的产盐区。川东地区是产盐的地方，当白虎巴人还在清江流域的时候，就经常与盐打交道了，在这鱼盐所出之地，大量从事制盐的生产。春秋战国时代巴族人民制盐，可能是利用天然的盐泉或暴露在地表的岩盐，而尚未掌握开凿的技术。除了煮岩盐方式以外，川东地区还采取煮盐泉和凿井吸卤盐等方式。如果没有春秋战国时代巴族人民长期采盐的历史，则汉代盐业的繁荣，将是不可想象的事。

（二）拥有众多美食街区、餐饮企业和名厨

近年来，重庆餐饮业发展态势总体较好。2011 年，全市餐饮住宿业零售额522 亿元，同比增长17.2%；2012 年，全市餐饮住宿业营业额792 亿元，同比增长21.9%，零售额600 亿元，同比增长15.1%。① 截至2013 年2 月，全市建成特色突出、文化浓郁、风格各异的美食街（城）36 条，其中中华美食街12 条，数量位居全国各省市第一。南滨路、北城天街、磁器口等中华美食街已成为重庆美食地标。重庆美食街的认定有两种方式：一种是政府部门在已有基础上进行评选认定。重庆从2009 年起开始评选美食街。美食街的评选先由区县推荐，再由相关部门申报评审。美食街评定没有固定时间，符合标准的都可申请，但两年复审一次，不合格就取消资格。另一种是民间力量也合力打造区县美食街建设。陶然居、菜香源、秦妈等19 家重庆餐饮企业，筹集上亿元资金抱团成立餐饮投资集团。餐投集团以巴渝文化为底蕴，重点打造区县重要景点附近的美食街，走餐饮与旅游相结合的道路。餐投集团的首个项目为武隆仙女山美食一条街——天下宴。该项目占地约240 亩，总面积约16 万平方米，是一条集美食、购物、休闲、娱乐、院落式客栈为一体的具有巴渝民俗风情特色的商业美食街。餐投集团还着手推进璧山、开县、涪陵、黔江、江津等区县项目考察，准备进一步推广旅游和美食融合发展的道路。

美食街的建立吸引了许多重庆本地著名餐饮品牌入驻，这些著名的餐饮企业又成为激发美食街发展潜力的催化剂。重庆有许多著名餐饮企业，小天鹅、陶然居、德庄、骑龙等餐饮企业获得"中国驰名商标"称号。截至2013 年2 月，重庆市由重庆市商委和中国餐饮协会共同评选出国家级酒家133 家，星级农家乐540 家。乡村基2010 年在美国纽约交易所成

---

① 数据由重庆市商委提供。

功上市，成为中国乃至亚洲第一家在国外上市的中餐企业。重庆餐饮企业在全国和世界各地发展直营、加盟、联营等网点 4000 多个，重庆餐饮企业已遍布全国，走向世界。此外，著名餐饮企业的品牌是靠一些金牌菜品来塑造的。菜品的塑造靠的是厨师的精湛技艺，厨艺的传承离不开世世代代烹饪大师的悉心摸索和耐心传承。目前，重庆一些较著名的厨师有：重庆第一代川菜大师——李跃华；中国十大"中华名厨"——张正雄；"中国烹饪大师"、"全国优秀厨师"——陈小彬；法国国际厨皇美食会授予"厨皇勋章"、国际烹饪大师、国家特一级烹调师——胡晓华；"中国饭店业优秀厨师长"、"中国烹饪大师"——彭其忠；"中国烹饪名师"、"优秀厨师长"、"中国烹饪大师"——郑展智等。

（三）拥有独树一帜的特色烹饪产业

重庆地区餐饮文化中最具特色的是火锅产业。火锅就是重庆的一张名片，火锅产业就是重庆餐饮业的代表。随着重庆正式成为"中国火锅之都"，重庆火锅更是蜚声海外。截至 2006 年，重庆火锅在全国的经营户已达到 12800 多家。全市餐饮网点（店）共 8.05 万个，其中火锅店就有 5 万多个，占到餐饮网点的 62%；全市火锅业年营业收入 78 亿元，占全市餐饮业营业总额的 40.2%；火锅企业从业人员达 43 万人，占全市餐饮从业人员的 60.4%。重庆火锅在国内外共开设 3000 多个实体店面。重庆火锅产业的发展，对于拉动消费，扩大就业，提高人民生活质量，推动商贸服务，以及带动相关产业的发展都具有十分重要的作用。

2010 年 5 月，中国烹饪协会、中国商业联合会和中华全国商业信息中心联合发布 2009 年中国餐饮企业经营业绩调查统计信息，公布了 2009 年度中国餐饮百强企业名单。调查显示，2009 年度我国餐饮百强企业营业额为 1249.73 亿元。在 2009 年度的中国餐饮百强企业中，重庆的火锅企业就有十几家，其中德庄、刘一手、毛哥、秦妈还跻进了前 12 强。在重庆众多的火锅企业中，德庄、秦妈、小天鹅、奇火锅等几家仍然是市场排名前几位的企业，在"2009 中国十大火锅品牌排行榜"中，奇火锅、德庄、秦妈、小天鹅分列二、五、六、十位。在国家统计局公布的"2008—2009 年西南地区十大火锅品牌市场占有份额"的数据显示，重庆的德庄、奇火锅、秦妈、小天鹅四家的份额就占到 36%，还有其他著名品牌如桥头、刘一手等还未计算在内，因此重庆火锅在整个西南地区甚至全国都占有火锅市场的大量份额。重庆火锅产业著名品牌较多，因此他们之间的竞争相对较激烈。这种激烈的竞争态势，是重庆火锅业的现状。只有竞争才能提高菜品和服务质量，激发创新潜力，保持重庆火锅在全国餐饮业中的优势。

（四）拥有举办美食节和美食比赛的惯例

从1999年起，重庆举办了各种各样的美食文化节。有些美食节与旅游相结合，使重庆美食与旅游发展相得益彰；有些美食节则以重庆特色美食——火锅为主题，扩大重庆特色美食的国内外影响；有些美食节则注重和民俗相结合，使人们在对美食的享受中同时也体味了民俗风情。早期的美食节，本身就是名厨们的竞技舞台，每年美食节都要评选出金牌菜品进行授牌。后期的美食节，则不仅围绕美食做文章，更注重美食产业链与旅游业的融合。美食节的举办不仅活跃了本地餐饮消费氛围，创造了可观的经济效益，而且还吸引了国内外大量游客，推荐了重庆美食文化，拉动了旅游业的发展。

（五）美食培训机构

重庆除了拥有悠久饮食文化，特色饮食方式和菜品，成熟的餐饮企业和产业链以及成功举办多次的美食节以外，还拥有众多的相关培训结构。较为著名的有重庆饮食服务技工学校、加州美食厨艺学院、苏大姐火锅培训学校、重庆新东方厨师学校、重庆长征烹饪学校、重庆陶然居餐饮职业培训学校等。重庆饮食服务技工学校是重庆地区成立最早的饮食人才培养基地。1978年，饮食服务技工学校成立，最早只是一个培训班，1985年正式成为重庆饮食服务技工学校。多年来重庆饮食服务技校培养了众多优秀厨师，为重庆的餐饮事业做出了卓越贡献。2003年，在重庆举行的第四届中国美食文化节上，重庆市饮食服务技工学校参评的"敬师馔"一举获得中国名宴"金鼎奖"。2000年，由重庆加州集团创办了民间首家厨艺学校——加州美食厨艺学院，加州集团封鸿鷠董事长当时敏锐地意识到，业界老中青人才断代，厨师队伍青黄不接的现象日益显现，急需一大批中青年厨艺人才，谁拥有高素质的人才队伍，谁就将拥有餐饮市场的主导权。为了给本企业和重庆餐饮界培养厨艺人才，她毅然决定创办了重庆首家厨艺学校。十年来，加州美食厨艺学院共培训了各级各类厨师逾千名，不仅造就了一支老中青结合的优秀人才梯队，而且还为重庆餐饮业界培养和输送了一大批高素质的厨艺人才，为重庆市餐饮业发展做出了积极贡献。

此外，重庆还有一些餐饮研究机构，如重庆餐饮文化研究会、重庆百家汇餐饮研究中心、重庆智博食品研究有限公司等，但研究机构都是民间自发形成的较松散的机构，档次不够高、专业性不强、数量不多。近年来，重庆一些民间饮食企业为了宣传自身的饮食文化，成立了一些相关的饮食博物馆，如重庆渝菜博物馆、三耳火锅博物馆等，但数量偏少，藏品不多，还处于建设提高阶段。

二　劣势

（一）重庆市"申都"缺乏文化内涵

比对教科文组织创意城市网络"美食之都"的标准，重庆申请"美食之都"目前的确还存在诸多劣势需要弥补。重庆市申请"美食之都"主要是由重庆市商业委员会牵头，并未成立专门综合性"申都"小组，因此对申请"美食之都"的理解较为狭隘，认为只要搞好餐饮产业的硬软件建设就可以了，缺乏宏观综合的视野。其实教科文组织创意城市网络是一个以文化多样性保护为诉求点的城市文化及其产业交流的平台。如果抛开教科文组织的文化诉求，片面理解创意城市网络的功能，势必南辕北辙。

在教科文组织创意城市网络"美食之都"的申报标准中，特别强调对当地生态环境和生物多样性的保护，对当地物产的合理利用，重庆在这方面做得还很不够，缺乏这方面的意识培养和宣传；申报标准中还强调了，教育培训机构除了培训厨师的烹饪技巧外，还应提高厨师的营养健康意识，并促进公众美食意识的培育。但重庆的餐饮培训机构一般都只培训厨师的烹饪技巧，而忽视食品的营养健康。食品的营养和健康一般是医学机构关注的问题。并且，重庆的特色饮食——火锅，本来就以麻辣烫而著称，对健康而言长期食用这种刺激性强的食品并无益处。因此，重庆火锅在合适的时机应引进健康理念进行适当改良。对公众美食意识的培育，牵涉公民文化素质的提高，更是一个漫长的过程。

（二）重庆市对联合国教科文组织相关项目的参与、沟通与合作不够

教科文组织在全球开展创意城市网络、世界自然与文化遗产、世界非物质文化遗产代表作、世界地质公园及世界生物圈保护区等旗舰项目。但重庆对教科文组织的相关项目参与度不够，境内除了大足石刻、长江三峡被评为世界遗产外，对非物质文化遗产的保护、地质公园建设等还停留在内部操作层面，缺乏与教科文组织和相关机构的合作。而成都则组织了国

际非物质文化遗产节、国际鱼文化节等活动，加强了国际合作，相比成都的成功操作经验，重庆在国际文化交流方面明显滞后。

三 机会

（一）国务院支持重庆统筹城乡建设和发展

《国务院关于推进重庆市统筹城乡改革和发展的若干意见》明确提出重庆市要积极发展生产性服务业，建成会展之都、购物之都和美食之都。"三都建设"是重庆当前发展改革的重心之一。重庆已被评选为中国火锅之都，为建设美食之都打下了良好基础。加之重庆有悠久的饮食文化，民间对餐饮消费的需求旺盛，因此建设"美食之都"是重庆发展的必然选择。餐饮业是国民经济的重要组成部分，是与人民群众生产生活密切相关的民生行业。进一步加快餐饮业发展，打造美食之都，也是满足民需、改善民生、吸纳就业、带动消费的需要。重庆统筹城乡建设和发展，为餐饮产业的发展提供了新机遇，餐饮产业更有望成为一条龙生产。餐饮企业可以自己建设农产品原料种植加工基地，促进农产品供销两旺。餐饮企业也可以将产业链延伸至乡村和旅游景点，扩大销量。

（二）重庆国家中心城市建设

2010年，重庆与北京、天津、上海、广州一起被《全国城镇体系规划》列为国家五大中心城市。重庆作为西部地区唯一的直辖市，在国家战略规划中是"长江一线"和"西南一片"的衔接点，是长江经济带和西部大开发战略的重要支撑点。在五个国家中心城市中，重庆的经济能量仍然较为薄弱，地处内地，没有沿海的地缘优势。因此，重庆应重新思考城市的发展定位问题。从经验来看，地处内陆的城市也有许多发展迅猛，成为中心城市的先例，比如德国的法兰克福、慕尼黑和美国的芝加哥等。这些城市有个共同的特点就是重点发展高新技术、商贸服务、金融和会展旅游等生产性的服务业。重庆也应在发展传统制造业的同时，重点提高生产性服务业的水平。根据重庆的城市特点，发展餐饮业，建设"美食之都"是提高生产性服务业水平的重要举措。

四 威胁

据悉重庆市已于2010年启动了申报教科文组织创意城市网络"美食之都"工作。但"申都"工作遇到了一定困难。根据教科文组织的规定，申请加入创意城市网络应首先要得到所在国教科文组织全国委员会的批准与支持。重庆市已就"申都"事宜向中国联合国教科文组织全国委员会

（以下简称全委会）提交了申请，但全委会认为成渝两地相邻且同属一个菜系，由于成都已经成功"申都"，预计在最近几年将对重庆"申都"工作造成一定的影响，建议重庆暂缓"申都"。从此回复来看，目前重庆"申都"面对的主要威胁有两条。

（一）渝菜的品牌辨识度与认知度不高

"渝菜"提法是近几年为了配合美食之都的建设才提出来的。以前，重庆地区的菜系被认为是川菜的川东流派，可见大家认为"渝菜"是"川菜"的一个分支。"渝菜"的确具有"川菜"的一些特征，但也有区别。重庆渝菜泰斗李跃华认为，两者的区别是，"渝菜"的麻辣风格更突出，而"川菜"要温和一些。虽然是"大同小异"，但要打造"美食之都"就必须建设"渝菜"品牌，认真总结大同表现在什么地方，小异又怎么体现。在此基础上，进行创新建设，真正形成渝菜独有的风格，这是建设美食之都的基础。目前，重庆市也做了大量的品牌建设工作，比如制定"渝菜"的《渝菜标准》，通过标准的制定使"渝菜"制作标准化，将"渝菜"的风格传承下去，并与川菜相区别。接下来，还要大力加强"渝菜"的宣传，提高公众的认知度。

（二）成都成功"申都"，影响教科文组织全委会对重庆"申都"的支持

中国联合国教科文组织全国委员会是一个负责我国政府、有关部门和出席联合国教科文组织大会的代表团涉及联合国教科文组织相关事务的机构，提供有关联合国教科文组织的情况和咨询，负责协调涉及联合国教科文组织的工作，并负责与该组织秘书处和会员国全国委员会的联络工作。全委会是一个综合性的政府机构，由教育部、国家科委、文化部、中国科学院、中国社会科学院、外交部、财政部以及其他一些教育、科学、文化等有关单位组成。

根据创意城市网络的评审规则，获取所在国教科文组织全委会的支持是"申都"的第一步。而重庆市在申都工作启动时，由于成都申报"美食之都"成功，中国教科文组织全委会认为成渝两地饮食文化同根同源，因此建议重庆暂缓"申都"。目前，重庆市应加大和全委会，特别是教育部的沟通交流，方式主要是积极参加相关活动，并努力提升重庆市自身的饮食文化建设，打造重庆饮食文化品牌。近年来，重庆主要是举办了与美食、旅游、会展有关的重大活动，但文化含量不高。美食节主要是遵循厨

艺大比拼和群众忙消费的模式，但并没有突出渝菜的传统文化，没有吃出文化品位。而相邻的成都则开展了较多的国内外文化活动，美化了城市的文化形象，提高了城市文化品位，因此容易受到教科文组织评委们的青睐。此外，重庆的餐饮教育培训还处于以民间机构主导的小、散、乱、差的局面，民间培训机构的主要培训目的是培训合格的厨师好就业，因此对餐饮的文化传承和营养健康的教育还处于空白阶段。这是与教科文组织的评审标准背道而驰的。

第三节　重庆申报创意城市网络"美食之都"的对策

根据重庆市文化特色，结合对重庆"申都"的 SWOT 分析可以看出，目前重庆市对"申都"的理解还不够全面，就像把创意城市建设等同于发展创意产业的误解一样，重庆仍将"美食之都"的建设片面理解为发展餐饮业。当前在重庆"申都"工作遇到重大困难的紧急关头，重庆市政府制定了《关于进一步加快餐饮业发展推进美食之都建设的意见》（渝府发〔2012〕77 号）。这是指导重庆申都的纲领性文件，从文件内容来看大多涉及重庆餐饮业的发展问题，而如何将餐饮业和重庆城市发展结合起来的关键环节是缺失的；并且教科文组织设立的创意城市网络必定有较高的文化诉求，而这个文件中仅在第八部分谈到了加强文化传承和推广，而如何将美食文化运用到城市发展，如何加强国际美食文化交流却并未涉及。从以上对重庆加入创意城市网络的优势分析来看，重庆具备良好的餐饮业硬件基础，民众具有较强的餐饮消费热情，但重庆餐饮业还缺乏文化内涵、知名度和美誉度。因此，申请成为"美食之都"应更重视从城市发展的角度，而不是行业本身的角度来看待餐饮业发展的问题，当前应更重视"申都"过程中的软件建设问题。下面结合国内外城市的成功"申都"经验和重庆市所存在的不足，谈谈当前重庆加入创意城市网络的相关对策。

一　成立"申都"工作领导协调小组

目前，重庆市申都工作主要实行由重庆市商业委员会牵头，发展改革委员会、财政局、经济信息委员会、建设委员会、农业局、公安局、人力社保局、国土局、环保局、规划局、市政局、卫生局、税务局、工商局、质监局、旅游局、物价局等有关部门为成员单位的联席会议制度。并没有设立专门的"申都"工作协调小组。因此"申都"工作缺乏一个专门的机构进行推进,"申都"只是作为重庆市商委的一个工作内容,因此并未得到全力的支持。并且,参与"申都"工作的部门中没有文化宣传相关的部门参与,这与重庆市对创意城市网络的理解有关,重庆市更多的是看重创意城市网络的经济功能而未看到它的文化本质。

国内其他已成功加入创意城市网络的城市,在"申都"期间都设立了"申都"工作领导协调小组,将加入创意城市网络看成对外提升城市形象,拓展城市发展平台的机会。一般由主管市长和宣传部部长主抓"申都"工作,如成都市、深圳市等。成都市"申都"工作协调小组的成员包括:市委宣传部、市商务局、市文化局、市旅游局、市政府外办、成都会展办、市文联、成都传媒集团、成都文旅集团有关负责人。深圳市于2007年4月成立了"申都"工作领导小组,小组成员有市委宣传部、市发改委、教育局、科信局、财政局、规划局、文化局、外事办、文产办、报业集团、广电集团、出版发行集团、市文联和市社科院等单位的领导。他们将申都看成是一次城市营销的机会,因此申都工作领导协调小组有一个共同的特点,就是文化宣传部门参与必不可少。

鉴于国内城市的成功"申都"经验,重庆市目前也宜成立专门的"申都"工作协调小组,并适当增加文化宣传部门参与。工作小组主要应负责完善制定餐饮行业选料、配料、环境等地方规范标准,提供申报报告及美食行业相关介绍材料,组织接待专家考察评审等工作;负责协调有关部门完成申报文本的修改报送,争取联合国教科文组织及其驻北京办事处、中国联合国教科文组织全国委员会的支持,争取联合国教科文组织创意城市网络成员城市和"美食之都"国际评委的支持;负责牵头开展申报"美食之都"称号宣传发动和取得称号后的宣传工作等。

二 加强餐饮行业建设

重庆餐饮业具有良好的硬件基础和消费环境,在全国餐饮业中也占有举足轻重的地位。但申报教科文组织创意城市网络"美食之都",不仅仅要求餐饮业发达,更重要的是餐饮业如何体现其文化内涵、如何融入世界美食之林。因此,重庆市在加强"美食之都"硬件建设基础上,如建设美食街、鼓励餐饮企业发展等,还应大力加强餐饮业的内涵和外延建设,加大餐饮业内引外联的力度。

（一）注重渝菜品牌打造

当前重庆"申都"遇到的最大的障碍就是渝菜以前是川菜的一个分支，与川菜的辨识度不高。虽然渝菜已渐成体系，但远未产生品牌效应。因此，打造渝菜品牌，提升渝菜知名度和美誉度是当务之急。

1. 传统名品的保护和传承

重庆最有特色的饮食文化品牌是火锅。火锅在重庆当地，甚至在国内外都颇受消费者青睐。以麻辣味型为主的重庆火锅的确是起源于重庆的码头地带，但在外地人的观念中很多人认为麻辣火锅是发源于四川，但并不归源于重庆。重庆火锅的品牌建设和宣传严重滞后。并且，近年来人们越来越追求食品的健康，对重庆火锅反复使用的老油锅底颇有微词。从重庆火锅的制作工艺来看，老油的使用被认为是提高火锅鲜香度的关键，但从卫生健康的角度来讲，老油的确存在安全隐患。因此，重庆火锅为了提高品牌的美誉度，应尽快改进火锅的制作工艺，改良或杜绝老油的使用。对本地人不拒绝其食用老火锅的要求，对外地人推荐使用一次性锅底。

重庆也拥有许多地方传统风味小吃，如吴抄手、丘二鸡汤、正东担担面、高豆花、德元甜品、川北凉粉、顺庆羊肉馆、陆稿荐、九园包子等。这些老字号随着重庆经济的飞速发展早已消失在历史的尘埃中。但这些老字号的确是重庆饮食文化的精华，是打造渝菜品牌的重要基础。应尽快恢复这些传统老字号的生产经营，打造老字号一条街，加强老字号网点建设，同时加强老字号知识产权保护，支持其体制、技术、经营方面的创新。同时，应建立一支由品牌策划专家、经营管理高手、海内外名厨等组成的指导团队，为老字号发展保驾护航。

2. 新品牌的培育

除了加强老字号品牌的保护和传统，还要进一步加强餐饮新品牌的建设。新品牌的建设，首先应鼓励企业苦练内功，锐意创新；其次应组织相关美食活动，邀请相关美食专家和消费者参与评选，创造新的餐饮品牌；再次应发动行业协会开展调研，发掘民间饮食文化特色资源，在此基础上打造新品牌；又次应采取优惠政策，扶优扶强；最后还应加强相关媒体宣传推介，加强广告宣传力度。

（二）培育市场主体，鼓励龙头企业和中小企业齐头并进

重庆本地餐饮企业实力较强，据中国烹饪协会《2008 年度中国餐饮百强企业经营情况分析报告》显示，中国餐饮前 30 强企业中，渝企数量

有 11 家，居首位。从城市分布来看，上海、浙江、重庆、北京这四个省市拥有的百强企业最多，其中重庆拥有 15 家，位列第三。重庆拥有众多餐饮龙头企业，为重庆打造"美食之都"奠定了重要基础，但"美食之都"设定的标准看重美食文化对城市大众生活的影响，因此只是拥有龙头企业，没有形成一定的势态，不能满足美食之都建设的需求。龙头企业的营销对象一般是针对城市中高收入群体。对低收入群体，需要建设大量遍布城乡的中小特色餐饮企业，以满足城市各层次群体的美食需求。

（三）制定餐饮行业规范标准

当前在全国餐饮行业竞争激烈的情况下，要树立品牌，首先要建立规范标准。重庆火锅的"领头羊"——重庆德庄实业集团有限公司董事长李德建认为餐饮企业的档次是三流企业卖产品，二流企业卖服务，一流企业卖标准。重庆餐饮业在全国做得最好的连锁加盟推广，正是看准了这个商机，从"卖产品"开始发展到"卖标准"。标准的制定是打造餐饮品牌的重要基础。在建设美食之都的过程中，首先应树立渝菜的辨识度和知名度，而渝菜标准的制定是品牌打造的重中之重。重庆市商委正着手制定《渝菜标准体系》、《渝菜术语和定义》，首批代表性渝菜地方标准已顺利地通过国家标准化管理委员会备案。但标准的制定是为了运用，如何在全国餐饮市场推行渝菜标准，像重庆餐饮拳头产品——火锅一样遍地开花，是重庆建设美食之都未来应关注的重中之重。

（四）鼓励餐饮业内外交流，谋求共同发展

餐饮业要创新离不开各地美食文化的交流；餐饮市场的繁荣昌盛，多样化经营是必然选择。因此在鼓励本地餐饮企业发展的同时，还要引进各大菜系，开放异域餐饮市场，促进竞争，搞活市场，给市民提供多样化的选择。除了建设本地餐饮品牌外，还要吸引全国各地各种菜系的名品名店，引进世界知名菜系和餐饮品牌，共同打造重庆餐饮市场繁荣局面。此外，还要将餐饮业与其他业态紧密结合，融入城市建设发展的格局。将餐饮、购物、休闲娱乐等有机地结合起来，建设大型综合性商务中心，获取"1+1＞2"的效果。本地企业还应开拓外地市场，通过直营店或加盟连锁的方式，输出本地餐饮文化。

三 重视重庆饮食文化研究

俗话说：一方水土养一方人。不同的地理环境孕育了不同的地方风情，形成了不同的地域文化。在日常生活中，饮食是人最不可或缺的东西，因此也最能直接体现各地最深层的文化差异。有人说重庆火锅是最能代表重庆人性格的饮食方式，这显然是通过饮食这种外显的表层现象，试图探求不易外露的地方文化共性。也就是说，饮食是一种外显的文化，是当地文化特色的载体。对重庆来说，重庆历史上就是一个十分重视日常饮食的地方。因此，申请"美食之都"是对重庆城市文化建设的一种宣扬，饮食文化的研究也应作为"申都"的重要工作内容。

（一）挖掘巴渝特色文化精髓、提升餐饮行业文化内涵

重庆是一座历史文化名城，拥有三千多年的悠久历史和光荣的革命传统。重庆的代表性文化有巴文化、三峡文化、移民文化、陪都文化和码头文化等。从重庆地区五大代表性文化中，似可总结出重庆以下三条城市精神。一是勇猛刚强，不屈不挠的奋斗精神；二是为正义事业，顾全大局，勇于牺牲的献身精神；三是同心协力，团结奋战的团队精神。这些精神在和平时期，成为重庆经济建设和社会发展的核心力量。重庆餐饮业在全国具有重要影响，重庆火锅是城市的一张名片，因此应将这些宝贵的本地精神财富熔铸于餐饮业发展，提升餐饮业发展的文化内涵。这些特色城市文化可以通过一些菜名，一些店堂的文字图片说明，一些视频等，在餐饮流通领域展示，既宣传了巴渝特色文化，又能提升餐饮行业文化内涵。

（二）提炼饮食文化精髓，表现城市文化精神

重庆的城市精神在漫长的历史发展中已逐渐融入重庆普通市民百姓内心，熔铸成独具特色的重庆市民性格。从重庆市民的日常生活中，我们可以看到重庆人勤劳奋发、勇于创新、豪爽大气、抱团扎堆的特点。有人说重庆火锅是最能代表重庆人性格的饮食方式，最能体现重庆人特点。以火锅为代表的渝菜突出表现了重庆饮食文化的精髓。渝菜的突出特点是麻辣鲜香，辣得彻底、麻得到位，中间没有丝毫妥协与中庸，味必干脆利索，一如重庆人性格的爽利。渝菜就是重庆城市文化精神的一个载体。要了解重庆，了解重庆人，对渝菜的品尝和感受，必是一个捷径。因此，在渝菜的宣传制作过程中，应尽量将这种精神内涵熔铸进去，准确传递表达重庆的城市文化精神。

（三）扩大饮食文化宣传，提升饮食文化品位

申报"美食之都"是一个综合性的系统工程，不能将申都仅仅理解为发展本地的餐饮业，将工作内容仅仅局限在餐饮业本身。应将"申都"工作与重庆城市发展紧密相连，将重庆餐饮文化的打造与城市文化的打造

相结合,以 "美食之都" 建设为中心,以重庆饮食文化为主题加大公益广告投放数量,提高重庆饮食文化的影响力;在餐饮企业店堂设计、服务人员着装等各方面注意加强重庆饮食文化特色的表达,提升重庆饮食文化的影响。此外,还应通过广播、电视、网络、报纸、杂志、书籍等多种形式宣传重庆餐饮文化,提高其知晓度和美誉度。

(四) 加强饮食文化培训,推广健康环保观念

当前重庆餐饮培训机构数量众多,参加餐饮培训的人员数量也不少。但培训的内容主要局限在烹饪技术的提高,饮食文化的培训仍是薄弱环节。"美食之都" 的评审标准中要求 "烹饪学校设置有关保护生物多样性内容的课程,教育机构开设有关促进食品营养知识的课程,以及公众的美食意识的培育"。这方面恰恰是重庆餐饮培训机构从未涉及的领域。今后应加大餐饮培训中健康环保理念的培养。培训机构不仅培训的是厨师,更是美食家、当地饮食文化传承者和健康环保理念的传播者。烹饪不仅仅是为了满足人们的口腹之欲,更是体现一个城市文明素养的窗口。

四 开展群众性美食普及活动

民以食为天。饮食是生存的基本需求,是大众生活的基本内容。在21 世纪的今天,大众生活水平的提高必然追求更高的生活品位。目前饮食活动不仅仅是为了吃饱,更追求吃好。食物的好坏,不仅从色香味形方面加以评价,还越来越注重饮食健康和饮食文化。因此,人们将色香味形俱全的食物称为 "美食",寄托了人们对高品质生活的向往。

对中国而言,由于中国是一个以饮食文化著称的国度。"民以食为天" 正表达了中国人对饮食的由衷热爱,饮食在人们日常生活中的重要地位。美食对中国人具有不可抗拒的魅力,直到今天中国人的许多事情都是在饭桌上解决的。因此,以美食之名集聚群众的热情,的确是增强城市凝聚力的捷径。建设 "美食之都",更能赢得城市大众的关注和支持。重庆市从 1999 年开始组织了大量美食节和美食技艺大比拼。就美食节的活动内容和参与规模来看,城市大众并没有广泛参与。这与美食节的组织形式有关,美食节的参与对象一般是餐饮企业和少数民众,活动内容一般是技能大比拼或食品销售。这种千篇一律的形式,只是以城市发展的名义,开展的一种行业促销行为,与大众的生活基本无关。因此,并未充分调动群众对美食的热情和向往。

"美食之都" 的建设是以 "美食" 为名提升城市文化形象、促进城市

发展，并不是单纯为发展餐饮业而发展餐饮业。因此，如何通过餐饮发展促进城市发展繁荣，惠及人民大众，才是建设"美食之都"的真正目的。而在此过程中，充分调动群众的参与热情是成功的关键。特别是对"申都"工作而言，教科文组织真正关心的是当地是否重视特色美食文化的建设和传承，是否让美食惠及普通大众生活，提升人们的生活质量。

当前遍地开花的美食节并不能真正提升人们对美食活动的参与度。要解决这个问题，法国里尔市开创的遍布普通居民区的"文化休闲之家"给我们提供了一种方式。"文化休闲之家"主要是为民间不同文化背景的人群提供交流文化多样性的便捷场所，它主要设置在居民区内，方便群众参与活动。这种方式值得重庆市借鉴，美食活动的推广应以居民小区为基础，广泛发动群众性美食活动，真正使最大多数的群众感受到重庆美食文化的魅力，认同"美食之都"的理念，积极参加"美食之都"建设。

五　加强与教科文组织及中国教科文组织全国委员会的沟通

创意城市网络是教科文组织的一个旗舰文化项目，代表教科文组织全球文化保护理念和举措在全球化时代的新变化，因此申都工作应明确它的文化诉求，加强"申都"工作中的文化含金量。"申都"是一项专业性较强的短期专项工作。"专业性"体现在如何与教科文组织和中国教科文组织全国委员会建立交流和联系，因为对中国城市而言，目前许多城市都将城市发展的重心放在经济建设上，从城市这个中观层面与教科文组织联系并不多。特别对重庆市而言，重庆是一个传统制造业强市，文化建设滞后与城市的飞速发展并不相称，对教科文组织的相关活动项目参与并不多，较知名的仅有大足石刻和三峡等。因此，今后应大力参与教科文组织的相关活动项目，重庆地区生物资源丰富，地质复杂，因此具备申请教科文组织世界地质公园和世界生物圈保护计划的优势，应将参与这些教科文组织活动与"申都"工作结合，使之相得益彰。

另外，所有城市"申都"的第一关就是要获取所在国教科文组织委员会的支持。当前重庆"申都"最具体的障碍就是，中国教科文组织全国委员会鉴于成都刚以"美食之都"的名义"申都"成功，建议重庆暂缓"申都"。也就是说，中国教科文组织全国委员会目前并不支持重庆申报"美食之都"。主要理由就是，渝菜是川菜的一个支系，成都已"申都"成功，重庆的特色不够鲜明。因此，今后应重点突出宣传渝菜的特色，建立渝菜品牌，并增添它的文化含量，加强与全委会的交流和相关项目的合作，使中国教科文组织全国委员会知悉相关情况。

六　加强与创意城市网络成员城市的交流

教科文组织创意城市网络成立于 2004 年 10 月，目前已有 19 个国家的 34 个城市加入了创意城市网络。我国目前有深圳、上海、成都、杭州和北京五个城市成功加入创意城市网络。这几个城市在加入创意城市网络前后都积极参加创意城市网络的活动，加强与创意城市网络各成员城市的交流与合作。创意城市网络对我国城市而言是一个中观层次的国际交流活动平台和城市营销渠道。加入创意城市网络的主要目的就是要为城市发展创造国际平台，因此在申请加入创意城市网络的时候，就应该经常加强与创意城市网络成员城市的交流合作，经常参与创意城市网络的活动。

深圳是我国第一个加入创意城市网络的城市，申报源于《深圳商报》记者在"深圳创意十二月"活动期间的偶然发现。因此，深圳的"申都"从一开始就是民众广泛参与文化活动的结果。"申都"的提案得到了深圳市委宣传部的大力支持，随后深圳市委宣传部、文产办与深圳报业集团从不同渠道建立了与联合国教科文组织的联络。随后，深圳商报记者以市长特使的身份，参加创意城市网络在意大利博洛尼亚举行的一次国际成员会议，并建立了与该网络负责人乔治·普萨的联系。他们还考察了当时已成为"设计之都"的柏林在"申都"和"创都"方面的情况。深圳随即成立了"申都"工作领导小组，加强与教科文组织的沟通和协调。与此同时，深圳受邀参加了 2008 年在美国圣达菲市举办的全球创意城市网络会议，并与创意网络成员城市共同亮相城市形象展示活动。通过这一系列活动为深圳"申都"建立了坚实的国际合作基础，为"申都"工作打开了局面。

成都在加入创意城市网络之前，举办了大量国际文化活动，包括成都国际非物质文化遗产节，城市国际鱼文化节等，为成都赢得了国际声誉。自加入创意城市网络以来，成都建立了与瑞典厄斯特松德、哥伦比亚波帕扬、韩国全州等"美食之都"城市之间的紧密联系，积极参与创意城市网络活动。在 2012 年举行的教科文组织创意城市网络年会上，成都成为由七座城市组成的创意城市网络工作委员会成员城市之一。进一步奠定了在创意城市网络中的地位，提升了在创意城市网络中的知名度，为今后成都的国际拓展打下了良好基础。

相对而言，重庆在这方面则比较滞后。重庆一直较注重城市形象打造和创意城市的建设，但一般都是从经济角度出发，看重是否能创造经济效益，忽视城市文化的建设的综合效应。重庆曾在 2004 年举办了一次"创意重庆——城市形象设计国际论坛"，十万重金悬赏城市形象设计的优秀方案；2008 年组织了"发现重庆——关于美的城市创意对话"，邀请了英国著名经济学家、创意经济之父约翰·霍金斯，发表演讲，出谋划策。但总的来说，国际交流活动偏少、档次不高、参与规模不大。对创意城市网络的活动并未积极参与，因此为"申都"工作的开展留下了不少难题。国内外创意城市网络成员城市的成功经验值得重庆市借鉴，"申都"工作应创造条件积极参与创意城市网络的合作活动。

研究结论及展望

本书首先通过文献收集整理，分析了教科文组织创意城市网络设立的文化背景和文化诉求，以准确把握创意城市网络的实质。在此基础上，对创意城市网络当前的现状、作用及加入创意城市网络的政策和标准进行总结和解读，奠定研究基础。其次，在对国内外创意城市发展模式分门别类基础上，采取案例研究法，对国内外著名创意城市和已成功加入创意城市网络的代表性城市发展经验进行总结归纳，并进行对比，以揭示对我国拟"申都"城市的借鉴和启示。再次，对我国城市"申都"现状和问题进行整理总结，提出我国城市"申都"的路径和政策支持体系。最后，以重庆申报创意城市网络"美食之都"为例，结合重庆具体情况，提出重庆"申都"的具体对策。

一　研究结论

通过研究，本书得出如下结论：

（一）创意城市网络的出现：后工业背景下教科文组织保护全球文化多样性的必然选择

通过研究发现，对创意城市网络的研究必然从教科文组织文化政策的演变入手。如单就创意城市网络本身出发研究，必然导致研究只见树木不见森林，只见表象不见实质的结果。

创意城市网络是教科文组织全球文化多样性联盟的重要组成部分。从第一章对教科文组织设立以来的重大文化政策的总结和分析来看。教科文组织对全球文化的保护，至少经过了三个阶段。

第一阶段，保护的重点是为了在全人类思想中构筑保护和平的屏障，因此有必要增进各国人民之间相互了解与协同合作，为达此目的需要促进思想自由交流。因此，教科文组织这个时期，主要颁行了《贝鲁特协定》、《佛罗伦萨协定》、《内罗毕议定书》等，通过减少教育、科学及文化物品在自由流通时所遇到的障碍，来促进世界文化自由交流。

第二阶段，教科文组织主要通过设立世界遗产保护项目，加强对各国文化特色的凸显与尊重。对世界遗产的保护主要经历了从物质文化遗产到非物质文化遗产保护的发展历程。教科文组织颁布了《保护世界文化和自然遗产公约》、《保护非物质文化遗产公约》等文件，通过对世界文化遗产的保护，谋求对人类集体记忆的认同，建立对各民族文化特色的尊重。

第三阶段，教科文组织主要加强对世界文化多样性的保护，不仅仅保护文化遗产，更强调文化因素对国际政治、经济和社会的渗透作用。文化多样性保护是对文化遗产保护理念的延伸。文化多样性保护既包括对文化传统的继承，又包括对当代文化形态的同等尊重；既保持对某个具体文化载体的保护，又将保护范围扩大到城市、国家、民族的领域。因此，对文化多样性的保护不仅仅是文化学关注的对象，文化多样性已成为当今国际政治、经济、社会领域共同关注的对象。

文化多样性的提出是对文化全球化的反抗，教科文组织为此颁布了多个公约和文件，促成国际社会对文化多样性保护的共识。随着《世界文化多样性宣言》、《保护和促进文化表现形式多样性公约》的相继出台，迫切需要能真正贯彻执行文化多样性保护理念的国际机构。教科文组织于是设立了全球文化多样性联盟，通过一系列具体项目保护各国，特别是发展中国家的文化特色。创意城市网络就是全球文化多样性联盟在后工业背景下发展的高级阶段。因此，创意城市网络的出现不是偶然的，是教科文组织在当前后工业社会背景下，面对文化全球化的必然选择。

（二）创意城市网络并不是创意城市的简单聚合

创意城市网络是符合一定标准的创意城市国际交流和拓展的平台。创意城市网络的设立离不开创意城市的参与，但仅仅将创意城市网络理解为创意城市的简单聚合，则背离了设立创意城市网络的宗旨。加入创意城市网络的城市一定要具有某种文化特色，并致力于相互交流合作，在此过程中产生新的创意思维和发展模式，才真正发挥了创意城市网络的功能。可以将创意城市网络理解为"真正创意城市"发展模式的全球化拓展。这里所指的"真正创意城市"，是汤姆·坎农所说的"人的城市"，是创意阶层集聚并互动的城市，是具有人文关怀的城市。因此，仅仅只注重发展创意产业所带来的经济价值的城市不是创意城市，更不能加入创意城市网络。不具有一定文化特色和人文关怀的城市是无法加入创意城市网络的。

（三）创意城市网络的作用：文化多样性与文化产业的"双赢"

创意城市网络是教科文组织为了保护世界文化多样性的重要实施渠道。但创意城市网络要真正实现对世界文化多样性的保护，仅仅就文化谈文化，显然是教科文组织多年前的老路，显得较为空洞。近年来，教科文组织专门成立了发展文化产业的专门机构——教科文组织文化署创意产业发展部，希望通过发展文化产业，增强发展中国家的文化软实力来抵抗文化全球化。而创意城市网络则归属教科文组织文化署创意产业发展部管理，因此可以说，创意城市网络保护文化多样性的具体手段是发展文化产业，特别是发展中国家的文化产业。发展文化产业的基础是各国、各城市的文化特色资源。因此，在创意城市网络的运行过程中，文化多样性和文化产业是互为依托的，最终的结果是实现文化多样性与文化产业的"双赢"。

（四）拟"申都"城市要注重经济发展与文化建设协调发展

从对创意城市网络的研究结论可以看出，创意城市网络是一个兼顾城市文化与经济的国际城市发展平台。因此，对我国拟"申都"的城市而言，仅仅将加入创意城市网络当成发展城市经济的一个良机，而不注重城市文化建设与城市人文关怀，将与创意城市网络的宗旨背道而驰，错失发展良机。在中国当前城市化取得初步成效，城市硬件建设已初具规模的基础上，拟"申都"城市应大力开展城市文化建设，挖掘城市文化内涵，提升城市文化形象，打造城市文化品牌，注重经济与文化建设协调发展。若还是一切以经济建设为中心，在全球化后工业社会来临之际，必然缺乏发展后劲，被时代潮流所抛弃。

二　研究展望

创意城市网络成立于 2004 年 10 月，目前已有 19 个国家的 34 个城市加入创意城市网络。创意城市网络自成立以来，一直致力于世界城市层面的公私文化交流合作项目。创意城市网络不定期举办全球论坛，邀请创意城市交流发展经验，并就某一主题商讨对策，协调思想。此外，创意城市网络自 2008 年以来每两年举办一次创意城市网络国际大会，由网络中某个创意城市承办，目前已举行三届。创意城市网络近年来发展迅速，不仅表现在国际交流活动日益频繁，知名度不断提高，"申都"热情持续高涨，加入城市数量不断增长方面，而且随着创意城市网络规模不断庞大，越来越需要制定相关的制度和规范来引导创意城市网络的未来发展。因此，2012年成立了创意城市网络工作委员会，为创意城市网络的未来发展进一步奠定了组织基础。可以预见，未来创意城市网络的发展将越来越受关注，创意城市网络的管理将越来越规范化，"申都"的难度将进一步加大。对我国城市而言，为了应对创意城市网络的规则和发展趋势，还应关注两个问题：

（一）不仅关注"申都"，更应关注"创都"

本书的一个重要目标是要通过对教科文组织创意城市网络的深入研究，为我国城市"申都"提供一定理论参考和经验借鉴。加入创意城市网络是为了拓展城市发展的国际渠道，加入创意城市网络只是成功"申都"城市国际化拓展的第一步。要真正获取"申都"所带来的成效，还必须进一步夯实城市文化和经济建设，加强创意城市网络成员之间的交流，积极参与教科文组织创意城市网络的相关活动，这就是所谓的"创都"。教科文组织对已"申都"成功的城市，要求其履行"申都"时的承诺，每两年对其"创都"情况进行检查。从城市的未来发展来看，"创都"的重要性一点不亚于"申都"。但就目前现状来看，大多数城市还处于努力"申都"阶段，因此本书重点致力于"申都"的路径和政策，对"创都"的路径和政策并未涉及。随着创意城市的进一步发展，加入创意城市网络的成员进一步增多，未来针对具体城市的"创都"建设应成为研究热点。

（二）在创意城市网络中努力获取话语权

随着创意城市网络的发展，将有越来越多来自不同国度、不同文化背景的城市加入创意城市网络。随着创意城市网络规模的逐渐庞大，未来越来越需要制定相关的管理机制。2012年创意城市网络工作委员会的设立就是为未来创意城市网络的管理奠定组织基础。在创意城市网络工作委员会中，由于文化背景的差异，不同城市可能持不同文化立场，站在不同文化背景下，对创意城市网络发展提出不同意见和建议，甚至存在矛盾和分歧。因此，为赢得对我国"申都"和"创都"城市发展有利的局面，未来我国城市除了关注"申都"和"创都"之外，还应进一步积极参与创意城市网络规则的制定，努力在创意城市网络中获取话语权。

附录1 教科文组织全球文化多样性联盟项目

音乐	1. 牙买加音乐产业国家发展战略 2. 非洲音乐产业专业人员培训项目 3. 古巴音乐家专业技能提升项目 4. 音乐家合作社：一种发展非洲音乐产业的新模式 5. 加强哥伦比亚流行音乐独立性项目 6. 提升撒哈拉沙漠地区节日可持续性和专业性项目 7. 确保节日独特性和可持续发展以促进本地经济和社会发展项目 8. 非洲音乐精品制作中心 9. 非洲音响师培训项目
印刷	1. 毛里塔尼亚阅读发展项目 2. 阿尔及利亚出版部门改革和专业化提升项目 3. 非洲的协同效应：刺激非洲内部文化产品交易项目 4. 提升中非中小出版商竞争力项目 5. 开展葡萄牙语地区图书博览会项目 6. 非洲国家支持柬埔寨出版事业发展项目 7. 北非阅读学习和行动计划 8. 为非洲贫困地区图书馆提供非洲书籍项目
电影和视听	1. 美国拉丁裔人巡回电影节项目 2. 非洲数字网络：非洲在线视听资源项目 3. 约旦数字微电影比赛 4. 尼日尔电影产业培育项目 5. 泛阿拉伯地区儿童电视品质提升项目 6. 哥伦比亚专业制造商电影制作工场项目
工艺品和设计	1. 哥伦比亚考卡省提升工艺品企业能力促进可持续发展项目 2. 小型手工业企业与世界遗产地马丘比丘协同发展国家战略（秘鲁） 3. 提升传统西藏纺织品国际市场竞争力项目 4. 地中海地区遗产和当代创新 5. 高质量工艺品新分布网络（美国）

续表

跨领域 合作	1. 阿根廷建设信息社会和知识经济项目 2. 俄罗斯联邦和独联体博物馆纪念品商店市场战略 3. 8 个欧洲国家培训援助文化企业生产力项目 4. 非洲、加勒比、太平洋地区国家提高就业拓展贸易加强创意产业发展项目 5. 古巴培养文化商品零售能力：加强促销和市场销售项目 6. 全球文化多样性联盟：文化企业加拿大合作论坛 7. 全球文化多样性联盟创意城市网络 8. 亚太创意社区：提升文化产业促进本地经济发展项目
版权	1. 立陶宛邻接权专业培训项目 2. 津巴布韦集体管理社区能力提升及适应新法律体系项目 3. 索菲亚反盗版培训项目 4. 哥伦比亚培育尊重版权文化氛围提升项目 5. 成立纳米比亚复制权组织 6. 塞内加尔、冈比亚、几内亚对加强纳米比亚图书政策版权和相关权利计划

资料来源：根据联合国教科文组织官方网站（http：//www. unesco. org/new/en/）整理。数据截至 2013 年 1 月。

附录2 教科文组织创意城市网络成员城市一览

文学之都	英国爱丁堡（Edinburgh） 澳大利亚墨尔本（Melbourne） 美国爱荷华市（Iowa City） 爱尔兰都柏林（Dublin） 冰岛雷克雅未克（Reykjavik） 英国诺维奇（Norwich） 波兰克拉科夫（Kraków）
电影之都	英国布拉德福德（Bradford） 澳大利亚悉尼（Sydney） 西班牙塞维利亚（Sevilla） 意大利博洛尼亚（Bologna）
音乐之都	英国格拉斯哥（Glasgow） 比利时根特（Ghent） 哥伦比亚波哥大（Bogotha） 刚果布拉柴维尔（Brazzavile） 埃及阿斯旺（Aswan） 美国圣达菲（Santa Fe）
民间手工艺之都	日本金泽（Kanazawa） 韩国利川（Icheon） 中国杭州（Hangzhou） 意大利法布里亚诺（Fabriano） 美国帕迪尤卡（Paducah） 德国柏林（Berlin） 阿根廷布宜诺斯艾利斯（Buenos Aires） 加拿大蒙特利尔（Montreal） 日本名古屋（Nagoya） 日本神户（Kobe）
设计之都	中国深圳（Shengzhen） 中国上海（Shanghai） 韩国首尔（Seoul） 法国圣埃蒂安（Saint – étienne） 奥地利格拉茨（Graz） 中国北京（Beijing）

媒体艺术之都	法国里昂（Lyon） 法国昂吉安莱班（Enghien – les – Bains） 日本札幌（Sapporo） 哥伦比亚波帕扬（Popayán）
烹饪之都	中国成都（Chengdu） 瑞典厄斯特松德（Östersund） 黎巴嫩扎赫勒（Zahlé） 韩国全州（Jeonju）

资料来源：根据联合国教科文组织官方网站（http：//www. unesco. org/new/en/culture/themes/creativity/creative – industries/creative – cities – network/）整理。数据截至 2014 年 11 月。

附录 3 普通民众对联合国教科文组织创意城市网络知晓度与支持度调查问卷

1. 您的性别是（　　）

A. 男　　　　　　　　　B. 女

2. 您的年龄是_____岁

3. 您的文化程度是（　　）

A. 初中以下　　　　　　B. 高中（中专）　　　　C. 大专

D. 本科　　　　　　　　E. 研究生

4. 您的职业是（　　）

A. 公务员　　　　　　　B. 教师　　　　　　　　C. 私营业主

D. 工人　　　　　　　　E. 农民　　　　　　　　F. 军警

G. 学生　　　　　　　　H. 其他

5. 您是本地人吗？（　　）

A. 是　　　　　　　　　B. 不是

6. 您了解联合国教科文组织吗？（　　）

A. 了解　　　　　　　　B. 不了解

7. 您了解联合国教科文组织哪些文化项目？（　　）（可多选）

A. 世界自然与文化遗产项目

B. 世界非物质文化遗产代表作评选项目

C. 创意城市网络

D. 世界地质公园

E. 世界生物圈保护网络

8. 您知道我国哪些城市已加入创意城市网络？（　　）

A. 北京　　　　　　　　B. 上海　　　　　　　　C. 天津

D. 广州　　　　　　　　E. 武汉　　　　　　　　F. 重庆

G. 成都　　　　　　　H. 杭州

9. 您认为所在城市具备哪些申报创意城市网络的基础？（　　　）

A. 具有文化特色　　　B. 重视创意产业发展

C. 重视群众文化活动　D. 积极组织参与国际文化交流活动

10. 您认为申请加入创意城市网络能给城市带来哪些发展机遇？（　　　）

A. 提升城市形象　　　B. 塑造城市品牌　　　C. 提升城市美誉度

D. 拓展城市发展国际舞台

E. 为文化产品建立国际销售渠道

11. 如所在城市拟申请加入创意城市网络，您持什么态度？（　　　）

A. 支持　　　　　　　B. 反对　　　　　　　C. 无所谓

D. 其他_____

12. 您知道如何支持所在城市申请加入创意城市网络吗？（　　　）

A. 不知道　　　　　　B. 知道（具体行动：_____）

参考文献

一　著作

1. ［意］安东尼奥·皮拉蒂、朱塞佩·里盖利：《创意工厂》，史克栋、黄炜、孙双译，中国传媒大学出版社 2009 年版。

2. ［英］查尔斯·兰德利：《创意城市：如何打造都市创意生活圈》，杨幼兰译，清华大学出版社 2009 年版。

3. 陈立旭：《都市文化与都市精神》，东南大学出版社 2002 年版。

4. ［英］C. W. 沃特森：《多元文化主义》，叶兴艺译，吉林人民出版社 2005 年版。

5. ［美］戴安娜·克兰：《文化生产：媒体与都市艺术》，赵国新译，译林出版社 2001 年版。

6. ［美］丹尼·罗德里克：《全球化的悖论》，廖丽华译，中国人民大学出版社 2011 年版。

7. 范俊军编译：《联合国教科文组织关于保护语言与文化多样性文件汇编》，民族出版社 2006 年版。

8. 方清海：《城市更新与创意产业》，湖北人民出版社 2010 年版。

9. 花建：《文化产业的集聚发展》，上海人民出版社 2011 年版。

10. 胡惠林：《文化产业发展与国家文化安全》，广东人民出版社 2005 年版。

11. 胡惠林主编：《我国文化产业政策文献研究综述（1999—2009）》，上海人民出版社 2010 年版。

12. 胡惠林、单世联：《文化产业研究读本》中国卷，上海人民出版社 2011 年版。

13. 皇甫晓涛：《创意中国与文化产业》，暨南大学出版社 2007 年版。

14. ［英］斯科特·拉什、西莉亚·卢瑞：《全球文化工业：物的媒介化》，要新乐译，社会科学文献出版社 2010 年版。

15. 黄玉发：《纽约文化微探》，中央编译出版社 2003 年版。

16. 黄永林：《从资源到产业的文化创意——中国文化产业发展现状评述》，华中师范大学出版社 2012 年版。

17. 何增强、花建主编：《创意都市：上海创意产业的发展之路》，百家出版社 2007 年版。

18. 蒋三庚、张杰、王晓红：《文化创意产业集群研究》，首都经济贸易大学出版社 2010 年版。

19. ［美］理查德·E. 凯夫斯：《创意产业经济学：艺术的商业之道》，孙绯等译，新华出版社 2004 年版。

20. ［英］斯特里纳蒂：《通俗文化理论导论》，阎嘉译，商务印书馆 2001 年版。

21. ［美］理查德·弗罗里达：《创意经济》，方海萍、魏清江译，中国人民大学出版社 2006 年版。

22. 联合国教科文组织编：《文化多样性与人类全面发展》，广东人民出版社 2006 年版。

23. ［英］约翰·格雷：《伪黎明——全球资本主义的幻象》，张敦敏译，中国社会科学出版社 2002 年版。

24. 刘景华：《城市转型与英国的勃兴》，中国纺织出版社 1994 年版。

25. 陶东风、金元浦、高丙中主编：《文化研究》第 1 辑，天津社会科学出版社 2000 年版。

26. 李翔宁：《想象与真实：当代城市理论的多重视角》，中国电力出版社 2008 年版。

27. 厉无畏：《创意改变中国》，新华出版社 2009 年版。

28. 厉无畏、王慧敏：《创意产业新论》，东方出版中心 2009 年版。

29. 刘湘萍：《品牌城市》，东南大学出版社 2004 年版。

30. ［美］刘易斯·芒福德：《城市发展史——起源、演变和前景》，宋俊岭、倪文彦译，中国建筑工业出版社 2005 年版。

31. ［美］马尔库塞：《单向度的人——发达工业社会意识形态研究》，刘继译，上海译文出版社 2006 年版。

32. ［德］马克思·霍克海姆、西奥多·阿多诺：《启蒙辩证法》，渠敬东、曹卫东译，上海人民出版社 2006 年版。

33. ［德］马克斯·韦伯：《非正当性的支配：城市的类型学》，康乐、简惠美译，广西师范大学出版社 2005 年版。

34. ［英］诺南·帕迪森编：《城市研究手册》，郭爱军、王贻志等译校，格致出版社 2009 年版。

35. 孙福良、张迺英主编：《中国创意经济比较研究》，学林出版社 2008 年版。

36. 单霁翔：《城市化发展与文化遗产保护》，天津大学出版社 2006 年版。

37. 单霁翔：《从"功能城市"走向"文化城市"》，天津大学出版社 2007 年版。

38. 单霁翔：《文化遗产保护与城市文化建设》，中国建筑工业出版社 2009 年版。

39. 上海创意产业中心：《上海培育发展创意产业的探索与实践》，上海科学技术文献出版社 2006 年版。

40. ［美］泰勒·考恩：《创造性破坏：全球化与文化多样性》，王志毅译，上海人民出版社 2007 年版。

41. 汪民安、陈永国、马海良主编：《城市文化读本》，北京大学出版社 2008 年版。

42. 徐康宁：《文明与繁荣——中外城市经济发展环境比较研究南京》，东南大学出版社 2002 年版。

43. 薛晓源、曹荣湘主编：《全球化与文化资本》，社会科学文献出版社 2005 年版。

44. 向勇：《中国创意城市：中国创意城市理论与实践》上、下册，新世界出版社 2008 年版。

45. ［美］伊丽莎白·科瑞德：《创意城市：百年纽约的时尚、艺术与音乐》，陆香、丁硕瑞译，中信出版社 2010 年版。

46. 易华：《创意人才和创意产业、创意城市发展》，中国物资出版社 2011 年版。

47. 姚为群：《全球城市的经济成因》，上海人民出版社 2003 年版。

48. 曾军、陈鸣、朱洪举：《创意城市：文化创造世界》，格致出版社 2010 年版。

49. 张鸿雁：《城市文化资本论》第 2 版，东南大学出版社 2010 年版。

50. ［美］詹姆森著，三好将夫编：《全球化的文化》，马丁译，南京大学出版社 2002 年版。

51. 张松编：《城市文化遗产保护国际宪章与国内法规选编》，同济大学出版社 2007 年版。

52. 张旭东：《全球化时代的文化认同》，北京大学出版社 2005 年版。

53. Florida Ricard, *The Rise of the Creative Class*, New York：Basic Books, 2002.

54. Hall, P. G., *Cities in civilization*, New York：Pantheon Books, 1998.

55. Landry, C., *The Creative City*：*A Toolkit for Urban Innovators* (2nd Revised edition), London：Earthscan Ltd., 2008.

二 研究报告

1. 张京成主编：《中国创意产业发展报告》，中国经济出版社 2006—2011 年版。

2. 张晓明、胡惠林、章建刚主编：《中国文化产业发展报告》，社会科学文献出版社 2008—2011 年版。

3. 倪鹏飞主编：《中国城市竞争力报告》，社会科学文献出版社 2009—2011 年版。

4. 潘家华、魏后凯主编：《中国城市发展报告》，社会科学文献出版社 2011 年版。

5. 中国中小城市发展报告编纂委员会：《中国中小城市发展报告》，社会科学文献出版社 2010—2011 年版。

6. 重庆市国有文化资产经营管理有限责任公司编：《重庆文化产业发展报告》，重庆出版社 2009—2010 年版。

三 期刊论文

1. 彼得·布罗修斯、萨拉·希契娜：《文化多样性及其保护》，《国外社会科学杂志》2011 年第 2 期。

2. 褚大建、易华、王红兵：《上海建设创意型城市的战略思考——基于"3T"理论的视角》，《毛泽东邓小平理论研究》2007 年第 3 期。

3. 褚大建、王红兵：《构建创意城市——21 世纪上海城市发展的核心价值》，《城市规划学刊》2007 年第 3 期。

4. 崔国、褚劲风：《澳大利亚第三大城市布里斯班创意产业集聚研究》，《世界地理研究》2010 年第 4 期。

5. 褚劲风、香川贵志等：《创意城市网络下日本神户设计之都的规划与实践》，《世界地理研究》2011 年第 3 期。

6. 丛海彬、高长春：《创意中心城市竞争力的国际比较及其启示》，《城市发展研究》2010 年第 8 期。

7. 陈红玉：《以文化创新驱动推进北京创意之都建设》，《北京社会科学》2011 年第 6 期。

8. 陈学敏：《城市化进程与文化多样性的冲突——从历史遗产保护谈起》，《世界环境》2010 年第 4 期。

9. ［加拿大］贝淡宁、［以色列］阿夫纳·德 – 沙利特：《城市的精神》，付洪泉译，《求是学刊》2011 年第 1 期。

10. 高小康：《非物质文化遗产与都市文化的包容性》，《山东社会科学》2011 年第 1 期。

11. 巩艳芬、曹微、魏希柱：《中国创意城市发展的战略方法研究》，《哈尔滨工业大学学报》（社会科学版）2010 年第 6 期。

12. 黄琳、张京成、刘利永：《中国创意城市发展的困境与出路》，《中国软科学》2009 年第 S2 期。

13. 胡显章：《全球化背景下的文化多样性与文化自觉》，《清华大学学报》（社会科学版）2007 年第 3 期。

14. 贾乐芳：《从文化多样性到文化生产力》，《理论导刊》2009 年第 12 期。

15. 贾士亭·欧康纳：《"摩登"上海：创意经济与创意之城》，《马克思主义美学研究》2009 年第 1 期。

16. 李博蝉：《中国创意城市评价指标体系研究》，《城市问题》2008 年第 8 期。

17. 刘冠、庞宇：《融合、激情与希望——布宜诺斯艾利斯设计产业发展的启示》，《装饰》2011 年第 12 期。

18. 李明超：《创意城市与英国创意产业的兴起》，《公共管理学报》2008 年第 4 期。

19. 李明超：《英国创意城市兴起的基础与启示》，《国际城市规划》2010 年第 4 期。

20. 刘平：《国外创意城市的实践与经验启示》，《社会科学》2010 年第 11 期。

21. 刘谦功：《魅力四射的设计之都——首尔》，《装饰》2011 年第 12 期。

22. 李秋洪：《经济全球化背景下的文化趋同和文化多元性》，《学术论坛》2005 年第 3 期。

23. 厉无畏：《迈向创意城市》，《理论前沿》2009 年第 4 期。

24. 李昕：《文化全球化语境下的文化产业发展与非物质文化遗产保护》，《西南民族大学学报》（社会科学版）2009 年第 7 期。

25. 刘耘：《经济全球化背景下的文化多元化》，《社会科学家》2001 年第 3 期。

26. 林兆群、潘海啸：《创意城市经营战略之研究——以欧洲三城市为例》，《人文地理》2010 年第 1 期。

27. 彭立勋、黄发玉、乌兰察夫：《创意城市建设与城市转型发展——深圳的创意城市发展之路》，《广西城镇建设》2010 年第 12 期。

28. 瑞妮·周：《旧金山的可持续创意》，《时代建筑》2010 年第 6 期。

29. 索菲娅·拉巴迪：《对文化多样性的投资》，《国外社会科学杂志》2011 年第 2 期。

30. 上海文化发展战略研究课题组：《文化多样性与都市竞争力》，《科学发展》2012 年第 1 期。

31. 单霁翔：《城市文化与传统文化、地域文化和文化多样性》，《南方文物》2007 年第 2 期。

32. 盛磊、钟辉华：《大力发展城市创意产业，打造我国首个创意城市》，《城市》2006 年第 3 期。

33. 盛磊、杜德斌：《创意城市：创意经济时代城市发展的新取向》，《未来与发展》2006 年第 9 期。

34. 单世联：《全球化时代的文化多样性》，《天津社会科学》2005 年第 2 期。

35. 施寅娇、叶云、宋嵩：《设计，人与都市——设计之都的城市形象传播策略研究》，《广告大观》（综合版）2011 年第 5 期。

36. 石忆邵：《创意城市、创新型城市与创新型区域》，《同济大学学报》（社会科学版）2008 年第 2 期。

37. 汤爽爽、王红杨：《通过文化政策营造创意城市——巴塞罗那文化政策的启示》，《现代城市研究》2006 年第 12 期。

38. 唐勇、徐玉红：《创意产业、知识经济和创意城市》，《上海城市规划》2006 年第 3 期。

39. 坦·依吉特坎拉尔：《知识经济时代的城市布局——以澳洲城市为

例》，《城市观察》2010 年第 1 期。

40. 吴翠玉：《城市发展需要多元文化》，《发展研究》2004 年第 12 期。

41. 王慧敏：《创意城市的创新理念、模式与路径》，《社会科学》2010 年第 11 期。

42. 王杰：《全球化时代文化多样性的意义》，《学术月刊》2011 年第 7 期。

43. 王克婴、王艳：《新加坡的创意城市建设及其借鉴意义》，《理论与现代化》2009 年第 6 期。

44. 王克婴：《比较视域的国际创意城市发展模式研究》，《山东社会科学》2010 年第 4 期。

45. 王克婴：《多元文化视角的加拿大创意城市的形成及发展》，《北京城市学院学报》2011 年第 2 期。

46. 王亚南：《经济全球化中的文化多样性保护——西部人文资本开发思路》，《思想战线》2002 年第 1 期。

47. 许平：《创意城市网络——关于中国"申都"与设计城市格局城市的文化断想》，《装饰》2011 年第 12 期。

48. 肖永亮、姜振宇：《创意城市和创意指数研究》，《同济大学学报》（社会科学版）2010 年第 3 期。

49. 夏艳霞：《经济全球化条件下的文化多样性研究》，《金陵科技学院学报》（社会科学版）2008 年第 4 期。

50. 姚正华：《深圳成为中国首个"设计之都"的背景及意义》，《装饰》2011 年第 12 期。

51. 臧华、陈香：《文化政策主导下的创意城市建设》，《城市问题》2007 年第 12 期。

52. 张京成、沈晓平：《伦敦、昆士兰创意产业集聚区发展分析》，《投资北京》2008 年第 11 期。

53. 章建刚：《让资源成为产品——关注〈保护文化多样性国际公约〉制定中的问题》，《文艺研究》2005 年第 2 期。

54. 张科静、陈颖、高长春：《基于价值链的创意城市竞争力指数评价指标体系研究》，《科学管理研究》2009 年第 4 期。

55. 郑晓东：《中国创意城市的建设——以美国圣塔菲为考察对象》，《探索与争鸣》2008 年第 3 期。

56. 周膺：《创意经济与创意城市》，《中共杭州市委党校学报》2008 年第 6 期。

57. 赵月枝：《文化产业、市场逻辑和文化多样性》，《新闻大学》2006 年 第 4 期。

58. Gert‐Jan Hospers, Creative Cities: Breeding Places in the Knowledge E-conomy, *Knowledge*, *Technology & Police*, Vol. 25, No. 4, 2003.

59. Pratt, A. C., The Cultural Industries Production System: A Case Study of Employment Change in Britain, 1984–1991, *Environment and Planning*, Vol. 29, No. 11, 1997.

60. Scott, A. J., Creative Cities: Conceptual Issues and Policy Questions, *Journal of Urban Affairs*, Vol. 28, No. 1, 2006.

四 硕士、博士学位论文

1. 蔡晨风：《创意城市评价研究》，硕士学位论文，天津理工大学，2010 年。

2. 高宏宇：《文化及创意产业与城市发展——以上海为例》，博士学位论文，同济大学，2007 年。

3. 季倩：《"设计之城"：一种文化生成的场域研究》，博士学位论文，中央美术学院，2009 年。

4. 芦红：《创意城市评价指标体系研究——以福州、厦门、泉州为例》，硕士学位论文，华侨大学，2011 年。

5. 李晓倩：《城市文化与创意产业互动机制研究》，硕士学位论文，北京交通大学，2010 年。

6. 李小燕：《文化创意产业与城市竞争力——兼论重庆文化创意产业发展》，硕士学位论文，重庆大学，2009 年。

7. 郑晓东：《创意城市的路径选择》，博士学位论文，上海社会科学院，2008 年。

后　记

我对联合国教科文组织创意城市网络的研究起初是从城市文化、文化遗产和文化产业研究入手的。在三个领域的研究过程中，看得多，想得多，但缺乏头绪。在后期的研究中，越来越发现，如果没有前期的广泛涉猎，绝不可能发现"教科文组织创意城市网络"这片未开垦的处女地。研究城市文化，必然要涉及文化遗产的保护、继承和文化产业的开发；同时，文化遗产保护和文化产业开发也不能离开城市这个场域。而联合国教科文组织创意城市网络正好是将前述看似有许多交会点的三个研究领域最终统领起来的突破口，同时也是对前述研究领域的系统综合和超越。

从事这样一个全新的研究领域，困难可想而知。辛运的是，我得到了博士导师华中师范大学副校长黄永林教授和多位老师、同学，以及重庆社会科学院领导和同仁的帮助与支持。本书出版之际，我要感谢华中师范大学黄永林教授、王玉德教授、姚伟钧教授、刘固盛教授、刘守华教授、陈建宪教授、周国林教授等的指教。同时，还要感谢英国诺桑比亚大学彼得·泰勒（Peter Taylor）教授和英国华威大学文化政策研究中心的克里斯·比尔顿（Chris Bilton）教授。重庆市政府政策研究室的张志强先生、重庆社会科学院的骆海燕女士、重庆市商业委员会餐饮服务处的冯涛先生、《深圳商报》的关万维先生和姚正华女士等也给我提供了大量的建议和资料。成书付梓期间，中国社会科学出版社卢小生编审给予了大力帮助。此外，父母、公婆和丈夫十分支持工作，幼小的女儿也在懂事地成长。没有大家的帮助，我是无法完成书稿出版工作的，在此一并致谢。

刘　容

2016 年暮春于重庆